233网校
www.233.com

2022年证券从业系列辅导资料

黄金考点1本通
证券投资顾问业务

MARKET FINANCIAL

主编◎李泽瑞

中国金融出版社

责任编辑：王雪珂
责任校对：潘　洁
责任印制：陈晓川

图书在版编目（CIP）数据

证券投资顾问业务/李泽瑞主编. —北京：中国金融出版社，2022. 2
ISBN 978 - 7 - 5220 - 1541 - 5

Ⅰ. ①证…　Ⅱ. ①李…　Ⅲ. ①证券投资—投资分析—资格考试—自学参考资料　Ⅳ. ①F830. 91

中国版本图书馆 CIP 数据核字（2022）第 035609 号

证券投资顾问业务
ZHENGQUAN TOUZI GUWEN YEWU
出版发行 中国金融出版社
社址　北京市丰台区益泽路 2 号
市场开发部　(010)66024766，63805472，63439533（传真）
网上书店　www. cfph. cn
(010)66024766，63372837（传真）
读者服务部　(010)66070833，62568380
邮编　100071
经销　新华书店
印刷　河北松源印刷有限公司
尺寸　185 毫米 ×260 毫米
印张　21. 25
字数　412 千
版次　2022 年 3 月第 1 版
印次　2022 年 3 月第 1 次印刷
定价　49. 00 元
ISBN 978 - 7 - 5220 - 1541 - 5
如出现印装错误本社负责调换　联系电话（010)63263947

前　言

证券投资顾问胜任能力考试属于证券从业资格考试中的专项业务类资格考试之一，考试对应科目为《证券投资顾问业务》，一般从业资格考试合格的人员，均可参加专项业务类资格考试。

本书紧扣中国证券业协会发布的《证券投资顾问胜任能力考试大纲》，严格按照大纲要求呈现对应考点，属于考试通关必备法宝。

本书具体的编写体系安排：

1. 考情早知道：通过历年考题，总结章节考试分值占比；

2. 章节知识概览：罗列大纲对应的考点，呈现大纲要求，明确考试重点考点；

3. 考点详解：详细剖析考点，知识点后续跟有代表性真题，让学员明确出题角度；

4. 同步真题练习：收录近年考试真题，全方位呈现考题，让学员通过真题复习回顾考点。

本书框架清晰，逻辑明确，内容全面，一书在手，投顾不愁。

目　录

第一部分　业务监管

第二部分　专业基础

第三部分　专业技能

欢迎广大学员对本书提出问题或建议，请您反馈到邮箱：**1511488734@qq. com**。我们会第一时间根据您的反馈进行完善。本书勘误内容，您可以通过扫描下方二维码获取。

第一部分

业务监管

第一章　证券投资顾问业务监管

【考情早知道】

本章在证券投资顾问考试中，属于基础章节，考核难度不高。考点全部出自《证券投资顾问业务暂行规定》等法律条文，属于识记性的内容，分值占比在10%左右。

主要考点集中在第一节和第三节，资格管理和工作规程是考核重点。

【本章知识概览】

小节	考点	备考指数
第一节 资格管理	证券投资顾问的执业资格取得方式	☆☆☆
	证券投资顾问的监管、自律管理和机构管理	☆☆☆
	证券投资顾问后续执业培训的要求	☆☆☆
第二节 主要职责	证券公司、证券投资咨询机构及证券投资顾问提供品种选择、投资组合、理财规划投资建议服务的职责	☆☆
第三节 工作规程	证券投资顾问业务管理制度	☆☆
	证券投资顾问业务合规管理和风险控制机制	☆☆
	证券投资顾问业务推广、协议签订、服务提供、客户回访和投诉处理等业务环节	☆☆
	证券投资顾问业务的原则	☆☆☆
	证券投资顾问业务的要求	☆☆
	证券投资顾问业务的流程	☆☆
	证券投资顾问业务风险揭示书的要求	☆☆
	证券投资顾问服务协议的要求	☆☆
	证券投资顾问向客户提供投资建议的相关依据	☆☆
	证券投资顾问业务投资者适当性管理的要求	☆☆
	证券投资顾问业务客户回访机制	☆☆
	证券投资顾问业务客户投诉处理机制	☆☆
	对证券投资顾问业务各环节留痕管理的要求	☆☆☆

续表

小节	考点	备考指数
第三节 工作规程	证券投资顾问的禁止性行为的要求	☆☆☆
	证券投资顾问应具备的职业操守	☆☆☆
	证券投资顾问人员管理制度	☆☆
	证券投资顾问按照证券信息传播的有关规定，通过公众媒体开展业务的要求	☆☆
第四节 法律责任	证券公司、证券投资咨询机构及其人员从事证券投资顾问业务，违反法律、行政法规和相关规定的法律后果、监管措施及法律责任	☆☆☆

【考点详解】

第一节　资格管理

【考点一】证券投资顾问的执业资格取得方式【☆☆☆】

（一）证券投资咨询、证券投资顾问、发布证券研究报告的概念

1. 证券投资咨询

从事证券投资咨询业务的机构及其投资咨询人员以下列形式为证券投资人或客户提供证券投资分析和预测或建议等直接或间接有偿咨询服务的活动：

（1）接受投资人或客户委托，提供证券投资咨询服务；

（2）举办有关证券投资咨询的讲座、报告会、分析会等；

（3）在报刊上发表证券投资咨询的文章、评论、报告，以及通过电台、电视等公众传播媒体提供证券投资咨询服务；

（4）通过电话、传真、电脑网络等电信设备系统，提供证券投资咨询服务；

（5）中国证监会认定的其他形式。

2010 年 10 月 12 日，中国证券监督管理委员会同时颁布了《发布证券研究报告暂行规定》和《证券投资顾问业务暂行规定》，明确了证券投资顾问业务和发布证券研究报告业务是证券投资咨询业务的两类基本形式，进一步规范了证券投资咨询业务。

2. 证券投资顾问

证券公司、证券投资咨询机构接受客户委托，按照约定，向客户提供涉及证券及证券相关产品的投资建议服务，辅助客户作出投资决策，并直接或者间接获取经济利益的经营活动。

投资建议服务内容包括：

（1）投资的品种选择；

（2）投资组合；

（3）理财规划建议。

3. 发布证券研究报告

证券投资咨询业务的一种基本形式，指证券公司、证券投资咨询机构对证券及证券相关产品的价值、市场走势或者相关影响因素进行分析，形成证券估值、投资评级等投资分析意见，制作证券研究报告，并向客户发布的行为。

证券研究报告主要包括：

涉及证券及证券相关产品的价值分析报告、行业研究报告、投资策略报告等。证券研究报告可以采用书面或者电子文件的形式。

【例 1】 证券公司接受客户委托，按照约定向客户提供涉及证券及证券相关产品的投资建议服务，辅助客户作出投资决策的属于（　　）业务。

A. 证券投资顾问　　B. 证券经纪

C. 证券投资咨询　　D. 证券资产管理

【答案】 A

【解析】 证券公司接受客户委托，按照约定向客户提供涉及证券及证券相关产品的投资建议服务，辅助客户作出投资决策的属于证券投资顾问业务。

（二）证券投资咨询人员资格管理

从事证券投资咨询业务的人员，必须取得证券投资咨询从业资格并加入一家有从业资格的证券投资咨询机构后，方可从事证券投资咨询业务。

证券投资咨询人员不得同时在 2 个或者 2 个以上的证券投资咨询机构执业。

从事证券投资咨询业务的人员分为两类：

（1）在发布的证券研究报告上署名的人员，应当具有证券投资咨询执业资格，并在中国证券业协会注册登记为证券分析师。

（2）向客户提供证券投资顾问服务的人员，应当具有证券投资咨询执业资格，并在中国证券业协会注册登记为证券投资顾问。

同一人员不得同时注册为证券分析师和证券投资顾问。

【例 2】 下列关于对提供证券投资顾问服务的人员的要求，正确的有（　　）。

Ⅰ. 证券投资顾问可以同时注册为证券分析师

Ⅱ. 应当具有证券投资咨询执业资格

Ⅲ. 须在中国证券业协会注册登记为证券投资顾问

Ⅳ. 证券投资顾问不能同时注册为证券分析师

A. Ⅱ、Ⅳ　　B. Ⅲ、Ⅳ　　C. Ⅰ、Ⅱ、Ⅲ　　D. Ⅱ、Ⅲ、Ⅳ

【答案】 D

【解析】根据《证券投资顾问业务暂行规定》第七条的规定，向客户提供证券投资顾问服务的人员，应当具有证券投资咨询执业资格，并在中国证券业协会注册登记为证券投资顾问。证券投资顾问不得同时注册为证券分析师。

（三）从事证券投资咨询业务人员的条件

为了加强对证券投资咨询活动的管理，保障投资者的合法权益和社会公共利益，根据《证券、期货投资咨询管理暂行办法》《证券投资咨询机构执业规范（试行）》，从事证券投资咨询业务，必须取得中国证监会的业务许可。未经中国证监会许可，任何机构和个人均不得从事各种形式的证券投资咨询业务。

登记人员需满足的基本要求，包括但不限于：品行端正，具有良好的职业道德；未被中国证监会认定为证券市场禁入者，或者已过禁入期等。

证券投资咨询人员申请登记为从事证券投资咨询业务的人员，在满足基本要求基础上，还应当必须具备下列条件：

（1）具有中华人民共和国国籍；

（2）具有完全民事行为能力；

（3）品行良好、正直诚实，具有良好的职业道德；

（4）未受过刑事处罚或者与证券业务有关的严重行政处罚；

（5）具有大学本科以上学历；

（6）证券投资咨询人员具有从事证券业务两年以上的经历，期货投资咨询人员具有从事期货业务两年以上的经历；

（7）通过中国证监会统一组织的证券从业人员资格考试；

（8）中国证监会规定的其他条件。

【例3】下列关于证券投资咨询人员申请登记为从事证券投资咨询业务的人员需满足的条件的说法中，正确的是（　　）。

Ⅰ. 具有大学专科以上学历

Ⅱ. 品行端正，具有良好的职业道德

Ⅲ. 被中国证监会认定为证券市场禁入者，未过禁入期的

Ⅳ. 未受过刑事处罚

A. Ⅱ、Ⅳ　　B. Ⅰ、Ⅱ、Ⅲ

C. Ⅰ、Ⅱ、Ⅲ、Ⅳ　　D. Ⅰ、Ⅱ

【答案】A

【解析】证券投资咨询人员申请登记为从事证券投资咨询业务的人员，在满足基本要求基础上，还应当必须具备下列条件：

（1）具有中华人民共和国国籍；

（2）具有完全民事行为能力；

（3）品行良好、正直诚实，具有良好的职业道德；

（4）未受过刑事处罚或者与证券业务有关的严重行政处罚；

（5）具有大学本科以上学历；

（6）证券投资咨询人员具有从事证券业务两年以上的经历，期货投资咨询人员具有从事期货业务两年以上的经历；

（7）通过中国证监会统一组织的证券从业人员资格考试；

（8）中国证监会规定的其他条件。

（四）证券投资顾问的注册登记要求

2020 年 3 月 4 日，中国证券业协会发布《关于证券业从业人员登记管理有关事项的通知》【中证协发［2020］23 号】，明确为贯彻落实新修订《证券法》有关规定，根据中国证监会《关于取消或调整证券公司部分行政审批项目等事项的公告》，对证券业从业人员实施事后登记管理。

（1）登记人员。证券公司中从事证券业务的人员应当符合《证券法》等法律法规、中国证监会规定、中国证券业协会自律规则的要求，品行良好，具备从事证券业务所需的专业能力。证券公司中从事证券业务的人员应当向协会进行登记。证券投资咨询机构、证券评级机构中从事证券相关业务的人员，参照证券公司中从事证券业务人员的有关规定进行登记管理。从业人员不须申请取得从业资格和执业证书。

（2）登记类别。从业人员登记类别设为一般证券业务、证券经纪人、证券投资咨询（投资顾问）、证券投资咨询（分析师）、证券投资咨询（其他）、保荐代表人等六类。应当根据从业人员实际从事的业务类别和相应要求进行登记，同一人员只能登记为一个类别。

（3）登记程序。从业人员应当通过所在机构进行登记，机构应当自从业人员入职（含试用期）之日起 7 个工作日内，通过协会从业人员管理平台，将经本机构审核过的从业人员登记信息提交至协会进行登记。登记信息完备的，协会在登记后生成唯一登记编号。登记信息不完备或不符合规定要求的，协会通知机构及时补正。

从业人员所从事的业务类别或其他重要登记信息发生变化的，所在机构应当自发生变化之日起 7 个工作日内办理变更登记。从业人员离职的，所在机构应当自劳动关系（或委托代理关系）解除之日起 7 个工作日内办理注销登记。

（4）机构责任。机构应当确保所聘从业人员符合《证券法》等法律法规、中国证监会规定、协会自律规则的要求。机构应当指定专人（登记管理员）负责本机构从业人员的登记信息审核和日常登记管理工作，确保登记信息真实、准确、完整。

（5）登记信息查询。协会将通过协会网站从业人员信息公示栏目，公布各机构从业人员的相关登记信息及登记编号，方便投资者查询。

（6）违规处理。机构聘用不符合规定要求的人员从事证券业务的，机构或从业人员在登记中存在弄虚作假等违规行为的，协会将视情节轻重采取自律管理措施或纪律处分。从业人员受到协会“暂停执业”纪律处分的，协会予以中止登记。从业人员受到刑事处罚、被证券市场禁入或受到协会“终止执业”纪律处分的，协会予以注销登记。

（7）衔接安排。已经取得执业证书的从业人员，视为已完成登记，执业证书编号即为登记编号，无须重新登记。已提交执业注册申请，但尚未取得执业证书的从业人员，相关申请信息将自动转入登记流程，机构无须重新填报登记信息。

【例 4】证券从业人员所从事的业务类别或其他重要登记信息发生变化的，所在机构应当自发生变化之日起（　　）个工作日内办理变更登记。

A. 3　　B. 5　　C. 7　　D. 10

【答案】C

【解析】证券从业人员所从事的业务类别或其他重要登记信息发生变化的，所在机构应当自发生变化之日起 7 个工作日内办理变更登记。

【考点二】证券投资顾问的监管、自律管理和机构管理【☆☆☆】

（一）证券投资顾问业务的监督管理

中国证券监督管理委员会及其派出机构依法对证券公司证券投资咨询机构从事证券投资顾问业务实行监督管理。

（二）证券投资顾问业务的自律管理

中国证券业协会对证券公司、证券投资咨询机构从事证券投资顾问业务实行自律管理，并依据有关法律、行政法规和《证券投资顾问业务暂行规定》，制定相关执业规范和行为准则。

（三）证券投资顾问业务的机构管理【第三节详述】

【例 5】对证券公司、证券投资咨询机构从事证券投资顾问业务实行自律管理，并依据有关法律、行政法规和相关规定，制定相关执业规范和行为准则的是（　　）。

A. 中国证券业协会　　B. 中国证监会

C. 中国证监局　　D. 中国银保监会

【答案】A

【解析】中国证券业协会对证券公司、证券投资咨询机构从事证券投资顾问业务实行自律管理，并依据有关法律、行政法规和《证券投资顾问业务暂行规定》，制定相关执业规范和行为准则。

【考点三】证券投资顾问后续执业培训的要求【☆☆☆】

（一）培训内容

根据《证券业从业人员后续执业培训大纲（2014）》的要求，培训内容分为必修内容和选修内容两大部分。其中，必修内容包含法律法规、执业行为规范两部分，选修内容包括新产品、新业务、理论与技术前沿三部分。

（二）培训时间

从业人员每年应当参加不少于15学时的后续职业培训。其中，学习必修部分内容不少于10学时，学习选修部分内容不少于5学时。取得董事、监事、经理层人员任职资格的人员、合规总监、保荐代表人应当定期参加专项业务培训。

（三）培训组织

1. 证券公司高级管理人员、保荐代表人及其他中国证监会认定的证券经营机构的人员，由中国证券业协会组织后续职业培训。

2. 证券公司的执业人员（除第1款规定的人员），由证券公司、地方证券业协会组织后续职业培训。

3. 证券投资基金管理公司、商业银行基金托管部、资产管理公司的证券执业人员（除第1款规定的人员），由本单位组织后续职业培训，也可委托所在地的地方证券业协会组织后续执业培训。

4. 其他机构（投资咨询公司等）证券执业人员的后续职业培训，参照证券公司营业部的组织方式。

5. 中国证券业协会可根据具体情况对培训组织方式进行调整。

【本节学习提示】

考查重点：

①证券投资顾问业务的概念与内容；

②证券投资咨询人员申请登记为从事证券投资咨询业务的人员应该具备的条件；

③证券投资顾问的注册登记要求【2020年变更】；

④证券投资顾问后续执业培训的内容、时间。

第二节　主要职责

【考点一】证券公司、证券投资咨询机构及证券投资顾问提供品种选择、投资组合、理财规划投资建议服务的职责【☆☆】

证券投资顾问关于向客户提供的投资建议包括：投资的品种选择、投资组合以及理财规划建议等。

《证券投资顾问业务暂行规定》

第十五条

证券投资顾问应当根据了解的客户情况，在评估客户风险承受能力和服务需求的基础上，向客户提供适当的投资建议服务。

第十六条

证券投资顾问向客户提供投资建议，应当具有合理的依据。投资建议的依据包括证券研究报告或者基于证券研究报告、理论模型以及分析方法形成的投资分析意见等。

第十八条

证券投资顾问依据本公司或者其他证券公司、证券投资咨询机构的证券研究报告作出投资建议的，应当向客户说明证券研究报告的发布人、发布日期。

第十九条

证券投资顾问向客户提供投资建议，应当提示潜在的投资风险，禁止以任何方式向客户承诺或者保证投资收益。

鼓励证券投资顾问向客户说明与其投资建议不一致的观点，作为辅助客户评估投资风险的参考。

第二十条

证券投资顾问向客户提供投资建议，知悉客户作出具体投资决策计划的，不得向他人泄露该客户的投资决策计划信息。

第二十三条

证券公司、证券投资咨询机构应当按照公平、合理、自愿的原则，与客户协商并书面约定收取证券投资顾问服务费用的安排，可以按照服务期限、客户资产规模收取服务费用，也可以采用差别佣金等其他方式收取服务费用。

证券投资顾问服务费用应当以公司账户收取。禁止证券公司、证券投资咨询机构及其从业人员以个人名义向客户收取证券投资顾问服务费用。

第二十六条

以软件工具、终端设备等为载体，向客户提供投资建议或者类似功能服务的，应当执行本规定，并符合相关要求。

第三十一条

证券投资顾问不得通过广播、电视、网络、报刊等公众媒体，作出买入、卖出或者持有具体证券的投资建议。

第三十三条

证券公司从事证券经纪业务，附带向客户提供证券及证券相关产品投资建议服务，不就该项服务与客户单独作出协议约定、单独收取证券投资顾问服务费用的，其投资建议服务行为参照执行本规定有关要求。

【例 6】证券公司、证券投资咨询机构提供证券投资顾问服务的收费模式不包括

（　　）。

A. 按照服务期限收取固定顾问服务费用

B. 按客户资产规模的一定比例收取顾问服务费用

C. 以差别佣金方式收取服务费用

D. 按照客户资产收益比例提成

【答案】 D

【解析】 证券公司、证券投资咨询机构应当按照公平、合理、自愿的原则，与客户协商并书面约定收取证券投资顾问服务费用的安排，可以按照服务期限、客户资产规模收取服务费用，也可以采用差别佣金等其他方式收取服务费用。

【例 7】 证券公司、证券投资咨询机构应当按照（　　）的原则，与客户协商并书面约定收取证券投资顾问服务费用的安排。

Ⅰ. 公平

Ⅱ. 公正

Ⅲ. 合理

Ⅳ. 自愿

A. Ⅰ、Ⅲ、Ⅳ　　B. Ⅰ、Ⅱ、Ⅲ

C. Ⅱ、Ⅳ　　D. Ⅰ、Ⅱ、Ⅲ、Ⅳ

【答案】 A

【解析】 证券公司、证券投资咨询机构应当按照公平、合理、自愿的原则，与客户协商并书面约定收取证券投资顾问服务费用的安排，可以按照服务期限、客户资产规模收取服务费用，也可以采用差别佣金等其他方式收取服务费用。

【例 8】 证券投资顾问依据本公司或者其他证券公司、证券投资咨询机构的证券研究报告作出投资建议的，应当向客户说明（　　）。

A. 证券投资顾问本人关于证券研究报告的观点

B. 证券研究报告的发布人、发布日期

C. 第三方证券研究报告的观点

D. 与该报告冲突的其他观点

【答案】 B

【解析】 证券投资顾问依据本公司或者其他证券公司、证券投资咨询机构的证券研究报告作出投资建议的，应当向客户说明证券研究报告的发布人、发布日期。

【本节学习提示】

本节为过渡小节，了解即可，主体内容在第三节会详述。

第三节　工作规程

【考点一】证券投资顾问业务管理制度【☆☆】

（一）证券投资咨询业务界定

《证券法》明确规定证券公司和经国务院证券监督管理机构批准从事证券服务业务的投资咨询机构可从事证券投资咨询业务。

《证券投资顾问业务暂行规定》第 7 条规定，向客户提供证券投资顾问服务的人员，应当符合相关从业条件，并在中国证券业协会注册登记为证券投资顾问。

证券投资顾问不得同时注册为证券分析师。

（二）证券投资顾问业务和发布证券研究报告的区别和联系

1. 联系

在服务流程上，证券研究报告一般是证券投资顾问服务的重要基础，证券投资顾问团队依据证券研究报告以及其他公开证券信息，整合形成有针对性的证券投资顾问建议，再按照协议约定向客户提供。

2. 区别

（1）立场不同

证券投资顾问基于特定客户的立场，遵循忠实客户利益原则，向客户提供适当的证券投资建议。

证券分析师基于独立、客观的立场，对证券及证券相关产品的价值进行研究分析，撰写发布研究报告。

（2）服务方式和内容不同

证券投资顾问在了解客户的基础上，依据合同约定向特定客户提供适当的、有针对性的操作性投资建议，关注品种选择、组合管理建议及买卖时机等。

证券研究报告操作上向不特定的客户发布，提供证券估值等研究成果，关注证券定价，不关注买卖时机选择等具体的操作性投资建议。

（3）服务对象不同

证券投资顾问一般服务于普通投资者，强调针对客户类型、风险偏好等提供适当的服务。

证券研究报告一般服务于基金、QFII 等能够理解研究报告和有效处理有关信息的专业投资者，强调公平对待证券研究报告接收人。

（4）市场影响不同

证券投资顾问服务与特定客户的证券投资及其利益密切相关，但通常不会显著影响证券定价。

证券研究报告向多个机构客户同时发布，对证券价格可能产生较大影响。

【考点二】证券投资顾问业务合规管理和风险控制机制【☆☆】

（一）合规管理

【概念】

（1）合规：公司各项经营活动合乎法律、行政法规、部门规章、规范性文件、行业自律规则及其他规定。

（2）合规风险：因没有遵循法律、规则和准则可能遭受法律制裁、监管处罚、重大财务损失和声誉损失的风险。

（3）证券投资顾问业务的合规性：证券公司及其工作人员的经营管理和执业行为符合法律、法规规章及其他规范性文件、行业规范和自律规则、公司内部规章制度，及行业公认并普遍遵守的职业道德和行为准则。

【制度要求】

（1）证券投资顾问业务人员应当熟知与其执业行为有关的法律、法规和准则，主动识别、控制其执业行为的合规风险，并对其执业行为的合规性承担责任。

（2）证券公司应当根据需要，组织内部有关机构和部门或委托外部专业机构对公司合规管理的有效性进行评估，及时解决合规管理中存在的问题。对公司合规管理有效性的全面评估，每年不得少于一次。

（3）证券公司设合规总监，对公司及其工作人员的经营管理和执业行为的合规性进行审查、监督和检查。

（4）证券公司通过有效的合规管理，主动发现违法违规行为，积极妥善处理，落实责任追究，完善内部控制制度和业务流程并及时向住所地证监局报告的，依法免于追究责任或从轻、减轻处理。

（二）风险控制机制

《证券投资顾问业务暂行规定》第10条规定，证券公司、证券投资咨询机构从事证券投资顾问业务，应当保证证券投资顾问人员数量、业务能力、合规管理和风险控制与服务方式、业务规模相适应。

证券公司在开展投资顾问业务时应制定相关风险控制措施，包括但不限于以下内容：

（1）根据投资顾问建议的不同，分别制定审核流程；

（2）定期进行风险评估、投资顾问绩效评估，检查服务流程的有效性和合规性；

（3）证券投资顾问对服务客户的资产组合进行账户跟踪服务，结合客户的风险承受能力，对客户作出风险提示等。

证券投资顾问业务的风险控制机制和合规管理相辅相成。

【考点三】证券投资顾问业务推广、协议签订、服务提供、客户回访和投诉处理等业务环节【☆☆】

（一）业务推广

（1）《证券投资顾问业务暂行规定》第二十四条：证券公司、证券投资咨询机构应当规范证券投资顾问业务推广和客户招揽行为，禁止对服务能力和过往业绩进行虚假、不实、误导性的营销宣传，禁止以任何方式承诺或者保证投资收益；

（2）《证券投资顾问业务暂行规定》第二十五条：证券公司、证券投资咨询机构通过广播、电视、网络、报刊等公众媒体对证券投资顾问业务进行广告宣传，应当遵守《广告法》和证券信息传播的有关规定，广告宣传内容不得存在虚假、不实、误导性信息以及其他违法违规情形。

（二）协议签订

（1）《证券投资顾问业务暂行规定》第十四条：证券公司、证券投资咨询机构提供证券投资顾问服务，应当与客户签订证券投资顾问服务协议，并对协议实行编号管理。

协议应当包括下列内容：

①当事人的权利义务。

②证券投资顾问服务的内容和方式。

③证券投资顾问的职责和禁止行为。

④收费标准和支付方式。

⑤争议或者纠纷解决方式。

⑥终止或者解除协议的条件和方式。

证券投资顾问服务协议应当约定，自签订协议之日起 5 个工作日内，客户可以书面通知方式提出解除协议。

证券公司、证券投资咨询机构收到客户解除协议书面通知时，证券投资顾问服务协议解除。

（2）《证券投资顾问业务暂行规定》第二十七条：证券公司、证券投资咨询机构应当对证券投资顾问业务推广、协议签订、服务提供、客户回访、投诉处理等环节实行留痕管理。向客户提供投资建议的时间、内容、方式和依据等信息，应当以书面或者电子文件形式予以记录留存。证券投资顾问业务档案的保存期限自协议终止之日起不得少于 5 年。

（三）服务提供

（1）《证券投资顾问业务暂行规定》第十七条：证券公司、证券投资咨询机构应当为证券投资顾问服务提供必要的研究支持。证券公司、证券投资咨询机构的证券研究不足以支持证券投资顾问服务需要的，应当向其他具有证券投资咨询业务资格的证券公司或者证券投资咨询机构购买证券研究报告，提升证券投资顾问服务能力。

（2）《证券投资顾问业务暂行规定》第三十条：鼓励证券公司、证券投资咨询机构组织安排证券投资顾问人员，按照证券信息传播的有关规定，通过广播、电视、网络、报刊等公众媒体，客观、专业、审慎地对宏观经济、行业状况、证券市场变动情况发表评论意见，为公众投资者提供证券资讯服务，传播证券知识，揭示投资风险，引导理性投资。

（四）客户回访和投诉处理

（1）《证券投资顾问业务暂行规定》第二十一条：证券公司、证券投资咨询机构从事证券投资顾问业务，应当建立客户回访机制，明确客户回访的程序、内容和要求，并指定专门人员独立实施。

（2）《证券投资顾问业务暂行规定》第二十二条：证券公司、证券投资咨询机构从事证券投资顾问业务，应当建立客户投诉处理机制，及时、妥善处理客户投诉事项。

【例9】证券投资顾问服务协议应当约定，自签订协议之日起（　　）个工作日内，客户可以书面通知方式提出解除协议。

A. 2　　B. 3　　C. 5　　D. 10

【答案】C

【解析】证券投资顾问服务协议应当约定，自签订协议之日起5个工作日内，客户可以书面通知方式提出解除协议。证券公司、证券投资咨询机构收到客户解除协议书面通知时，证券投资顾问服务协议解除。

【例10】按照《证券投资顾问业务暂行规定》的要求，证券公司、证券投资咨询机构应当对证券投资顾问（　　）和投诉处理等环节实行留痕管理。

Ⅰ. 客户回访

Ⅱ. 协议签订

Ⅲ. 业务推广

Ⅳ. 服务提供

A. Ⅰ、Ⅱ　　B. Ⅰ、Ⅱ、Ⅲ

C. Ⅱ、Ⅲ、Ⅳ　　D. Ⅰ、Ⅱ、Ⅲ、Ⅳ

【答案】D

【解析】证券公司、证券投资咨询机构应当对证券投资顾问业务推广、协议签订、服务提供、客户回访、投诉处理等环节实行留痕管理。

【例11】证券公司、证券投资咨询机构通过广播、电视、网络、报刊等公众媒体对证券投资顾问业务进行广告宣传，应当遵守（　　）和证券信息传播的有关规定，广告宣传内容不得存在虚假、不实、误导性信息及其他违法违规情形。

A.《证券法》

B. 《中华人民共和国广告法》

C. 《证券、期货投资咨询管理暂行办法》

D. 《证券投资顾问业务暂行规定》

【答案】 B

【解析】 证券公司、证券投资咨询机构通过广播、电视、网络、报刊等公众媒体对证券投资顾问业务进行广告宣传，应当遵守《中华人民共和国广告法》和证券信息传播的有关规定，广告宣传内容不得存在虚假、不实、误导性信息以及其他违法违规情形。

【例 12】 证券公司、证券投资咨询机构向客户提供投资建议的时间、内容、方式和依据等信息，应当以（　　）形式予以记录留存。

A. 电子文件　　B. 书面和电子文件

C. 书面　　D. 书面或电子文件

【答案】 D

【解析】 证券公司、证券投资咨询机构应当对证券投资顾问业务推广、协议签订、服务提供、客户回访、投诉处理等环节实行留痕管理。向客户提供投资建议的时间、内容、方式和依据等信息，应当以书面或者电子文件形式予以记录留存。

【考点四】证券投资顾问业务的原则【☆☆☆】

（一）依法合规

证券公司、证券投资咨询机构从事证券投资顾问业务应当遵守法律、行政法规和《证券投资顾问业务暂行规定》，加强合规管理，健全内部控制，防范利益冲突，切实维护客户合法权益。

（二）诚实信用

证券公司、证券投资咨询机构及其人员应当遵循诚实信用原则，勤勉、审慎地为客户提供证券投资顾问服务。

（三）公平维护客户利益

证券公司、证券投资咨询机构及其人员提供证券投资顾问服务，应忠实于客户利益，不得为公司及其关联方的利益损害客户利益；不得为证券投资顾问人员及其利益相关者的利益损害客户利益；不得为特定客户利益损害其他客户利益。

【考点五】证券投资顾问业务的要求【☆☆】

（一）执业资格

《证券投资顾问业务暂行规定》第七条：向客户提供证券投资顾问服务的人员，应当符合相关从业条件，并在中国证券业协会注册登记为证券投资顾问。证券投资顾问不得同时注册为证券分析师。

（二）管理制度建设

《证券投资顾问业务暂行规定》第八条：证券公司、证券投资咨询机构应当制定证券投资顾问人员管理制度，加强对证券投资顾问人员注册登记、岗位职责、执业行为的管理。

《证券投资顾问业务暂行规定》第九条：证券公司、证券投资咨询机构应当建立健全证券投资顾问业务管理制度、合规管理和风险控制机制，覆盖业务推广、协议签订、服务提供、客户回访、投诉处理等业务环节。

《证券投资顾问业务暂行规定》第十条：证券公司、证券投资咨询机构从事证券投资顾问业务，应当保证证券投资顾问人员数量、业务能力、合规管理和风险控制与服务方式、业务规模相适应。

（三）投资顾问业务的适当性管理

《证券投资顾问业务暂行规定》第十一条：证券公司、证券投资咨询机构向客户提供证券投资顾问服务，应当按照公司制定的程序和要求，了解客户的身份、财产与收入状况、证券投资经验、投资需求与风险偏好，评估客户的风险承受能力，并以书面或者电子文件形式予以记载、保存。

《证券投资顾问业务暂行规定》第十五条：证券投资顾问应当根据了解的客户情况，在评估客户风险承受能力和服务需求的基础上，向客户提供适当的投资建议服务。

（四）对客户的告知义务

《证券投资顾问业务暂行规定》第十二条：证券公司、证券投资咨询机构向客户提供证券投资顾问服务，应当告知客户下列基本信息：

（1）公司名称、地址、联系方式、投诉电话、证券投资咨询业务资格等；

（2）证券投资顾问的姓名及其登记编码；

（3）证券投资顾问服务的内容和方式；

（4）投资决策由客户作出，投资风险由客户承担；

（5）证券投资顾问不得代客户作出投资决策。

证券公司、证券投资咨询机构应当通过营业场所、中国证券业协会和公司网站，公示前款第（1）、第（2）项信息，方便投资者查询、监督。

（五）风险揭示

《证券投资顾问业务暂行规定》第十三条：证券公司、证券投资咨询机构应当向客户提供风险揭示书，并由客户签收确认。风险揭示书内容与格式要求由中国证券业协会制定。

（六）证券投资顾问服务协议

《证券投资顾问业务暂行规定》第十四条：证券公司、证券投资咨询机构提供证券投资顾问服务，应当与客户签订证券投资顾问服务协议，并对协议实行编号管理。

【例 13】证券公司、证券投资咨询机构应当通过（　　）、中国证券业协会和公司网站公示投资顾问的相关信息，方便投资者查询、监督。

A. 营业场所　　B. 证券交易所　　C. 公共场所　　D. 证监会

【答案】A

【解析】证券公司、证券投资咨询机构应当通过营业场所、中国证券业协会和公司网站公示投资顾问的相关信息，方便投资者查询、监督。

【考点六】证券投资顾问业务的流程【☆☆】

（一）服务模式的选择和设计

根据客户的需求和特征，选择和设计个性化或标准化的顾问服务模式。

（二）客户签约

了解客户情况，评估客户的风险承受能力，为客户选择适当的投资顾问服务或产品，告知客户服务内容、方式、收费以及风险情况，由客户自主选择是否签约。

目前，投资顾问服务协议体现为多种形式，如客户提交书面“服务申请表”开通服务、客户在网上交易平台申请开通服务、与公司总部签订投资顾问服务协议等。

（三）形成服务产品

公司总部或证券营业部的投资顾问团队根据证券研究报告以及其他公开证券信息，分析证券投资品种、理财产品的风险特征，形成具体的投资建议或标准化顾问服务产品，提供给直接面对客户的投资顾问服务人员。

（四）服务提供

投资顾问服务人员通过面对面交流、电话、短信、电子邮件等方式向客户提供投资建议服务，证券公司通过适当的技术手段，记录、监督投资顾问服务人员与客户的沟通过程，实现过程留痕。

【考点七】证券投资顾问业务风险揭示书的要求【☆☆】

（一）风险揭示书的意义

为了使投资者充分了解证券投资顾问业务的风险，依据《证券投资顾问业务暂行规定》，开展证券投资顾问业务的证券公司、证券投资咨询机构应向投资者提供《证券投资顾问业务风险揭示书》，充分揭示接受证券投资顾问服务中存在的风险。

（二）风险揭示书的形式及档案保存

证券投资顾问业务风险揭示书应以书面或电子文件形式，由投资者签收确认，并由证券公司、证券投资咨询机构归入证券投资顾问业务档案保存。

（三）风险揭示书的内容

根据《证券投资顾问业务风险揭示书必备条款》，证券投资顾问业务风险揭示书至少应包含下列内容：

提示投资者在接受证券投资顾问服务前，必须了解：

（1）提供服务的证券公司是否具备证券投资咨询业务资格，其提供服务的人员是否具备证券投资咨询执业资格并已经注册登记为证券投资顾问。

（2）证券投资顾问业务的含义，理解投资者接受证券投资顾问服务后需自主作出投资决策并独立承担投资风险。

（3）证券公司及其人员提供的证券投资顾问服务不能确保投资者获得盈利或本金不受损失。

（4）证券公司及其人员提供的投资建议具有针对性和时效性，不能在任何市场环境下长期有效。

（5）作为投资建议依据的证券研究报告和投资分析意见等，可能存在不准确、不全面或被误读的风险，投资者可以向证券投资顾问了解证券研究报告的发布人和发布时间以及投资分析意见的来源，以便在进行投资决策时作出理性判断。

（6）所在的证券公司证券投资顾问服务的收费标准和方式，按照公平、合理、自愿的原则与证券公司、证券投资咨询机构协商并书面约定收取证券投资顾问服务费用的安排，证券投资顾问服务收费应向公司账户支付，不得向证券投资顾问人员或其他个人账户支付。

（7）证券公司及其人员可能存在道德风险，如投资者发现投资顾问存在违法违规行为或利益冲突情形，如泄露客户投资决策计划、传播虚假信息、进行关联交易等，投资者可以向证券公司投诉或向有关部门举报。

（8）证券公司存在因停业、解散、撤销、破产，或被中国证监会撤销相关业务许可、责令停业整顿等原因导致不能履行职责的风险。

（9）证券公司的投资顾问人员存在因离职、离岗等原因导致更换投资顾问服务人员并影响服务连续性的风险。

（10）应向证券公司说明自身资产与收入状况、投资经验、投资需求和风险偏好等情况并接受评估，以便于证券公司根据投资者的风险承受能力和服务需求，向投资者提供适当的证券投资顾问服务。

（11）应向证券公司提供有效的联系方式和服务获取方式，如有变动须及时向所在的证券公司机构进行说明，如因投资者自身原因或不可抗力因素导致投资者未能及时获取证券投资顾问服务，责任将由投资者自行承担。

（12）提示投资者在接受证券投资顾问服务时，应保管好自己的证券账户、资金账户和相应的密码，不要委托证券投资顾问人员管理自己的证券账户、资金账户，代理买卖证券；否则由此导致的风险将由投资者自行承担。

（13）证券公司以软件工具、终端设备等为载体，向客户提供投资建议或者类似功能服务的，应提示投资者在接受该软件工具、终端设备等前，必须仔细阅读相关说明书，了解其实际功能、信息来源、固有缺陷和使用风险，由于投资者自身原因导致该软件工具、终端设备等使用不当或受到病毒入侵、黑客攻击等不良影响的，由此导致的风险将由投资者自行承担。如表示该软件工具、终端设备具有选择证券投资品种或者提示买卖时机功能的，应提示投资者了解其方法和局限。

（14）风险揭示书应以醒目文字载明以下内容：

本风险揭示书的揭示事项仅为列举性质，未能详尽列明投资者接受证券投资顾问服务所面临的全部风险和可能导致投资者投资损失的所有因素；

投资者在接受证券投资顾问服务前，应认真阅读并理解相关业务规则、证券投资顾问服务协议及本风险揭示书的全部内容；

接受证券投资顾问服务的投资者，自行承担投资风险，证券公司不以任何方式向投资者作出不受损失或者取得最低收益的承诺；

特别提示：投资者应签署本风险揭示书，表明投资者已经理解并愿意自行承担接受证券投资顾问服务的风险和损失。

【例 14】按照《证券投资顾问业务暂行规定》，以证券咨询软件为载体向客户提供咨询服务的机构，规范的执业行为有（　　）。

Ⅰ. 揭示软件工具固有缺陷和使用风险，不得隐瞒或有重大遗漏

Ⅱ. 客观说明软件工具的功能，不得对其功能进行误导性宣传

Ⅲ. 说明软件工具所使用的数据信息来源

Ⅳ. 表示软件工具有选择证券投资品种或提示买卖时机功能的，应当说明其方法和局限

A. Ⅰ、Ⅱ、Ⅲ　　B. Ⅰ、Ⅱ、Ⅳ

C. Ⅲ、Ⅳ　　D. Ⅰ、Ⅱ、Ⅲ、Ⅳ

【答案】D

【解析】以软件工具、终端设备等为载体，向客户提供投资建议或者类似功能服务的，应当执行本规定，并符合下列要求：

①客观说明软件工具、终端设备的功能，不得对其功能进行虚假、不实、误导性宣传；

②揭示软件工具、终端设备的固有缺陷和使用风险，不得隐瞒或者有重大遗漏；

③说明软件工具、终端设备所使用的数据信息来源；

④表示软件工具、终端设备具有选择证券投资品种或者提示买卖时机功能的，应当说明其方法和局限。

【考点八】证券投资顾问业务服务协议的要求【☆☆】

《证券投资顾问业务暂行规定》第十四条：证券公司、证券投资咨询机构提供证券投资顾问服务，应当与客户签订证券投资顾问服务协议，并对协议实行编号管理。

协议应当包括下列内容：

（1）当事人的权利义务；

（2）证券投资顾问服务的内容和方式；

（3）证券投资顾问的职责和禁止行为；

（4）收费标准和支付方式；

（5）争议或者纠纷解决方式；

（6）终止或者解除协议的条件和方式。

证券投资顾问服务协议应当约定，自签订协议之日起 5 个工作日内，客户可以书面通知方式提出解除协议。证券公司、证券投资咨询机构收到客户解除协议书面通知时，证券投资顾问服务协议解除。

【考点九】证券投资顾问向客户提供投资建议的相关依据【☆☆】

《证券投资顾问业务暂行规定》第十六条：证券投资顾问向客户提供投资建议，应当具有合理的依据。投资建议的依据包括证券研究报告或者基于证券研究报告、理论模型以及分析方法形成的投资分析意见等。

《证券投资顾问业务暂行规定》第二十条：证券投资顾问向客户提供投资建议，知悉客户作出具体投资决策计划的，不得向他人泄露该客户的投资决策计划信息。

【具体要求】

（1）任何机构或个人就证券市场、证券品种的走势，投资证券的可行性以口头、书面、电脑网络或中国证监会认定的其他形式向公众提供分析、预测或建议的业务，必须先行取得中国证监会授予的证券投资咨询业务资格证书或者经取得中国证监会授予的证券投资咨询业务资格证书的机构聘任并符合相关从业要求。

（2）证券投资咨询机构及其从业人员从事证券投资咨询活动必须客观公正、诚实守信，不得以虚假信息、内幕信息或市场传言为依据向客户或投资者提供分析、预测或建议；预测证券市场、证券品种的走势或就投资证券的可行性进行建议时需有充分的理由和依据，不得主观臆断；证券投资分析报告、投资分析文章等形式的咨询服务产品不得有不负责任的煽动性语言。

（3）证券投资咨询机构或其从业人员在预测证券品种的走势或对投资证券的可行性提出建议时，应明确表示在自己所知情的范围内本机构、本人以及财产上的利害关系人与所评价或推荐的证券是否有利害关系。

【例 15】证券投资顾问向客户提供投资建议，知悉客户作出具体投资决策计划的，（　　）泄露该客户的投资决策计划信息。

A. 在客户不知情的情况下可以向他人

B. 不得向他人

C. 可以向公司的其他客户

D. 可以向公司的其他投资顾问

【答案】B

【解析】证券投资顾问向客户提供投资建议，知悉客户作出具体投资决策计划的，不得向他人泄露该客户的投资决策计划信息。

【考点十】证券投资顾问业务投资者适当性管理的要求【☆☆】

（一）投资者适当性管理的概念

投资者适当性管理是现代金融服务的基本原则和基本要求，是让“适合的投资者购买恰当的产品”，避免在金融产品创新过程中将金融产品提供给风险并不匹配的投资群体，导致投资者由于误解产品而发生较大风险。

（二）投资者适当性管理的目的

1. 保护投资者合法权益

2. 为证券期货经营机构提供差异化服务奠定基础

3. 加强对证券期货经营机构创新风险的防控作用

（三）投资者适当性管理的内容

（1）证券公司向客户提供证券投资顾问服务，应当按照公司制定的程序和要求，了解客户的身份、财产与收入状况、证券投资经验、投资需求与风险偏好，评估客户的风险承受能力，并以书面或者电子文件形式予以记载、保存；

（2）证券投资顾问应当根据了解的客户情况，在评估客户风险承受能力和服务需求的基础上，向客户提供适当的投资建议服务。

（四）投资者适当性管理的要求

1. 审慎决定参与交易

2. 如实提供相关信息

3. 遵守“卖者有责，买者自负”的原则

4. 通过合法途径维护合法权益

【考点十一】证券投资顾问业务客户回访机制【☆☆】

证券公司、证券投资咨询机构从事证券投资顾问业务，应当建立客户回访机制，明确客户回访的程序、内容和要求，并指定专门人员独立实施。

（1）证券公司应当统一组织回访客户，对新开户客户应当在1个月内完成回访，对原有客户的回访比例应当不低于上年末客户总数的10%。

（2）回访内容应当包括但不限于客户身份核实、客户账户变动确认、证券营业部及证券从业人员是否违规代客户操作账户、是否向客户充分揭示风险、是否存在全权委托行为等情况。

（3）客户回访应当留痕，相关资料应当保存不少于3年。

【考点十二】证券投资顾问业务客户投诉处理机制【☆☆】

（1）证券公司、证券投资咨询机构从事证券投资顾问业务，应当建立客户投诉处理机制，及时、妥善处理客户投诉事项。

（2）证券公司、证券投资咨询机构以合作方式向客户提供证券投资顾问服务，应当对服务方式、报酬支付、投诉处理等作出约定，明确当事人的权利和义务。

（3）证券公司及证券营业部应当在公司网站及营业场所显著位置公示客户投诉电话、传真、电子信箱，保证投诉电话至少在营业时间内有人值守。

（4）证券公司及证券营业部应当建立客户投诉书面或电子档案，保存时间不少于3年。

（5）每年4月底前，证券公司和证券营业部应当汇总上一年度证券经纪业务投诉及处理情况，分别报证券公司住所地及证券营业部所在地证监局备案。

【例16】证券公司及证券营业部应当在公司网站及营业部显著位置公示客户投诉（　　），保证投诉电话至少在营业时间内有人值守。

Ⅰ. 电话

Ⅱ. 传真

Ⅲ. 电子信箱

Ⅳ. 地址

A. Ⅰ、Ⅱ、Ⅲ　　B. Ⅰ、Ⅱ、Ⅳ

C. Ⅱ、Ⅲ、Ⅳ　　D. Ⅰ、Ⅱ、Ⅲ、Ⅳ

【答案】A

【解析】证券公司及证券营业部应当在公司网站及营业部的显著位置公示客户投诉电话、传真、电子信箱，保证投诉电话至少在营业时间内有人值守。

【考点十三】证券投资顾问业务各环节留痕管理【☆☆☆】

（1）证券公司、证券投资咨询机构应当对证券投资顾问业务推广、协议签订、服务提供、客户回访、投诉处理等环节实行留痕管理。

（2）向客户提供投资建议的时间、内容、方式和依据等信息，应当以书面或者电子文件形式予以记录留存。

（3）证券投资顾问业务档案的保存期限自协议终止之日起不得少于5年。

（4）对证券投资顾问业务各环节留痕管理的作用：

①业务留痕可作为投资顾问业绩考核的依据；

②业务留痕可作为日后业务纠纷的证据；

③业务留痕是公司规范管理、档案管理的要求。

【例17】根据《证券投资顾问业务暂行规定》的要求，证券投资顾问业务档案的保存期限自协议终止之日起不得少于（　　）年。

A. 10　　B. 1　　C. 3　　D. 5

【答案】D

【解析】证券公司、证券投资咨询机构应当对证券投资顾问业务推广、协议签订、服务提供、客户回访、投诉处理等环节实行留痕管理。向客户提供投资建议的时间、内容、方式和依据等信息，应当以书面或者电子文件形式予以记录留存。证券投资顾问业务档案的保存期限自协议终止之日起不得少于5年。

【考点十四】证券投资顾问的禁止性行为的要求【☆☆☆】

1. 严禁相互诋毁及相互争夺客户
2. 严禁泄露客户开户资料及透露公司的商业机密
3. 严禁提供虚假信息，欺诈客户或为增加佣金收入而有意误导客户交易
4. 严禁向客户作出投资保底、亏损有限或必定盈利等不切合实际的承诺
5. 严禁向客户收取或索取酬谢，严禁串通客户损害公司或其他客户的声誉和利益
6. 严禁以任何形式在公司内部现有客户中开发客户或将自行到营业部柜台开户的客户据为己有
7. 严禁接受客户的全权委托，严禁接受未经客户授权的非全权委托，不得代理客户办理提款、转托管、撤销指定及销户手续
8. 中国证监会、中国证券业协会或法律、行政法规禁止的其他行为

【考点十五】证券投资顾问应具备的职业操守【☆☆☆】

（一）独立诚信

执业者应当诚实守信，高度珍惜证券投资顾问的职业信誉；在执业过程中应当坚持独立判断原则，不因上级、客户或其他投资者的不当要求而放弃自己的独立立场。

（二）谨慎客观

执业者应当依据公开披露的信息资料和其他合法获得的信息，进行科学的分析研究，审慎、客观地提出投资分析、预测和建议，不得断章取义，不得篡改有关信息

资料。

（三）勤勉尽责

执业者应当本着对客户与投资者高度负责的精神执业，对与投资分析、预测及咨询服务相关的主要因素进行尽可能全面、详尽、深入的调查研究，采取必要的措施避免遗漏与失误，切实履行应尽的职业责任，向投资者或客户提供规范的专业意见。

（四）公正公平

执业者提出的建议和结论不得违背社会公众利益，不得利用自己的身份、地位和在执业过程中所掌握的内幕信息为自己或他人牟取非法利益，不得故意向客户或投资者提供存在重大遗漏、虚假信息和误导性陈述的投资分析、预测或建议。

【例 18】证券投资顾问应具备的职业操守有（　　）。

Ⅰ. 独立诚信

Ⅱ. 谨慎客观

Ⅲ. 勤勉尽责

Ⅳ. 公平公正

A. Ⅰ、Ⅱ、Ⅲ、Ⅳ　　B. Ⅱ、Ⅲ

C. Ⅰ、Ⅱ、Ⅲ　　D. Ⅱ、Ⅲ、Ⅳ

【答案】A

【解析】证券投资咨询行业执业应遵守的原则：独立诚信；谨慎客观；勤勉尽责；公平公正。

【考点十六】证券投资顾问人员管理制度【☆☆】

（1）证券公司应当制定证券投资顾问人员管理制度，加强对证券投资顾问人员注册登记、岗位职责、执业行为的管理。

（2）证券公司应当建立健全证券投资顾问业务管理制度、合规管理和风险控制机制，覆盖业务推广、协议签订、服务提供、客户回访、投诉处理等业务环节。

【考点十七】证券投资顾问通过公众媒体开展业务的要求【☆☆☆】

（1）证券公司、证券投资咨询机构通过广播、电视、网络、报刊等公众媒体对证券投资顾问业务进行广告宣传，应遵守《广告法》和证券信息传播的有关规定，广告宣传内容不得存在虚假、不实、误导性信息。

（2）鼓励证券公司、证券投资咨询机构组织安排证券投资顾问人员，按照证券信息传播的有关规定，通过广播、电视、网络、报刊等公众媒体，客观、专业、审慎地对宏观经济、行业状况、证券市场变动情况发表评论意见，为公众投资者提供证券资讯服务，传播证券知识，揭示投资风险，引导理性投资。

（3）证券投资顾问不得通过广播、电视、网络、报刊等公众媒体，作出买入、卖出或者持有具体证券的投资建议。

【例 19】 证券投资顾问可以通过广播、电视、网络、报刊等公众媒体，客观、专业、审慎地对（　　）发表评论意见。

A. 特定的上市公司

B. 宏观经济、行业状况、证券市场变动情况

C. 特定的指数期货合约

D. 特定的分级基金

【答案】 B

【解析】 证券投资顾问可以通过广播、电视、网络、报刊等公众媒体，客观、专业、审慎地对宏观经济、行业状况、证券市场变动情况发表评论意见。

【例 20】 下列关于证券公司、证券投资咨询机构从事证券投资顾问业务的说法中，正确的有（　　）。

Ⅰ. 证券公司、证券投资咨询机构从事证券投资顾问业务，应当建立客户回访机制，明确客户回访的程序、内容和要求，并指定专门人员独立实施

Ⅱ. 证券公司、证券投资咨询机构应当向客户提供风险揭示书，并由客户签收确认

Ⅲ. 证券公司、证券投资咨询机构从事证券投资顾问业务，应当建立客户投诉处理机制，及时、妥善处理客户投诉事项

Ⅳ. 证券投资顾问可以通过广播、电视、网络、报刊等公众媒体，作出买入、卖出或者持有具体证券的投资建议

A. Ⅰ、Ⅲ　　B. Ⅰ、Ⅱ、Ⅲ

C. Ⅱ、Ⅳ　　D. Ⅰ、Ⅱ、Ⅲ、Ⅳ

【答案】 B

【解析】 证券公司、证券投资咨询机构从事证券投资顾问业务，应建立客户回访机制，明确客户回访的程序、内容和要求，并指定专门人员独立实施；证券公司、证券投资咨询机构应当向客户提供风险揭示书，并由客户签收确认；证券公司、证券投资咨询机构从事证券投资顾问业务，应当建立客户投诉处理机制，及时、妥善处理客户投诉事项；证券投资顾问不得通过广播、电视、网络、报刊等公众媒体，作出买入、卖出或者持有具体证券的投资建议。

【本节学习提示】

考查重点：

①证券投资顾问业务推广、协议签订、服务提供、客户回访和投诉处理等业务环节；

②证券投资顾问业务的原则；

③证券投资顾问业务风险揭示书的要求；

④证券投资顾问服务协议的要求；

⑤证券投资顾问业务各环节留痕管理的要求；

⑥证券投资顾问的禁止性行为的要求；

⑦证券投资顾问应具备的职业操守；

⑧证券投资顾问按照证券信息传播的有关规定，通过公众媒体开展业务的要求。

第四节　法律责任

【考点一】证券公司、证券投资咨询机构及其人员从事证券投资顾问业务，违反法律、行政法规和相关规定的法律后果、监管措施及法律责任【☆☆☆】

（一）《中华人民共和国证券法》的相关规定

1.《证券法》第一百九十三条

违反本法第五十六条第二款的规定，在证券交易活动中作出虚假陈述或者信息误导的，责令改正，处以二十万元以上二百万元以下的罚款；属于国家工作人员的，还应当依法给予处分。

【补充说明】

《证券法》第五十六条

禁止任何单位和个人编造、传播虚假信息或者误导性信息，扰乱证券市场。

禁止证券交易场所、证券公司、证券登记结算机构、证券服务机构及其从业人员，证券业协会、证券监督管理机构及其工作人员，在证券交易活动中作出虚假陈述或者信息误导。

各种传播媒介传播证券市场信息必须真实、客观，禁止误导。传播媒介及其从事证券市场信息报道的工作人员不得从事与其工作职责发生利益冲突的证券买卖。

编造、传播虚假信息或者误导性信息，扰乱证券市场，给投资者造成损失的，应当依法承担赔偿责任。

2.《证券法》第二百一十三条

证券投资咨询机构违反本法第一百六十条第二款的规定擅自从事证券服务业务，或者从事证券服务业务有本法第一百六十一条规定行为的，责令改正，没收违法所得，并处以违法所得一倍以上十倍以下的罚款；没有违法所得或者违法所得不足五十万元的，处以五十万元以上五百万元以下的罚款。对直接负责的主管人员和其他直接责任人员，给予警告，并处以二十万元以上二百万元以下的罚款。会计师事务所、律师事务所以及从事资产评估、资信评级、财务顾问、信息技术系统服务的机构违反本法第一百六十条第二款的规定，从事证券服务业务未报备案的，责令改正，并处以二十万元以下的罚款。

证券服务机构违反本法第一百六十三条的规定，未勤勉尽责，所制作、出具的文件有虚假记载、误导性陈述或者重大遗漏的，责令改正，没收业务收入，并处以业务收入一倍以上十倍以下的罚款，没有业务收入或者业务收入不足五十万元的，处以五十万元以上五百万元以下的罚款；情节严重的，并处暂停或者禁止从事证券服务业务。对直接负责的主管人员和其他直接责任人员给予警告，并处以二十万元以上二百万元以下的罚款。

【补充说明】

《证券法》第一百六十条

会计师事务所、律师事务所以及从事证券投资咨询、资产评估、资信评级、财务顾问、信息技术系统服务的证券服务机构，应当勤勉尽责、恪尽职守，按照相关业务规则为证券的交易及相关活动提供服务。

从事证券投资咨询服务业务，应当经国务院证券监督管理机构核准；未经核准，不得为证券的交易及相关活动提供服务。从事其他证券服务业务，应当报国务院证券监督管理机构和国务院有关主管部门备案。

《证券法》第一百六十一条

证券投资咨询机构及其从业人员从事证券服务业务不得有下列行为：

（一）代理委托人从事证券投资；

（二）与委托人约定分享证券投资收益或者分担证券投资损失；

（三）买卖本证券投资咨询机构提供服务的证券；

（四）法律、行政法规禁止的其他行为。

有前款所列行为之一，给投资者造成损失的，应当依法承担赔偿责任。

《证券法》第一百六十三条

证券服务机构为证券的发行、上市、交易等证券业务活动制作、出具审计报告及其他鉴证报告、资产评估报告、财务顾问报告、资信评级报告或者法律意见书等文件，应当勤勉尽责，对所依据的文件资料内容的真实性、准确性、完整性进行核查和验证。其制作、出具的文件有虚假记载、误导性陈述或者重大遗漏，给他人造成损失的，应当与委托人承担连带赔偿责任，但是能够证明自己没有过错的除外。

3.《证券法》第二百一十四条

发行人、证券登记结算机构、证券公司、证券服务机构未按照规定保存有关文件和资料的，责令改正，给予警告，并处以十万元以上一百万元以下的罚款；泄露、隐匿、伪造、篡改或者毁损有关文件和资料的，给予警告，并处以二十万元以上二百万元以下的罚款；情节严重的，处以五十万元以上五百万元以下的罚款，并处暂停、撤销相关业务许可或者禁止从事相关业务。对直接负责的主管人员和其他直接责任人员给予警告，并处以十万元以上一百万元以下的罚款。

（二）《证券投资顾问业务暂行规定》的相关规定

《证券投资顾问业务暂行规定》第三十二条

证券公司、证券投资咨询机构及其人员从事证券投资顾问业务，违反法律、行政法规和《证券投资顾问业务暂行规定》的，中国证监会及其派出机构可以采取责令改正、监管谈话、出具警示函、责令增加内部合规检查次数并提交合规检查报告、责令清理违规业务、责令暂停新增客户、责令处分有关人员等监管措施；情节严重的，中国证监会依照法律、行政法规和有关规定作出行政处罚；涉嫌犯罪的，依法移送司法机关。

（三）自律组织的纪律处分

证券公司、证券投资咨询机构及其证券投资顾问、证券分析师违反法律法规、中国证监会规定或者自律规范等规定的注册登记相关制度的，中国证券业协会将视情节采取行业内通报批评、注销相关人员注册登记等措施，并将有关处理情况通报中国证监会。

【例 21】从事证券投资顾问业务，违反法律、行政法规和《证券投资顾问业务暂行规定》情节严重的，中国证监会依照法律、行政法规和有关规定（　　）。

A. 移送司法机关　　B. 责令改正

C. 作出行政处罚　　D. 罚款

【答案】C

【解析】中国证监会及其派出机构可以采取责令改正、监管谈话、出具警示函、责令增加内部合规检查次数并提交合规检查报告、责令清理违规业务、责令暂停新增客户、责令处分有关人员等监管措施；情节严重的，中国证监会依照法律、行政法规和有关规定作出行政处罚；涉嫌犯罪的，依法移送司法机关。

【本节学习提示】

考查重点：

①《证券法》的相关规定；

②《证券投资顾问业务暂行规定》的相关规定。

同步真题练习

1. 证券公司及证券营业部应当建立客户投诉书面或者电子档案，保存时间不少于（　　）年。

A. 5　　B. 10　　C. 1　　D. 3

2. 证券服务机构为证券的发行、上市、交易等证券业务活动制作、出具审计报告、资产评估报告、财务顾问报告、资信评级报告或者法律意见书等文件，应当（　　），对所制作、出具的文件内容的真实性、准确性、完整性进行核查和验证。

A. 诚实守信　　B. 客观公正　　C. 勤勉尽责　　D. 守法遵规

3. 风险揭示书的内容和格式由（　　）制定。

A. 中国证监会　　B. 中国证券业协会

C. 中国银保监会　　D. 中国证券监督管理委员会

4. 证券服务机构为证券的（　　）等证券业务活动制作、出具审计报告、资产评估报告、财务顾问报告、资信评级报告或者法律意见书等文件，应当勤勉尽责，对所制作、出具的文件内容的真实性、准确性、完整性进行核查和验证。

Ⅰ. 发行

Ⅱ. 上市

Ⅲ. 流通

Ⅳ. 交易

A. Ⅰ、Ⅱ、Ⅲ　　B. Ⅰ、Ⅱ、Ⅳ　　C. Ⅰ、Ⅲ　　D. Ⅰ、Ⅲ、Ⅳ

5. 证券公司、证券投资咨询机构应当加强人员培训，提升证券投资顾问的（　　）。

Ⅰ. 职业操守

Ⅱ. 合规意识

Ⅲ. 敬业精神

Ⅳ. 管理能力

A. Ⅱ、Ⅲ　　B. Ⅰ、Ⅳ　　C. Ⅰ、Ⅱ、Ⅲ　　D. Ⅰ、Ⅱ

6. 证券公司、证券投资咨询机构及其人员从事证券投资顾问业务，违反法律。行政法规和相关规定的，中国证监会及其派出机构可以采取监管措施，下列属于相关监管措施的有（　　）。

Ⅰ. 监管谈话

Ⅱ. 出具警示函

Ⅲ. 处以罚款

Ⅳ. 责令处分有关人员

A. Ⅱ、Ⅲ、Ⅳ　　B. Ⅰ、Ⅲ　　C. Ⅰ、Ⅱ、Ⅳ　　D. Ⅰ、Ⅱ、Ⅲ、Ⅳ

7. 根据《证券投资顾问业务暂行规定》，证券公司、证券投资咨询机构的人员从事证券投资顾问业务时应当（　　）。

Ⅰ. 忠实于客户利益，切实维护客户合法权益

Ⅱ. 遵循诚实守信原则，勤勉、审慎地为客户提供证券投资顾问服务

Ⅲ. 与客户签订证券投资顾问服务协议

Ⅳ. 优先维护特定客户利益

A. Ⅰ、Ⅱ、Ⅳ　　B. Ⅰ、Ⅱ、Ⅲ、Ⅳ

C. Ⅲ、Ⅳ　　D. Ⅰ、Ⅱ、Ⅲ

8. 根据《证券投资顾问业务暂行规定》，证券投资顾问向客户提供投资建议，应当具有合理的依据，这些依据包括（　　）。

Ⅰ. 证券研究报告

Ⅱ. 证券投资顾问的服务能力和过往业绩

Ⅲ. 基于证券研究报告形成的投资分析意见

Ⅳ. 基于理论模型以及分析方法形成的投资分析意见

A. Ⅱ、Ⅲ　　B. Ⅰ、Ⅱ、Ⅲ、Ⅳ

C. Ⅰ、Ⅲ、Ⅳ　　D. Ⅰ、Ⅱ、Ⅳ

9. 证券公司、证券投资咨询机构开展证券投资顾问业务，向客户提供投资建议的（　　）等信息，应当以书面或者电子文件形式予以记录留存。

Ⅰ. 时间

Ⅱ. 内容

Ⅲ. 方式

Ⅳ. 依据

A. Ⅰ、Ⅱ、Ⅲ　　B. Ⅱ、Ⅲ、Ⅳ　　C. Ⅰ、Ⅲ、Ⅳ　　D. Ⅰ、Ⅱ、Ⅲ、Ⅳ

10. 证券服务机构为证券的发行、上市、交易等证券业务活动制作、出具审计报告、资产评估报告、财务顾问报告、资信评级报告或者法律意见书等文件，应当勤勉尽责，对所制作、出具的文件内容的（　　）进行核查和验证。

Ⅰ. 真实性

Ⅱ. 准确性

Ⅲ. 规范性

Ⅳ. 完整性

A. Ⅰ、Ⅱ、Ⅲ、Ⅳ　　B. Ⅰ、Ⅲ、Ⅳ

C. Ⅰ、Ⅱ、Ⅳ　　D. Ⅰ、Ⅱ、Ⅲ

11. 以下关于证券投资顾问业务管理制度建设说法正确的是（　　）。

Ⅰ. 证券公司应当制定证券投资顾问人员管理制度，加强对证券投资顾问人员注册登记、岗位职责、执业行为的管理

Ⅱ. 证券公司应当建立健全证券投资顾问业务管理制度、合规管理和风险控制机制，覆盖业务推广、协议签订、服务提供、客户回访、投诉处理等业务环节

Ⅲ. 证券投资顾问应当根据了解的客户情况，在评估客户风险承受能力和服务需求的基础上，向客户承诺或者保证投资收益

Ⅳ. 证券公司应当保证证券投资顾问人员数量、业务能力、合规管理和风险控制与服务方式、业务规模相适应

A. Ⅰ、Ⅱ、Ⅲ　　B. Ⅱ、Ⅲ、Ⅳ　　C. Ⅱ、Ⅲ　　D. Ⅰ、Ⅱ、Ⅳ

12. 从事证券服务业务的禁止性行为包括（　　）。

Ⅰ. 代理委托人从事证券投资

Ⅱ. 与委托人约定分享证券投资收益或者分担证券投资损失

Ⅲ. 买卖本咨询机构提供服务的上市公司股票

Ⅳ. 利用传播媒介或者通过其他方式提供、传播虚假或者误导投资者的信息

A. Ⅰ、Ⅱ、Ⅲ　　B. Ⅰ、Ⅱ、Ⅳ

C. Ⅰ、Ⅱ、Ⅲ、Ⅳ　　D. Ⅰ、Ⅲ、Ⅳ

13. 业务留痕是证券公司各项业务的基本要求，其作用包括（　　）。

Ⅰ. 作为供客户随时查阅的资料

Ⅱ. 作为日后业务纠纷的证据

Ⅲ. 作为证券投资顾问业绩考核的依据

Ⅳ. 公司管理规范、档案管理的要求

A. Ⅰ、Ⅱ、Ⅳ　　B. Ⅱ、Ⅲ、　　C. Ⅰ、Ⅲ、Ⅳ　　D. Ⅱ、Ⅲ、Ⅳ

14. 下列有关投资咨询业务的说法中，正确的有（　　）。

Ⅰ. 证券公司的自营人员在离开岗位后，可以在规定时间之后从事证券投资咨询业务

Ⅱ. 证券投资咨询机构可以发布证券研究报告

Ⅲ. 证券投资咨询机构可以就同一证券在同一时间向不同类型客户做方向不一致的建议

Ⅳ. 证券投资咨询机构或执业人员可以参加媒体举办的荐股“擂台赛”

A. Ⅰ、Ⅲ、Ⅳ　　B. Ⅰ、Ⅱ、Ⅲ、Ⅳ

C. Ⅱ、Ⅲ、Ⅳ　　D. Ⅰ、Ⅱ

15. 证券投资顾问向客户提供投资建议，应当具有合理的依据。投资建议的依据包括（　　）撰写的证券研究报告。

Ⅰ. 本公司证券分析师

Ⅱ. 其他公司证券分析师

Ⅲ. 投资顾问本人

Ⅳ. 投资顾问小组

A. Ⅰ、Ⅱ　　B. Ⅱ、Ⅲ、Ⅳ　　C. Ⅰ、Ⅲ　　D. Ⅰ、Ⅱ、Ⅲ、Ⅳ

答案与解析

1. 【答案】D

【解析】证券公司及证券营业部应当建立客户投诉书面或者电子档案，保存时间不少于3年。每年4月底前，证券公司和证券营业部应当汇总上一年度证券经纪业务投诉及处理情况，分别报证券公司住所地及证券营业部所在地证监局备案。

2. 【答案】C

【解析】证券服务机构为证券的发行、上市、交易等证券业务活动制作、出具审计报告、资产评估报告、财务顾问报告、资信评级报告或者法律意见书等文件，应当勤勉尽责，对所制作、出具的文件内容的真实性、准确性、完整性进行核查和验证。

3. 【答案】B

【解析】证券公司、证券投资咨询机构应当向客户提供风险揭示书，并由客户签收确认。风险揭示书内容与格式要求由中国证券业协会制定。

4. 【答案】B

【解析】证券服务机构为证券的发行、上市、交易等证券业务活动制作、出具审计报告、资产评估报告、财务顾问报告、资信评级报告或者法律意见书等文件，应当勤勉尽责，对所制作、出具的文件内容的真实性、准确性、完整性进行核查和验证。

5. 【答案】D

【解析】根据《证券投资顾问业务暂行规定》，证券公司、证券投资咨询机构应当加强人员培训，提升证券投资顾问的职业操守、合规意识和专业服务能力。

6. 【答案】C

【解析】《证券投资顾问业务暂行规定》第三十二条规定：证券公司、证券投资咨询机构及其人员从事证券投资顾问业务，违反法律、行政法规和本规定的，中国证监会及其派出机构可以采取责令改正、监管谈话、出具警示函、责令增加内部合规检查次数并提交合规检查报告、责令清理违规业务、责令暂停新增客户、责令处分有关人员等监管措施；情节严重的，中国证监会依照法律、行政法规和有关规定作出行政处罚；涉嫌犯罪的，依法移送司法机关。

7. 【答案】D

【解析】证券公司证券投资咨询机构及其人员提供证券投资顾问服务，应当忠实于客户利益，不得为公司及其关联方的利益损害客户利益；不得为证券投资顾问人员及其利益相关者的利益损害客户利益；不得为特定客户利益损害其他客户利益。

8. 【答案】C

【解析】证券投资顾问向客户提供投资建议，应当具有合理的依据。投资建议的依据包括证券研究报告或者基于证券研究报告、理论模型以及分析方法形成的投资分析意见等。

9. 【答案】D

【解析】证券公司、证券投资咨询机构应当对证券投资顾问业务推广、协议签订、服务提供、客户回访、投诉处理等环节实行留痕管理。向客户提供投资建议的时间、内容、方式和依据等信息，应当以书面或者电子文件形式予以记录留存。

10. 【答案】C

【解析】证券服务机构为证券的发行、上市、交易等证券业务活动制作、出具审计报告、资产评估报告、财务顾问报告、资信评级报告或者法律意见书等文件，应当勤勉尽责，对所制作、出具的文件内容的真实性、准确性、完整性进行核查和验证。

11. 【答案】D

【解析】证券投资顾问业务管理制度建设的内容包括 ：

（1）证券公司、证券投资咨询机构应当制定证券投资顾问人员管理制度，加强对证券投资顾问人员注册登记、岗位职责、执业行为的管理。

（2）证券公司、证券投资咨询机构应当建立健全证券投资顾问业务管理制度、合规管理和风险控制机制，覆盖业务推广、协议签订、服务提供、客户回访、投诉处理等业务环节。

（3）证券公司应当保证证券投资顾问人员数量、业务能力、合规管理和风险控制与服务方式、业务规模相适应。

（4）证券投资顾问禁止以任何方式向客户承诺或保证收益。

故Ⅰ、Ⅱ、Ⅳ项正确，Ⅲ项错误。

12. 【答案】C

【解析】从事证券服务业务的禁止性行为：

（1）代理委托人从事证券投资；

（2）与委托人约定分享证券投资收益或者分担证券投资损失；

（3）买卖本咨询机构提供服务的上市公司股票；

（4）利用传播媒介或者通过其他方式提供、传播虚假或者误导投资者的信息；

（5）法律、行政法规禁止的其他行为。

有以上所列行为之一，给投资者造成损失的，依法承担赔偿责任。

故Ⅰ、Ⅱ、Ⅲ、Ⅳ项都正确。

13. 【答案】D

【解析】对证券投资顾问业务各环节留痕管理的作用：业务留痕可作为投资顾问业

绩考核的依据。业务留痕可作为日后业务纠纷的证据。业务留痕是公司规范管理、档案管理的要求。

14. 【答案】D

【解析】证券公司的自营、受托投资管理、财务顾问和投资银行等业务部门的专业人员在离开原岗位后的6个月内不得从事面向社会公众开展的证券投资咨询业务。Ⅰ项说法正确。

证券公司、投资咨询机构可以发布证券研究报告。证券研究报告主要包括涉及证券及证券相关产品的价值分析报告、行业研究报告、投资策略报告等。Ⅱ项说法正确。

证券投资咨询机构不可以就同一证券在同一时间向不同类型客户做方向不一致的建议。Ⅲ项说法错误。

证券投资咨询机构及其执业人员不得参加媒体等机构举办的荐股"擂台赛"、模拟证券投资大赛或类似的栏目或节目。Ⅳ项说法错误。

15. 【答案】A

【解析】证券分析师基于独立、客观的立场，对证券及证券相关产品的价值进行研究分析，撰写发布研究报告。证券投资顾问基于特定客户的立场，遵循忠实于客户利益原则，向客户提供适当的证券投资建议。

本章总结

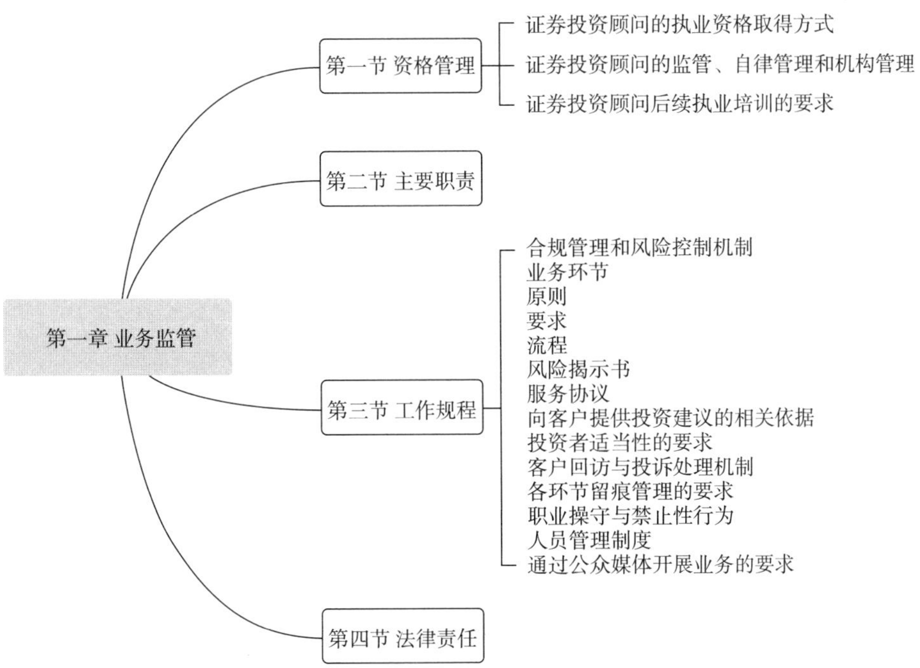

第二部分

专业基础

第二章　基本理论

【考情早知道】

本章在证券投资顾问考试中，属于重难点章节，考核难度高，主要包括证券投资理论与财务计算两部分，属于理解加识记双重要求的内容，分值占比在20%左右。

本章难点在第二节、第三节和第四节，涉及理论、计算和图形的理解，学习过程中需要特别关注。

【本章知识概览】

小节	考点	备考指数
第一节 生命周期理论	投资者偏好特征	☆☆
	家庭生命周期各阶段的特征、需求和目标	☆☆
	家庭生命周期各阶段的理财重点	☆☆
	个人生命周期各阶段的理财规划	☆☆
第二节 货币的时间价值	货币时间价值概念及影响因素	☆
	时间价值与利率的基本参数	☆☆
	现值和终值的计算	☆☆
	复利期间和有效年利率的计算	☆☆
	年金的计算	☆☆
第三节 证券投资理论	证券组合的含义	☆☆☆
	证券组合可行域和有效边界的含义	☆☆
	证券组合可行域和有效边界的一般图形	☆☆
	有效证券组合的含义和特征	☆☆
	最优证券组合的含义和选择原理	☆☆
	战略性资产配置、战术性资产配置和动态资产配置	☆☆
第四节 资本资产定价理论	资本资产定价模型的假设条件	☆☆
	资本市场线和证券市场线的定义、图形及其经济意义	☆☆

续表

小节	考点	备考指数
第四节 资本资产定价理论	证券系数β的含义和应用	☆
	资本资产定价模型的应用	☆☆
	套利定价理论的原理	☆☆
	套利组合的概念及计算	☆☆☆
	运用套利定价方程计算证券的期望收益率	☆☆
	套利定价模型的应用	☆☆
第五节 有效市场假说	预期效用理论	☆☆
	认知过程的偏差	☆☆
	过度自信和心理账户的概念	☆☆
	羊群效应	☆☆
	时间偏好和损失厌恶效应	☆☆
	前景理论	☆
	金融市场中的个体心理与行为偏差的概念	☆☆
	金融市场中的群体行为与金融泡沫	☆☆
	金融市场泡沫的特征和规律	☆☆☆
	行为资产定价理论	☆
	有效市场假说的概念、假设条件	☆
	有效市场假说与行为金融理论的联系与区别	☆
	强式有效、弱式有效、半强式有效的基本特征	☆☆☆
	有效市场假说在证券投资中的应用	☆☆☆

【考点详解】

第一节　生命周期理论

【考点一】投资者偏好特征【☆☆】

（一）投资者的共同偏好规则

投资者在投资时主要考虑风险和收益两大因素：

1. 若两种证券组合具有相同的风险，投资者选择预期收益高的一方。

2. 若两种证券组合具有相同的收益，投资者选择预期风险低的一方。

（二）客户对风险态度分类

1. 风险厌恶型

风险厌恶型投资者厌恶风险，对待风险态度消极，因为有风险就意味着可能会产生损失。

他们不会为增加收益而承担风险，非常注重资金安全，极力回避风险。

他们不愿花太多时间去研究投资策略，注重安全性和简单操作的特点、不愿轻易涉及高收益高风险产品，在选择投资工具时以储蓄存款和政府债券为主。

2. 风险偏好型

风险偏好型投资者偏好风险，对待风险态度积极，因为风险和收益共存，高风险意味着高收益。

他们愿意为获取高收益而承担高风险，不因风险的存在而放弃投资机会。

他们追求的目标是高收益而不满足平均的投资收益，选择投资工具时以股票、高风险理财产品以及投资工具为主。

3. 风险中立型

风险中立型投资者介于前两类投资者之间。

首先，他们要求投资能够保本并获取稳定安全的低收益；其次，他们还希望投资的收益能够跑赢通货膨胀，不会变相贬值；

最后，他们还具有一定的冒险精神，认准合适机会，即便有一定风险，也不会放过，与风险偏好型投资者不同，当风险过高时，就算收益再高，他们也会选择放弃。

（三）根据风险偏好的客户分级

1. 进取型

进取型投资者愿意用很大的风险去换取很高的收益。这类投资者一般年纪不大、负担较轻、有专业知识技能，追求更高的收益和资产的快速增值，同样，他们对投资的损失也有很强的承受能力。他们敢于冒险，操作的手法大胆，喜欢投资股票、期权、期货、股权等高风险高收益产品与投资工具。

2. 成长型

成长型投资者追求投资的长期增值，敢于冒风险但又不过度冒险。这类投资者一般拥有一定的资产规模、较高的知识水平、不错的风险承受能力，他们愿意承受一定的风险，追求较高的投资收益，但是不会过度冒险投资那些具有高度风险的投资工具。

他们往往选择适合长期持有，既可以有较高收益、风险也不太高的产品，如开放式股票基金、大型蓝筹股票等高风险理财产品外的理财产品和投资工具。

3. 平衡型

平衡型投资者既不厌恶风险也不求风险，对任何投资都比较理性，往往会仔细分析不同的投资市场、工具与产品，从中找风险适中、收益适中的产品、获得社会平均水平的收益，同时承受社会平均风险。因此这一类型的投资者往往选择房产、黄金、基金等投资工具。平衡型投资者适合投资于中等风险以下的理财产品或投资工具。

4. 稳健型

稳健型投资者追求投资安全和适度增值，风险承受能力有限。

稳健型投资者总体来说已经偏向保守，对风险的关注更甚于对收益的关心，更愿意选择风险较低而不是收较高的产品，喜欢选择既保本又有较高收益机会的结构性理财产品、往往以临近退休的中老年人士为主。稳健型投资者适合投资低风险的理财产品或投资工具。

5. 保守型

保守型投资者追求收入稳定，厌恶风险。

通常来说，步入退休阶段的老年人群，低收入家庭，以及性格保守的投资者，往往对风险的承受能力很低，投资时首先考虑保本，然后才考虑追求收益。因此，这类投资者往往选择国债、存款、保本型理财产品、货币与债券基金等低风险、低收益的产品。

此类客户只适合投资于风险极低的理财产品或投资工具。

【例1】根据客户对待投资中风险与收益的态度，可以将客户分为（　　）。

Ⅰ. 风险中立型

Ⅱ. 风险厌恶型

Ⅲ. 风险中庸型

Ⅳ. 风险偏好型

A. Ⅰ、Ⅲ　　B. Ⅰ、Ⅱ、Ⅲ

C. Ⅰ、Ⅱ、Ⅳ　　D. Ⅰ、Ⅱ、Ⅲ、Ⅳ

【答案】C

【解析】根据客户对待风险与收益的态度，可以将客户分为三类：风险中立型、风险厌恶型、风险偏好型。

【考点二】家庭生命周期各阶段的特征、需求和目标【☆☆】

（一）家庭生命周期的概念

生命周期主要是指人的生命周期和家庭的生命周期，是指出生、成长、衰老、生病和死亡的过程。

生命周期理论是由F. 莫迪利安尼与R. 布伦博格、A. 安多共同创建的。

自然人是在相当长的期间内计划个人的储蓄消费行为，以实现生命周期内收支的最佳配置。

即：一个人将综合考虑其当期、未来的收支，以及可预期的工作、退休时间等诸多因素，并决定目前的消费和储蓄，以保证其消费水平处于预期的平稳状态，而不至于出现大幅波动。

（二）家庭生命周期各阶段的特征、需求和目标

项目	形成期	成长期	成熟期	衰老期
阶段	从结婚到子女婴儿期	从子女幼儿期到子女经济独立	从子女经济独立到夫妻双方退休	从夫妻双方退休到一方过世
收支	收入以薪水为主，支出随子女诞生后而增加	收入以薪水为主，支出趋于稳定，子女教育费用负担重	收入以薪水为主，支出随子女经济独立而减少	以理财收入及转移性收入为主，医疗费用支出增加，其他费用支出减少
储蓄	收入稳定而支出增加，储蓄低水平增长	收入增加而支出稳定，储蓄稳步增加	收入处于巅峰阶段，支出相对较低，储蓄增长的最佳时期	支出大于收入，储蓄逐步减少
资产	积累资产有限，追求高风险高收益投资	积累资产逐年增加，注重投资风险管理	资产达到巅峰，降低投资风险	变现投资资产支付支出费用，投资以固定收益类为主
负债	承担房贷负担	承担房贷负担	房贷余额逐年减少，退休前结清所有大额负债	无大额、长期负债
居住情况	和父母同住或租住	和父母同住或自行购房	与老年父母同住或夫妻二人居住	夫妻居住或与子女同住
理财目标	保持流动性的同时配置高收益类金融资产，例如股票基金、货币基金、流动性高的银行理财产品等	保持资产流动性，并适当增加固定收益类资产，如债券基金、浮动收益类理财产品	以资产安全为重点，保持资产稳定收益回报，增加固定收益类资产的比重，减少高风险资产的持有	进一步提升资产安全性，将80%以上资产投资于储蓄及固定收益类理财产品，购买长期护理类保险

【例2】生命周期理论对消费者的（　　）提供了全新的解释，指出个人在相当长的时间内计划他的消费和储蓄行为，在整个生命周期内实现消费的最佳配置。

A. 投资行为　　B. 消费行为　　C. 套利行为　　D. 投机行为

【答案】B

【解析】

生命周期理论对消费行为提供了全新的解释，指出个人是在相当长的时间内计划他的消费和储蓄行为的，在整个生命周期内实现消费的最佳配置。

【例3】通常，可积累的财产达到巅峰，要逐步降低投资风险的时期属于家庭生命周期中的（　　）阶段。

A. 家庭形成期　　B. 家庭成长期　　C. 家庭成熟期　　D. 家庭衰老期

【答案】C

【解析】家庭生命周期中，家庭成熟期资产达到巅峰，要逐步降低投资风险，保障退休金的安全。

【例4】张三夫妇明年将退休，三个子女均已研究生毕业并组建了家庭，且张三夫妇有丰厚的储蓄，两个人的支出也比较少。则他们所处的生命周期的阶段是（　　）。

A. 家庭形成期　　B. 家庭成长期　　C. 家庭成熟期　　D. 家庭衰老期

【答案】C

【解析】家庭成熟期的特征是从子女经济独立到夫妻双方退休。该阶段收入处于巅峰阶段，支出相对较低，是储蓄增长的最佳时期。

【考点三】家庭生命周期各阶段的理财重点【☆☆】

项目	形成期	成长期	成熟期	衰老期
夫妻年龄	22～35岁	30～55岁	50～60岁	60岁以后
核心资产配置	股票70% 债券10% 货币20%	股票60% 债券30% 货币10%	股票50% 债券40% 货币10%	股票20% 债券60% 货币20%
	预期收益高，风险适度的银行理财产品	预期收益较高，风险适度的银行理财产品	风险较低、收益稳定的债券或货币资金	风险低、收益稳定的银行理财产品
保险安排	提高寿险保额	以子女教育年金保险来储备高等教育学费	以养老保险或递延年金来储备退休金	投保长期看护险或将养老保险转即期年金
信贷运用	信用卡、小额信贷	房屋贷款、汽车贷款	基本还清贷款	无贷款或反按揭

【例5】如果王五夫妇的年龄在30～55岁，那么从家庭生命周期理财重点的角度看，属于王五家庭特征的有（　　）。

Ⅰ. 保险安排提高寿险保额

Ⅱ. 核心资产配置中，股票所占比重可接近50%，债券接近40%

Ⅲ. 信贷运用以房屋贷款、汽车贷款为重点

Ⅳ. 理财选择可偏好预期收益较高、风险适度的产品

A. Ⅰ、Ⅱ、Ⅳ　　B. Ⅱ、Ⅲ、Ⅳ

C. Ⅲ、Ⅳ　　D. Ⅰ、Ⅱ、Ⅲ、Ⅳ

【答案】C

【解析】王五夫妇的年龄在30～55岁，属于家庭生命周期的成长期。家庭成长期的理财重点为：

1. 保险安排：以子女教育年金来储备高等教育学费；
2. 核心资产配置：股票60%；债券30%；货币10%；
3. 理财选择：预期收益较高，风险适度的银行理财产品；

4. 信贷运用：房屋贷款、汽车贷款。

Ⅰ项说法错误，提高寿险保额属于家庭形成期的特征。

Ⅱ项说法错误，核心资产配置中股票占50%，债券占40%，（货币占10%）属于家庭成熟期的特征。

【考点四】个人生命周期各阶段的理财规划【☆☆】

项目	探索期	建立期	稳定期	维持期	高原期	退休期
年龄	15～24岁	25～34岁	35～44岁	45～54岁	55～60岁	60岁以后
家庭形态	以父母家庭为生活重心	择偶结婚、有学前子女	子女上小学、中学	子女进入高等教育阶段	子女独立	以夫妻两人为主
理财活动	求学深造、提高收入	银行贷款、购房	偿还房贷、筹集教育金	收入增加、筹集退休金	负担减轻、准备退休	享受生活规划、遗产
投资工具	活期、定期存款、基金定投	活期存款、股票、基金定投	自用房产投资、股票、基金	多元投资组合	降低投资组合风险	固定收益投资为主
保险计划	意外险、寿险	寿险、储蓄险	养老险、定期寿险	养老险、投资性保险	长期看护险、退休年金	领退休年金至终老

【例6】下列关于个人生命周期各阶段理财活动的说法，正确的有（　　）。

Ⅰ. 探索期要为将来的财务自由做好专业上与知识上的准备

Ⅱ. 建立期应适当节约资金进行高风险的金融投资

Ⅲ. 稳定期既要努力偿清各种中长期债务，又要为未来储备财富

Ⅳ. 高原期的主要理财任务是妥善管理好积累的财富，积极调整投资组合

A. Ⅰ、Ⅱ　　B. Ⅰ、Ⅱ、Ⅳ　　C. Ⅱ、Ⅳ　　D. Ⅰ、Ⅱ、Ⅲ、Ⅳ

【答案】B

【解析】Ⅲ项错误，稳定期的理财任务是尽可能多地储备资产、积累财富，未雨绸缪，可考虑定期定额基金投资等方式，利用投资的复利效应和长期投资的时间价值为未来积累财富。

【例7】从个人理财生命周期的角度看，既要通过提高劳动收入积累尽可能多的财富，也要利用投资工具创造更多财富；既要偿清各种中长期债务，又要为未来储备财富，属于（　　）。

A. 探索期　　B. 高原期　　C. 稳定期　　D. 维持期

【答案】D

【解析】维持期（45～54岁）是事业发展的黄金时期，收入和财富都处于人生的最佳时期，更是财务规划的关键时期。要准备子女的教育费用、父母的赡养费用以及自己

的退休养老费用，同时还需要彻底还清各种中长期债务。

【例 8】 个人生命周期中探索期的主要理财活动是（　　）。

A. 偿还房贷、筹教育金

B. 量入为出、存自备款

C. 求学深造、提高收入

D. 收入增加、筹退休金

【答案】 C

【解析】 探索期年龄层为 15 ~ 24 岁，在此期间求学深造、提高收入是最主要的理财活动，投资工具主要为活期、定期存款和基金定投等。

易混知识点分析

要注意区分家庭生命周期和个人生命周期的阶段划分，根据表格来串联记忆：

1. 家庭生命周期：形成期、成长期、成熟期、衰退期。

2. 个人生命周期：探索期、建立期、稳定期、维持期、高原期、退休期。

【记忆技巧】根据年龄段来推导，到什么年龄段干什么事。

【本节学习提示】

考查重点：

①家庭生命周期各阶段的特征、需求和目标；

②家庭生命周期各阶段的理财重点；

③个人生命周期各阶段的理财规划。

第二节　货币的时间价值

【考点一】货币时间价值概念及影响因素【☆】

（一）概念

<u>货币时间价值：</u>货币经历一定时间的投资（再投资）所增加的价值，或者货币随着时间的推移而发生的增值。

<u>货币具有时间价值的原因：</u>

1. 现在持有的货币可以满足当前消费或用于投资而产生回报，货币占用具有机会成本；

2. 货币的购买力会受到通货膨胀的影响而降低；

3. 未来的投资收入预期具有不确定性。

（二）影响因素

1. 时间（首要因素）

时间越长，货币时间价值越大。

2. 收益率或通货膨胀率

收益率是决定货币在未来增值程度的关键因素，而通货膨胀率则是使货币购买力缩水的反向因素。

3. 单利与复利

单利始终以最初的本金为基数计算收益，而复利则以本金和利息为基数计息，从而产生利上加利、息上加息的收益倍增效应。

【考点二】时间价值与利率的基本参数【☆☆】

（一）现值

货币现在的价值，即期间发生的现金流在期初的价值，通常用 PV（present value）表示。

（二）终值

货币在未来某个时间点上的价值，也即期间发生的现金流在期末的价值，表示的是货币时间价值的概念，通常用 FV（future value）表示。

如果一定金额的本金按照单利计算若干期后的本利和则称为单利终值。

如果一定金额的本金按照复利计算若干期后的本利和则称为复利终值。

（三）时间

货币价值的参照系数，通常用 t 表示。

（四）利率

影响金钱时间价值程度的波动要素，通常用 r 表示。

将未来某时点资金的价值折算为现在时点的价值称为贴现。

在现值计算中，利率 r 也被称为贴现率。

【考点三】现值和终值的计算【☆☆】

（一）单利

1. 单利终值的计算

单利终值：一定金额的本金按照单利计算若干期后的本利和。

单利终值的计算公式为：

$$FV = PV \times (1 + r \times t)$$

FV 表示终值；PV 表示现值；r 表示利率；t 表示时间。

【单利终值的计算举例】

张三获得压岁钱 1000 元，他打算将这笔钱存入银行定期存款，利率为 8%，三年后取出来，那么张三可以获得多少钱？

$$FV = PV \times (1 + r \times t) = 1000 \times (1 + 0.08 \times 3) = 1240(\text{元})$$

2. 单利现值的计算

单利现值：未来的一笔资金其现在的价值，即由终值倒求现值，一般称为贴现或折现，所使用的利率为折现率。

单利现值的计算公式为：

$$\underline{PV = FV/(1 + r \times t)}$$

【单利现值的计算举例】

张三希望1年后通过投资获得10万元，现阶段银行回报率为8%，那他现在应该投入多少钱？

$$PV = FV/(1 + r \times t) = 10/(1 + 0.08 \times 1) = 9.2593\ (\text{万元})$$

3. 单利的利息

$$\underline{I = PV \times r \times t}$$

【单利的利息计算举例】

噼里啪啦有限责任公司有一张带息期票，面额为12000元，票面利率为4%，出票日期为4月15日，6月14日到期（共60天），则到期日的利息为多少？

$$I = PV \times r \times t = 12000 \times 4\% \times 60/360 = 80(\text{元})$$

（二）复利

1. 复利终值的计算

复利终值：一定数量的货币，按复利计算的若干期后的本利总和。

复利终值的计算公式为：

$$\underline{FV = PV \times (1 + r)^t}$$

$(1 + r)^t$ 称为复利终值系数，用符号 (FV, r, t) 表示。

2. 复利现值的计算

复利现值：未来发生的一笔收付款项其现在的价值，也就是将未来的一笔收付款项按适当的折现率进行折现而计算出现在的价值。

复利现值的计算公式为：

$$\underline{PV = FV/(1 + r)^t}$$

$1/(1 + r)^t$ 称为复利现值系数，用符号 (PV, r, t) 表示。

3. 复利的利息

$$I = FV - PV = PV \times [(1 + r)^t - 1]$$

【例9】 张三要想在5年后本利和为1000元，按单利计息，利率为5%的情况下，应存入（　　）元。

A. 950　　B. 800　　C. 750　　D. 700

【答案】B

【解析】考查单利现值的计算。

$$PV = FV/(1 + r \times t) = 1000/(1 + 5\% \times 5) = 800(元)$$

【例10】下列关于货币现值的说法中，正确的有（　　）。

Ⅰ. 当给定终值时，贴现率越高，现值越低

Ⅱ. 当给定利率计算终值时，取得终值的时间越长，该终值就越低

Ⅲ. 在给定终值及其他条件相同的情况下，按照单利计息的现值要高于按复利计算的现值

Ⅳ. 在给定贴现率及其他条件相同的情况下，终值越高，现值越高

A. Ⅰ、Ⅱ　　B. Ⅰ、Ⅱ、Ⅳ　　C. Ⅱ、Ⅲ、Ⅳ　　D. Ⅰ、Ⅲ、Ⅳ

【答案】D

【解析】终值：$FV = PV \times (1 + r)^t$；现值：$PV = FV/(1 + r)^t$。PV 表示现值，FV 表示终值，t 表示时间，r 表示利率（或通货膨胀率）。根据该公式，当给定利率及终值时，取得终值的时间越长，该终值的现值就越低。

在其他条件相同的情况下，按单利计息的现值要高于用复利计算的现值。利率为负时，现值小于终值。

【例11】现实地看大家普遍认为今天的一块钱要比明天的一块钱更值钱。之所以大家有这种看法的原因在于（　　）。

Ⅰ. 对货币的占用具有机会成本

Ⅱ. 投资有风险，需要提供风险补偿

Ⅲ. 需要对通货膨胀损失进行补偿

Ⅳ. 货币可以满足当前消费或用于投资而产生回报

A. Ⅰ、Ⅱ、Ⅲ　　B. Ⅲ、Ⅳ

C. Ⅰ、Ⅱ、Ⅲ、Ⅳ　　D. Ⅱ、Ⅳ

【答案】A

【解析】货币之所以具有时间价值，是因为：

（1）货币可以满足当前消费或用于投资而产生回报，货币占用具有机会成本。

（2）通货膨胀会致使货币贬值。

（3）投资有风险，需要提供风险补偿。

【考点四】复利期间和有效年利率的计算【☆☆】

（一）复利期间

复利期间：计算复利的时间间隔。

复利期间数量：一年内计算复利的次数。

若以季度作为复利期间，则复利期间数量为 4；若以月作为复利期间，则复利期间数量为 12。

终值计算公式为：

$$\underline{FV = PV \times (1 + r/m)^{mt}}$$

m 表示复利期间数量；t 表示复利次数。

【复利期间计算举例】将 10000 元进行投资，年利率是 12%，每半年计息一次，求 3 年后的终值。

$$FV = PV \times (1 + r/m)^{mt} = 10000 \times (1 + 12\%/2)^{6}$$

（二）有效年利率

在按照给定的计息期利率和每年复利次数计算利息时，能够产生相同结果的每年复利一次的年利率，使用 EAR 表示。

$$\underline{EAR = 【(1 + r/m)^{m}】 - 1}$$

r 表示名义年利率，m 表示一年内复利次数。

【有效年利率计算举例】

假设年初投资 100 元，名义利率为 12%，按季度计算复利，则有效年利率是多少？

$$EAR = 【(1 + r/m)^{m}】 - 1 = 【(1 + 12\%/4)^{4}】 - 1$$

（三）连续复利

当复利期间变得无限小的时候，称为连续复利计算：$FV = PV \times e^{rt}$

PV 为现值，r 为年利率，t 为按年计算的投资期间，e 为自然对数的底数，约等于 2.71828。

【连续复利计算举例】

张三打算把 20 万元投入某名义利率为 15% 的理财产品中，采取连续复利计息方式，那么 3 年后可收回多少钱？

$$FV = PV \times e^{rt} = 200000 \times e^{0.15 \times 3}$$

【例 12】张三由于资金宽裕可以向朋友借出 50 万元，甲乙丙丁四个朋友计息方式各有不同，其中甲是年利率 15%（每年计息一次）；乙是年利率 14.7%（每季度计息一次），丙是年利率 14.3%（每月计息一次），丁是年利率 14%（连续复利），如果不考虑信用风险，则对于张三而言，下列说法中正确的有（　　）。

Ⅰ. 应选择向朋友丙发放贷款

Ⅱ. 应选择向朋友乙发放贷款

Ⅲ. 向朋友甲贷款的有效收益率最低

Ⅳ. 向朋友丁贷款的有效收益率最低

A. Ⅱ、Ⅲ　　B. Ⅱ、Ⅳ　　C. Ⅰ、Ⅲ　　D. Ⅰ、Ⅳ

【答案】A

【解析】此题中需要用到的公式包括：

$$EAR = [(1 + r/m)^m] - 1$$

$$FV = PV \times e^{rt}$$

代入数据，计算可得：甲的有效年利率为15%，乙的有效年利率为15.53%，丙的有效年利率为15.28%，丁的有效年利率为15.03%。因为是贷款收益，所以赵先生选择有效年利率最高的。

【例13】张三年初借款1000万元，3年后归还，年利率为5%，半年计息一次，若按复利计息，则有效年利率高出名义利率（　　）。

A. 5.06%　　B. 0.25%　　C. 0.03%　　D. 0.06%

【答案】D

【解析】有效年利率的计算公式为：

$$EAR = [(1 + r/m)^m] - 1$$

由题意可知：$m = 2$，$r = 5\%$，代入数据可得：$EAR = 5.06\%$，

故有效年利率与名义利率的差额 $= 5.06\% - 5\% = 0.06\%$。

【例14】张三于年初将10万元本金按年利率8%进行投资。那么，该项投资（　　）。

Ⅰ. 按单利计算，在投资第二年年末的终值为11.4万元

Ⅱ. 按单利计算，在投资第三年年末的终值为12.4万元

Ⅲ. 按复利计算，在投资第二年年末的终值为11.664万元

Ⅳ. 按复利计算，在投资第三年年末的终值为15.3896万元

A. Ⅰ、Ⅱ、Ⅳ　　B. Ⅲ、Ⅳ　　C. Ⅱ、Ⅲ　　D. Ⅰ、Ⅳ

【答案】C

【解析】

按单利计算：

在投资第二年年末的终值为 $10 \times (1 + 8\% \times 2) = 11.6$（万元）；

在投资第三年年末的终值为 $10 \times (1 + 8\% \times 3) = 12.4$（万元）。

按复利计算：

在投资第二年年末的终值为 $10 \times (1 + 8\%)^2 = 11.664$（万元）；

在投资第三年年末的终值为 $10 \times (1 + 8\%)^3 = 12.59712$（万元）。

【考点五】年金的计算【☆☆】

（一）相关概念

年金（普通年金）【PMT（payment）】：一组在某个特定的时段内金额相等、方向相同、时间间隔相同、不间断的现金流。

【例】退休后每个月固定从社保部门领取的养老金；

退休后从保险公司领取的养老金；

定期定额缴纳的房屋贷款月供；

每个月进行定期定额购买基金的月投资额款；

向租房者每月固定领取的租金。

除了普通年金，年金还包括不同的类型：

1. 永续年金：一组在无限期内金额相等、方向相同、时间间隔相同的现金流。

2. 增长型年金：一组在某个特定的时段内方向相同、时间间隔相同、金额虽然不同但增长率相等的现金流。

3. 增长型永续年金：在无限期内方向相同、时间间隔相同、金额虽然不同但增长率相等的现金流。

（二）概述

年金终值和现值的计算通常采用复利的形式。

根据等值现金流发生的时间点的不同，年金可以分为：

（1）期初年金：在一定时期内每期期初发生系列相等的收付款项，即现金流发生在当期期初，如生活费支出、教育费支出、房租支出等；

（2）期末年金：现金流发生在当期期末，如房贷支出等。

期初年金和期末年金并无实质性的差别，两者仅在于收付款时间不同。

①期末年金现值的计算

年金的现值为每年投资收益总和，它是一定时间内每期期末首付款项复利现值之和。

假设年金现值为 PV，每年付款额为 C，年利率为 r，付款时间为 t 年，根据复利现值计算公式可得：

$$PV = C \times (1+r)^{-1} + C \times (1+r)^{-2} + \cdots + C \times (1+r)^{-t}$$

整理得：

$$PV = \left(\frac{C}{r}\right) \times \left[1 - \frac{1}{(1+r)^t}\right]$$

【期末年金现值计算举例】

张三在未来 10 年内每年年底获得 1000 元，年利率为 8%，求这笔年金的现值。

$$PV = \left(\frac{C}{r}\right) \times \left[1 - \frac{1}{(1+r)^t}\right] = \left(\frac{1000}{0.08}\right) \times \left[1 - \frac{1}{(1+0.08)^{10}}\right] = 6710.08(\text{元})$$

②期初年金现值的计算

期初年金的现值等于期末年金现值的（1+r）倍，即：

$$PV = (C/r) \times \left[1 - \frac{1}{(1+r)^t}\right] \times (1+r)$$

【期初年金现值计算举例】

张三在未来 10 年内每年年初获得 1000 元，年利率为 8%，求这笔年金的现值。

$$PV = (C/r) \times \left[1 - \frac{1}{(1+r)^t}\right] \times (1+r)$$

代入数字进公式，可得答案为 7274.89 元。

③期末年金终值的计算

年金的终值：一定时间内，每期期末收付的本利和，也就是将每一期的金额，按照复利计算到最后一期期末的终值的累加和。

假设年金终值为 FV，每年付款额为 C，年利率为 r，付款时间为 t 年，根据复利现值计算公式可得：

$$FV = C + C \times (1+r)^1 + C \times (1+r)^2 + \cdots + C \times (1+r)^{t-1}$$

整理得：

$$FV = \left(\frac{C}{r}\right) \times [(1+r)^t - 1]$$

【期末年金终值计算举例】

张三在未来 10 年内每年年末获得 1000 元，年利率为 8%，求这笔年金的终值。

$$FV = \left(\frac{C}{r}\right) \times [(1+r)^t - 1]$$

代入数字进公式，可得答案为 14486.56 元。

④期初年金终值的计算

期初年金的终值等于期末年金终值的（1 + r）倍，即：

$$FV = (C/r) \times [(1+r)^t - 1] \times (1+r)$$

【期初年金终值计算举例】

张三在未来 10 年内每年年初获得 1000 元，年利率为 8%，求这笔年金的终值。

$$FV = (C/r) \times [(1+r)^t - 1] \times (1+r)$$

代入数字进公式，可得答案为 15645.49 元。

（三）永续年金

永续年金是一组在无限期内金额相等、方向相同、时间间隔相同、不间断的现金流。

永续年金期末现值计算公式为：

$$PV = \frac{C}{1+r} + \frac{C}{(1+r)^2} + \frac{C}{(1+r)^3} + \cdots$$

即：

$$PV = \frac{C}{r}$$

【永续年金计算举例】

某组织准备存入银行一笔基金，预期以后无限期地在每年年末取出利息16000元，用于支付该年度科研奖金。若存款利息率为8%，则该组织应在期初一次性存入的款项是多少？

$$PV = \frac{C}{r} = \frac{16000}{0.08} = 200000(\text{元})$$

现实生活中，完全意义的永续年金形式并不多见，对于那些收付期限较长的年金，或收付期限长到无法估计的情形，我们在计算时，可以将其近似地看作永续年金来处理。

【例】某些股金、股利稳定的优先股股利、养老保险金支付、商誉等无形资产产生的收益等，都可以近似看作永续年金问题。

（四）增长型年金

增长型年金：一组在某个特定的时段内方向相同、时间间隔相同、不间断、金额虽然不同但每期增长率相等的现金流。

1. 增长型年金现值的公式：

$$PV = C \times (1+r)^{-1} + C \times (1+g) \times (1+r)^{-2} + \cdots + C \times (1+g)^{t-1} \times (1+r)^{-t}$$

g表示每年固定增长比率。

经过推导，结果为

（1）当$r>g$时：

$$PV = \frac{C}{r-g} \times \left[1 - \left(\frac{1+g}{1+r}\right)^{t}\right]$$

（2）当$r<g$时：

$$PV = \frac{C}{r-g} \times \left[1 - \left(\frac{1+g}{1+r}\right)^{t}\right]$$

（3）当$r=g$时：

$$PV = \frac{t \times C}{1+r}$$

2. 增长型年金终值的公式

$$FV = C \times (1+r)^{t-1} + C \times (1+g) \times (1+r)^{t-2} + \cdots + C \times (1+g)^{t-1}$$

经过推导，结果为：

（1）当$r>g$时：

$$FV = \frac{C \times (1+r)^{t}}{r-g} \times \left[1 - \left(\frac{1+g}{1+r}\right)^{t}\right]$$

（2）当$r<g$时：

$$FV = \frac{C \times (1+r)^{t}}{r-g} \times \left[1 - \left(\frac{1+g}{1+r}\right)^{t}\right]$$

（3）当$r=g$时：

$$FV = t \times c \times (1+r)^{t-1}$$

（五）增长型永续年金

增长型永续年金是在无限期内方向相同、时间间隔相同、不间断、金额虽然不同但每期增长率相等的现金流。

增长型永续年金期末现值计算公式（$r>g$）为：

$$PV = \frac{C}{r - g}$$

【增长型永续年金计算举例】

现有理财保险产品为增长型永续年金性质，第一年将分红 3000 元，并以 3% 的速度增长下去，年贴现率为 6%，那么该产品的现值为多少？

$$PV = \frac{C}{r - g} = \frac{3000}{0.06 - 0.03} = 100000(\text{元})$$

【例 15】 张三在未来 3 年内，每年年初将获得 2000 元，若年利率为 6%，则该笔年金的终值为（　　）元。

A. 6749.23　　B. 6856.25　　C. 6883.42　　D. 6920.59

【答案】 A

【解析】 期初年金终值公式：

$$FV = (C/r) \times [(1 + r)^t - 1] \times (1 + r)$$

代入数据可得结果为 6749.23 元。

【例 16】 A 方案在 3 年中每年年初付款 500 元，B 方案在 3 年中每年年末付款 500 元，若利率为 10%，则第三年年末两个方案的终值相差约（　　）元。

A. 348　　B. 105　　C. 505　　D. 166

【答案】 D

【解析】 A 方案终值为

$$FV = (C/r) \times [(1 + r)^t - 1] \times (1 + r) = 1820.5$$

$$FV = \left(\frac{C}{r}\right) \times [(1 + r)^t - 1] = 1655$$

第三年年末两个方案的终值相差 1820.5 - 1655 = 165.5。

易混知识点分析

1. 单利与复利的计息方式：

【记忆口诀】单利本金不变；复利本金增加。

2. 期初年金与期末年金的计算公式运用：

【记忆口诀】期初年金的现值与终值都是在期末年金基础上乘以（1 + r）。

3. 计算题三步走：

【记忆口诀】一判断二写公式三代数。

【本节学习提示】

考查重点与难点：

①现值、终值的计算【单利、复利】；

②年金的计算【期末年金、期初年金、永续年金、增长型年金】。

第三节　证券投资理论

【考点一】证券组合的含义【☆☆☆】

（一）证券组合的含义

证券组合管理理论最早由美国著名经济学家哈里·马科维茨于1952年系统提出。

证券组合：个人或机构投资者所持有的各种有价证券的总称，通常包括各种类型的债券、股票及存款单等。

（二）证券组合的类型

1. 避税型

通常投资于市政债券，债券收益免税。

2. 收入型

追求基本收益（利息、股息收益）的最大化，能够带来基本收益的证券有附息债券、优先股、一些避税债券。

3. 增长型

以资本升值（未来价格上升带来的价差收益）为目标，投资风险较大。投资于此类证券组合的投资者往往愿意通过延迟获得基本收益来求得未来收益的增长。

4. 收入和增长混合型

试图在基本收入与资本增长之间达到某种均衡。

5. 货币市场型

由各种货币市场工具构成，如国库券、高信用等级的商业票据等，主要特点是安全性很强。

6. 国际型

投资于海外不同国家，是组合管理的时代潮流。业绩总体上强于只在本土投资的组合。

7. 指数化型

模拟某种市场指数，以求获得市场平均的收益水平。

根据模拟指数的不同，可分为模拟内涵广大的市场指数和模拟某种专业化的指数。

【例 17】以未来价格上升带来的价格收益为投资目标的证券组合属于（　　）。

A. 平衡型证券组合　　B. 增长型证券组合

C. 收入型证券组合　　D. 货币市场型证券组合

【答案】B

【解析】证券组合可以分为：避税型证券组合、收入型证券组合、增长型证券组合、收入和增长混合型证券组合、货币市场型证券组合、国际型证券组合和指数化型证券组合等。其中，增长型证券组合以资本升值（未来价格上升带来的价差收益）为目标，投资风险较大。

【例 18】由股票和债券构成的收入型证券组合追求（　　）最大化。

Ⅰ. 股息收入

Ⅱ. 资本利得

Ⅲ. 资本收益

Ⅳ. 债息收入

A. Ⅱ、Ⅲ　　B. Ⅰ、Ⅱ

C. Ⅰ、Ⅳ　　D. Ⅱ、Ⅳ

【答案】C

【解析】收入型证券组合的特点是追求基本收益（利息、股息收益）的最大化，由股票和债券构成的收入型证券组合的基本收益包括股息收入和债息收入。

【考点二】证券组合可行域和有效边界的含义【☆☆】

（一）可行域

证券组合的可行域表示了所有可能的证券组合，为投资者提供了一切可行的组合投资机会，投资者需要在其中选择最满意的证券组合进行投资。

（二）证券组合的有效边界

描述一项投资组合的风险与回报之间的关系，在以风险为横轴，预期回报率为纵轴的坐标上显示为一条曲线。

所有落在这条曲线上的风险回报组合都是在一定风险或最低风险下可以获得的最大回报。

【考点三】证券组合可行域和有效边界的一般图形【☆☆】

（一）证券组合的可行域

1. 两种证券组合的可行域

（1）完全正相关下的组合线

完全正相关的两种资产构成的可行集合是一条直线。

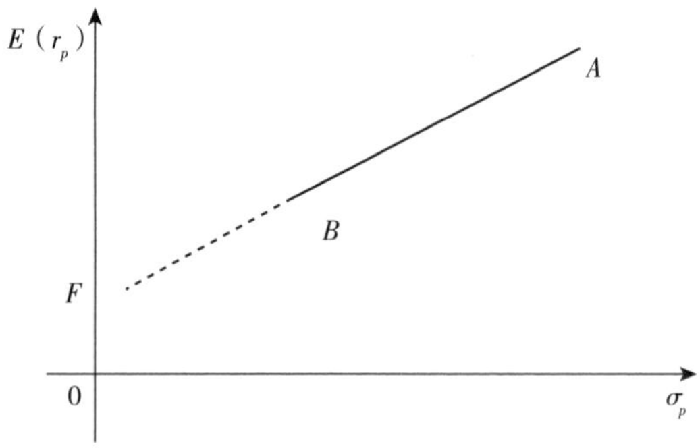

（2）完全负相关下的组合线

完全负相关的两种资产构成的机会集合是两条直线，其截距相同，斜率异号。

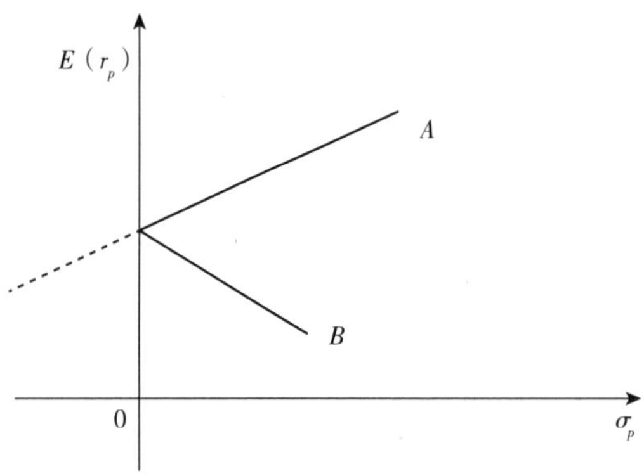

（3）不相关情形下的组合线

完全不相关的两种资产构成的机会集合是一条双曲线。

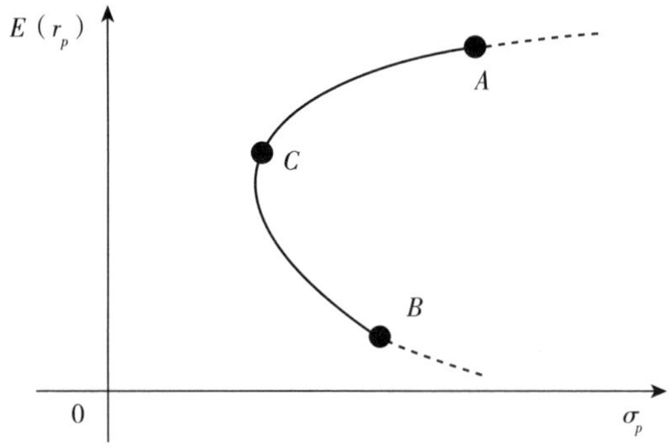

（4）证券组合线的一般情形

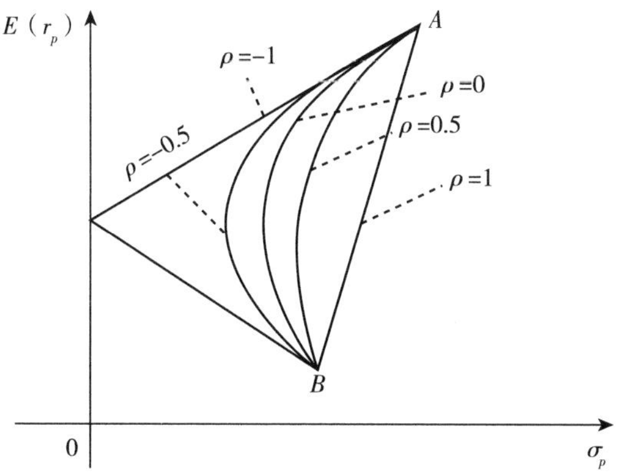

相关系数决定结合线在 A 点和 B 点之间的弯曲程度。

随着 ρ_{AB} 的增大，弯曲程度将降低。

当 $\rho_{AB}=1$ 时，弯曲程度最小，呈直线；

当 $\rho_{AB}=-1$ 时，弯曲程度最大，呈折线；

不相关是一种中间状态，比正完全相关弯曲程度大，比负完全相关弯曲程度小。

根据组合线的形状得：

① 相关系数越小，在不卖空的情况下，证券组合的风险越小，特别是负完全相关的情况下，可获得无风险组合；

② 在不卖空的情况下，组合降低风险的程度由证券间的关联程度决定。

2. 多种证券组合的可行域

（1）不允许卖空时组合的可行域

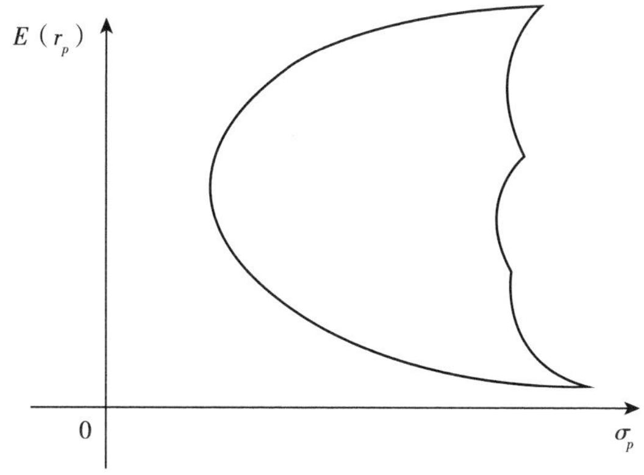

（2）允许卖空时组合的可行域

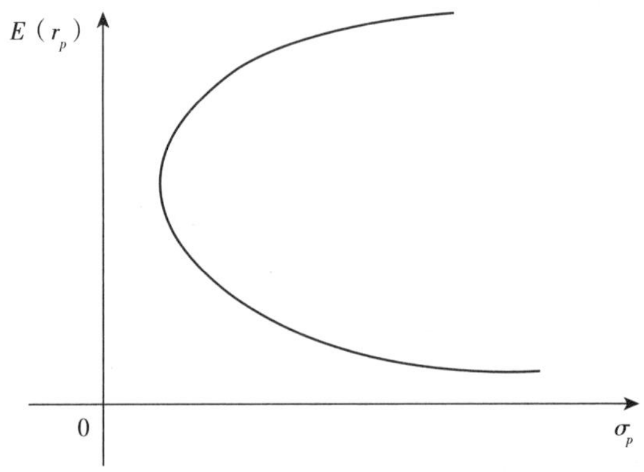

可行域满足共同的特点：

左边界必然向外凸或呈线性，即不会出现凹陷。

（二）证券组合的有效边界

相同的收益率方差中期望收益率高的组合或相同期望收益率中方差较小的组合构成的边界。

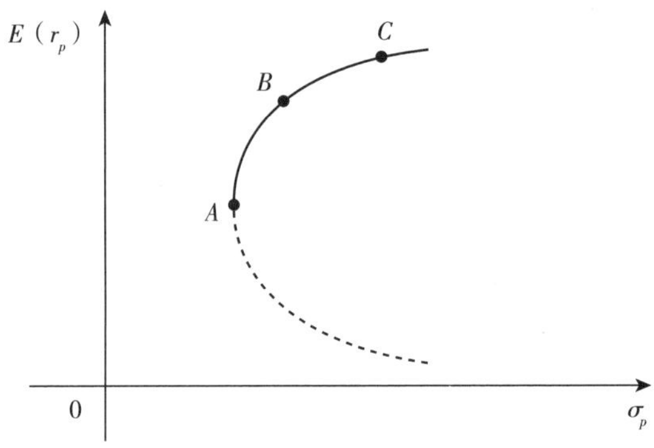

A 点是一个特殊的位置，它是上边界和下边界的交汇点，这一点所代表的组合在所有可行组合中方差最小，因而被称为最小方差组合。

【例 19】 下列关于可行域的说法中，正确的有（　　）。

Ⅰ. 可供选择的证券有两种以上，可能的投资组合便不再局限于一条曲线上，而是坐标系中的一个区域

Ⅱ. 如果在允许卖空的情况下，两种以上证券组合可行域是一个无限的区域

Ⅲ. 可行域的左边界可能向外凸或呈线性，也可能出现凹陷

Ⅳ. 证券组合的可行域表示了所有可能的证券组合，它为投资者提供了一切可行的组合投资机会

A. Ⅰ、Ⅱ、Ⅳ　　B. Ⅰ、Ⅱ、Ⅲ

C. Ⅱ、Ⅳ　　D. Ⅰ、Ⅱ、Ⅲ、Ⅳ

【答案】A

【解析】可行域的左边界必然向外凸或呈线性，不会出现凹陷。

【例20】下列关于证券组合可行域和有效边界的说法中，正确的有（　　）。

Ⅰ. 有效边界在证券组合可行域的基础上按照投资者的共同偏好规则确定

Ⅱ. 有效边界上的证券组合即是投资者的最优证券组合

Ⅲ. 对于可行域内部及下边界上的任意可行组合，均可以在有效边界上找到一个有效组合比它好

Ⅳ. 有效边界上的不同组合按共同偏好规则不能区分优劣

A. Ⅰ、Ⅲ　　B. Ⅱ、Ⅲ　　C. Ⅲ、Ⅳ　　D. Ⅰ、Ⅲ、Ⅳ

【答案】D

【解析】证券组合的可行域表示了所有可能的证券组合，它为投资者提供了一切可行的组合投资机会，投资者需要做的是在其中选择自己最满意的证券组合进行投资。不同的投资者对期望收益率和风险的偏好有所区别，因而他们所选择的最佳组合将有所不同。

有效边界是在证券组合可行域的基础上按照投资者的共同偏好规则确定的；对于可行域内部及下边界上的任意可行组合，均可以在有效边界上找到一个有效组合比它好；有效边界上的不同组合按共同偏好规则不能区分优劣。

【例21】对两种证券构成的组合，在不允许卖空的情况下，下列说法正确的有（　　）。

Ⅰ. 完全负相关下，可获得无风险组合

Ⅱ. 不相关情况下，可得到一个组合，其风险小于两个证券组合中任一证券的风险

Ⅲ. 当两种证券间的相关系数为0.5时，得不到一个组合使得组合风险小于单个证券的风险

Ⅳ. 组合的风险与两证券间的投资比例无关

1. Ⅲ、Ⅳ　　B. Ⅰ、Ⅱ　　C. Ⅰ、Ⅱ、Ⅲ　　D. Ⅰ、Ⅲ、Ⅳ

【答案】C

【解析】从组合线的形状来看，相关系数越小，在不卖空的情况下，证券组合的风险越小，特别是负完全相关的情况下，可获得无风险组合。在不相关的情况下，虽然得不到一个无风险组合，但可得到一个组合，其风险小于两个证券（A 和 B）组合中任何一个单个证券的风险。当 A 与 B 的收益率不完全负相关时，结合线在 A、B 点之间比不相关时更弯曲，因而能找到一些组合（不卖空）使得风险小于 A 和 B 的风险，比如 $\rho=-0.5$ 的情形。但 $\rho_{AB}=0.5$ 时，得不到一个不卖空的组合使得其风险小

于单个证券的风险。可见，在不卖空的情况下，组合降低风险的程度由证券的关联程度决定。

【考点四】有效证券组合的含义和特征【☆☆】

（一）含义

人们在所有可行的投资组合中进行选择，如果证券组合的特征由期望收益率和收益率方差来表示，则投资者需要在可行域中寻找最好的点，但不可能在可行域中找到一点被所有投资者都认为是最好的。

按照投资者的共同偏好规则，排除投资组合中那些被所有投资者都认为差的组合，把排除后余下的这些组合称为有效证券组合。

（二）特征

有效组合是有效边界上的点所对应的证券组合。一个厌恶风险的理性投资者，不会选择有效边界以外的点。

（1）在期望收益率一定时，有效证券组合是风险最小的证券组合；

（2）在风险一定时，有效证券组合是期望收益率最高的证券组合；

（3）不存在其他的比有效证券组合期望收益率更高或风险更小的证券组合。

【考点五】最优证券组合的含义和选择原理

（一）投资者的个人偏好与无差异曲线【☆☆】

按照投资者的共同偏好规则，有些证券组合不能区分优劣，其根源在于投资者个人除遵循共同的偏好规则外，还有其特殊的偏好。

那些不能被共同偏好规则区分的组合，不同投资者可能得出完全不同的比较结果。

对于特定的投资者，任意给定一个证券组合，根据他对风险的态度，可以得到一系列满意程度相同（无差异）的证券组合，这些组合恰好在 $E-\sigma$ 坐标系上形成一条曲线，我们将这条曲线视为该投资者的一条无差异曲线。

偏好不同的投资者，其无差异曲线的形状也不同。

不同投资者对应的无差异曲线不同，多个投资者的无差异曲线就形成了无差异曲线簇。

投资者都是追求收益又厌恶风险的，虽然偏好不同的投资者，其无差异曲线有所差异，但无差异曲线都具有如下特点：

（1）无差异曲线是由左至右向上弯曲的曲线；

（2）不同投资者的无差异曲线形成分散整个平面又互不相交的曲线簇；

（3）同一条无差异曲线上的组合给投资者带来的满意程度相同；

（4）不同无差异曲线上的组合给投资者带来的满意程度不同；

（5）无差异曲线的位置越高，其上的投资组合给投资者带来的满意程度就越高；

（6）无差异曲线向上弯曲的程度大小反映投资者承受风险的能力强弱。

（二）最优证券组合的含义和选择原理

1. 最优证券组合的含义

使投资者最满意的有效组合，它是无差异曲线簇与有效边界的切点所表示的组合。

2. 最优证券组合的选择原理

投资者的偏好通过无差异曲线来反映。无差异曲线位置越靠上，其满意程度越高，因而投资者需要在有效边界找到一个具有下述特征的有效组合：相对于其他有效组合，该组合所在的无差异曲线位置最高。这样的有效组合便是他最满意的有效组合，而它恰恰是无差异曲线簇与有效边界的切点所表示的组合。

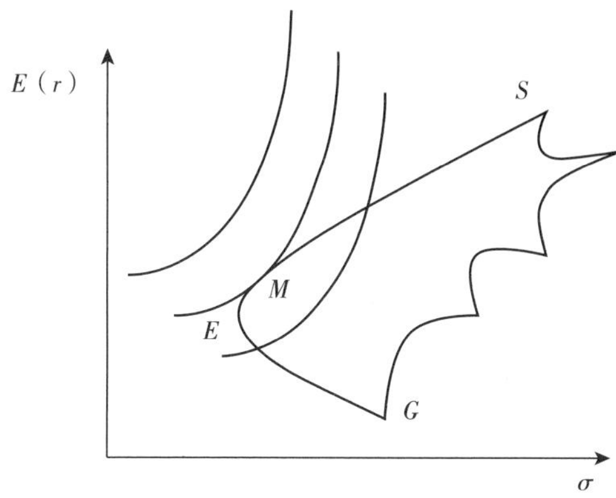

如上图所示，投资者按照他的无差异曲线簇将选择有效边界上 M 点所代表的证券组合作为他的最佳组合，因为 M 点使其在所有有效组合中获得的满意程度最大，其他有效边界上的点都落在 M 点下方的无差异曲线上。

不同投资者的无差异曲线簇可获得各自的最佳证券组合，只关心风险的投资者将选取最小方差组合作为最佳组合。

【例 22】无差异曲线簇和有效边界的切点所表示的组合，相对于其他有效组合来说所在的无差异曲线的位置最高，该有效组合便是使投资者（　　）的有效组合。

A. 收益最高　　B. 最合适　　C. 最满意　　D. 效率最高

【答案】C

【解析】

无差异曲线簇和有效边界的切点所表示的组合，相对于其他有效组合来说所在的无差异曲线的位置最高，该有效组合便是使投资者最满意的有效组合。

【例 23】在资产组合理论中，最优证券组合为（　　）。

A. 有效边界上斜率最大的点

B. 无差异曲线与有效边界的交叉点

C. 无差异曲线与有效边界的切点

D. 无差异曲线上斜率最大的点

【答案】C

【解析】

特定投资者的无差异曲线簇与有效边界的切点所表示的组合就是该投资者的最优证券组合，不同投资者的无差异曲线簇可获得各自的最优证券组合。

【考点六】资产配置【☆☆】

（一）资产配置概念

资产配置：依据所要达到的理财目标，按资产的风险最低与报酬最佳的原则，将资产有效分配在不同类型的资产上【在低风险、低收益证券与高风险、高收益证券之间进行分配】，构建达到增强投资组合报酬与控制风险的资产投资组合。

资产配置之所以能对投资组合的风险与报酬产生一定的影响力，在于其可以利用各种资产类别、各自不同的报酬率及风险特性以及彼此价格波动的相关性，来降低投资组合的整体投资风险。

通过资产配置投资，除了可以降低投资组合的下跌风险，更可稳健地增强投资组合的报酬率。

维持最佳资产投资组合，必须经过完整缜密的资产配置流程，内容包含：投资目标规划、资产类别的选择、资产配置策略与比例配置、定期检视与动态分析调整。

投资者欲构建一组最佳资产配置，只要依照上述资产配置流程建立规律性的投资循环，便可有效率地建立及维持资产配置最适化，进而达成中长期投资理财目标。

（二）资产配置分类

1. 按投资决策灵活性不同分类

（1）主动型投资策略：投资者根据市场情况变动对投资组合进行积极调整，并通过灵活的投资操作获取超额收益，通常将战胜市场作为基本目标。

（2）被动型投资策略：根据事先确定的投资组合构成及调整规则进行投资，不根据对市场环境的变化主动地实施调整。

在现实中，主动策略和被动策略是相对而言的，在完全主动和完全被动之间存在广泛的中间地带。

通常将指数化投资策略视为被动投资策略的代表，但由此发展而来的各种指数增强型或指数优化型策略已经带有了主动投资的成分。

2. 按策略适用期限不同分类

（1）战略性投资策略

也称战略性资产配置策略或长期资产配置策略，特点是着眼于长期投资期限，追求收益与风险最佳匹配的投资策略。

因其着眼长期，故不会随市场行情的短期变化而轻易变动。

常见的长期投资策略包括：

①买入持有策略

确定恰当的资产组合，并在诸如3～5年的适当持有时间内保持这种组合。是一种典型的被动型投资策略，通常与价值型投资相联系，具有最小的交易成本和管理费用，但不能反映环境的变化。

②固定比例策略

保持投资组合中各类资产占总市值的比例固定不变。在各类资产的市场表现出现变化时应进行相应调整，买入下跌的资产，卖出上涨的资产。

③投资组合保险策略

投资组合保险策略是一大类投资策略的总称，共性是强调投资人对最大风险损失的保障。固定比例投资组合保险策略最具代表性。

其基本做法是将资产分为风险较高和较低（通常采用无风险资产，如国债）两种，首先确定投资者所能承受的整个资产组合的市值底线，然后以总市值减去市值底数得到安全边际，将这个安全边际乘以事先确定的乘数就得到风险性资产的投资额。市场情况变化时，需要相应调整风险资产的权重。

（2）战术性投资策略

也称战术性资产配置策略，是基于对市场前景预测的短期主动型投资策略。

常见的战术性投资策略包括：

①交易型策略

根据市场交易中经常出现的规律性现象，制定某种获利策略。代表性策略包括：

均值—回归策略：假定证券价格或收益率走势存在一个正常值或均值，高于或低于此均值时发生反向变动，投资者可依据此进行低买高卖。

动量策略：也称惯性策略，其基本原理是“强者恒强”，投资者买入所谓“赢家组合”（历史表现优于大盘的组合），试图获取惯性高收益。

趋势策略：与动量策略的操作思路类似，只不过动量策略更侧重量化分析，而趋势策略往往会与技术分析相联系。

②多—空组合策略

也称“成对交易策略”，通常需要买入某个看好的资产或资产组合。同时卖空另外一个看淡的资产或资产组合，试图抵消市场风险而获取单个证券的阿尔法收益差额。

③事件驱动型策略

根据不同的特殊事件（如公司结构变动、行业政策变动、特殊自然或社会事件等）

制定相应的灵活投资策略。

（三）动态资产配置

动态资产配置：根据资本市场环境及经济条件对资产配置状态进行动态调整，从而增加投资组合价值的积极战略。

动态资产配置策略：动态地根据市场情况在不同类型的资产之间配置资金。

当股市上升时，将更大比例的资金投向股票；超过某一高点，资金应全部投向股票，从股市的任何进一步上升中充分地获利。

当股市下跌时，要及时削减投资于股票的资金比例，换成生息存款或可能的债券，形成投资组合的垫底价值，防止进一步的损失。

股市达到某一低点，资金应全部转向存款，确保股市再跌情况下组合价值不再下降，如此便建立了基金的保底水平。投资组合持有部分现金和部分股票，组合对市场波动的反应就会温和一些。

【例 24】 根据资本市场环境及经济动态调整资产配置，积极增加投资组合价值的是（　　）。

A. 战术性资产配置　　B. 战略性资产配置

C. 动态性资产配置　　D. 调整性资产配置

【答案】 C

【解析】

C 项符合题意：动态资产配置是根据市场环境及经济条件对资产配置状态进行动态调整，从而增加投资组合价值的积极策略。

A 项不符合题意：战术性资产配置策略通常是一些基于对市场前景预测的短期主动型投资策略。

B 项不符合题意：战略性资产配置策略是指着眼较长投资期限，追求收益与风险最佳匹配的投资策略。

【例 25】 根据市场中经常出现的规律性现象制定的交易型策略包括（　　）。

Ⅰ. 均值—回归策略

Ⅱ. 买入持有策略

Ⅲ. 动量策略

Ⅳ. 趋势策略

A. Ⅰ、Ⅲ、Ⅳ　　B. Ⅱ、Ⅲ　　C. Ⅰ、Ⅱ、Ⅳ　　D. Ⅲ、Ⅳ

【答案】 A

【解析】 交易型策略指根据市场交易中经常出现的规律性现象，制定某种获利策略。代表性策略包括均值—回归策略、动量策略和趋势策略。

易混知识点分析

证券组合的可行域分析：

1. 两种证券组合的可行域。

2. 多种证券组合的可行域。

【破解之道】画图分析，一定要画图！

【本节学习提示】

考查重点：

①证券组合的分类；

②证券组合可行域和有效边界的一般图形【画图理解】；

③最优证券组合【理解推导过程】；

④资产配置的分类。

第四节　资本资产定价理论

【考点一】资本资产定价模型的假设条件【☆☆】

（一）资本资产定价模型概述

资本资产定价模型是由美国学者夏普（William Sharpe）、林特尔（John Lintner）、特里诺（Jack Treynor）和莫辛（Jan Mossin）等人于1964年在资产组合理论和资本市场理论的基础上发展起来的，主要研究证券市场中资产的预期收益率与风险资产之间的关系，以及均衡价格是如何形成的，是现代金融市场价格理论的支柱，广泛应用于投资决策和公司理财领域。

资本资产定价模型假设所有投资者都按马科维茨的投资组合理论（Portfolio Theory）进行投资，对期望收益、方差和协方差等的估计完全相同，投资人可以自由借贷。

基于此假设，资本资产定价模型研究的重点在于：探求风险资产收益与风险的数量关系，即为了补偿某一特定程度的风险，投资者应该获得多少的报酬率。

投资组合理论（Portfolio Theory）包含两方面重要内容：

1. 均值—方差分析方法

人们进行投资本质上是在不确定性的收益和风险中进行选择。投资组合理论用均值—方差来刻画这两个关键因素。

（1）均值：投资组合的期望收益率，它是单只证券的期望收益率的加权平均，权重为相应的投资比例。

（2）方差：投资组合的收益率的方差。把收益率的标准差称为波动率，它刻画了投资组合的风险。

2. 投资组合有效边界模型

理性投资者：在给定期望风险水平下对期望收益进行最大化，或者在给定期望收益水平下对期望风险进行最小化。

把上述优化投资组合在以波动率为横坐标，收益率为纵坐标的二维平面中描绘出来，形成一条曲线。这条曲线上有一个点，其波动率最低，称之为最小方差点。这条曲线在最小方差点以上的部分就是著名的（马科维茨）投资组合有效边界，对应的投资组合称为有效投资组合。

投资组合有效边界一条单调递增的凹曲线。

投资组合理论（Portfolio Theory）

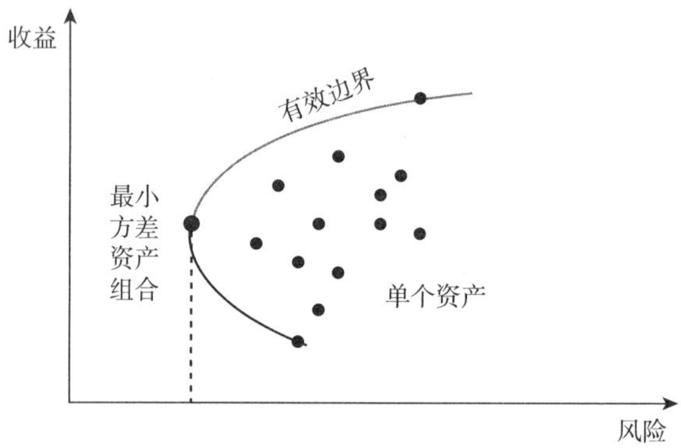

（二）资本资产定价模型的假设条件

1. 对投资者的规范

（1）投资者都依据期望收益率评价证券组合的收益水平，依据方差（或标准差）评价证券组合的风险水平，并按投资者共同偏好规则选择最优证券组合。

大量的事实表明：投资者喜好收益而厌恶风险，因而人们在投资决策时希望收益越大越好，风险越小越好，这种态度反映在证券组合的选择上，就是在收益相同的情况下，选择风险小的组合，在风险相同的情况下，选择收益大的组合，即共同偏好规则。

（2）投资者对证券的收益、风险及证券间的关联性具有完全相同的预期。即他们对预期收益率、标准差和证券之间的协方差具有相同的预期值。

2. 对现实市场的简化：资本市场没有摩擦

该假设意味着：在分析问题的过程中，不考虑交易成本和对红利、股息及资本利得的征税，信息在市场中自由流动，任何证券的交易单位都是无限可分的，市场只有一个无风险借贷利率，在借贷和卖空上没有限制。

【例 26】资本资产定价理论是在马科维茨投资组合理论基础上提出的，下列不属于其假设条件的是（　　）。

A. 资本市场没有摩擦

B. 投资者对证券的收益、风险及证券间的关联性具有完全相同的预期

C. 资产市场不可分割

D. 投资者都依据期望收益率评价证券组合的收益水平，依据方差（或标准差）评价证券组合的风险水平

【答案】 C

【解析】 资本资产定价模型的假设条件包括：

（1）投资者都依据期望收益率评价证券组合的收益水平，依据方差（或标准差）评价证券组合的风险水平，并按照投资者共同偏好规则选择最优证券组合。

（2）投资者对证券的收益、风险及证券间的关联性具有完全相同的预期。

（3）资本市场没有摩擦。该假设是指在分析问题的过程中，不考虑交易成本和对红利、股息及资本利得的征税，信息在市场中自由流动，任何证券的交易单位都是无限可分的，市场只有一个无风险借贷利率，在借贷和卖空上没有限制。

【例 27】 如果两种证券组合具有相同的收益率方差和不同的期望收益率，那么投资者选择期望收益率高的组合；如果两种证券组合具有相同的期望收益率和不同的收益率方差，那么投资者会选择方差较小的组合，这种选择原则叫作（　　）。

A. 有效组合规则　　B. 共同偏好规则

C. 风险厌恶规则　　D. 有效投资组合规则

【答案】 B

【解析】 大量的事实表明，投资者喜好收益而厌恶风险，因而人们在投资决策时希望收益越大越好，风险越小越好，这种态度反映在证券组合的选择上，就是在收益相同的情况下，选择风险小的组合；在风险相同的情况下，选择收益大的组合，这一规则就叫作共同偏好规则。

【考点二】资本市场线和证券市场线的定义、图形和经济意义【☆☆】

（一）无风险证券对有效边界的影响

1. CAPM 假设下的市场情形

在 CAPM 假设条件下，面对一个存在无风险证券的市场，投资者可依照马科维茨理论构建最优证券组合，即投资者面对的证券组合可行域及有效边界不再是纯粹由风险证券构成，而是包含了无风险证券在内的、其可行域较之原有风险证券组合可行域扩大且具有直线边界几何特征的可行域及有效边界。

2. 无风险证券对有效边界的影响

（1）投资者通过将无风险证券与每个可行的风险证券组合再组合的方式增加了证券

组合的种类，从而使得原有的风险证券组合的可行域得以扩大。

新的可行域既含有无风险证券，又含有原有风险证券组合，同时也含有因无风险证券与原有风险证券组合再组合而产生的新型证券组合。

（2）因为无风险证券 F 与任意风险证券或组合 P 进行组合时，其组合线恰好是一条由无风险证券 F 出发并经过风险证券或组合 P 的射线 FP，从而无风险证券 F 与切点证券组合 T 进行组合的组合线便是射线 FT，并成为新可行域上部边界的一个有效边界。

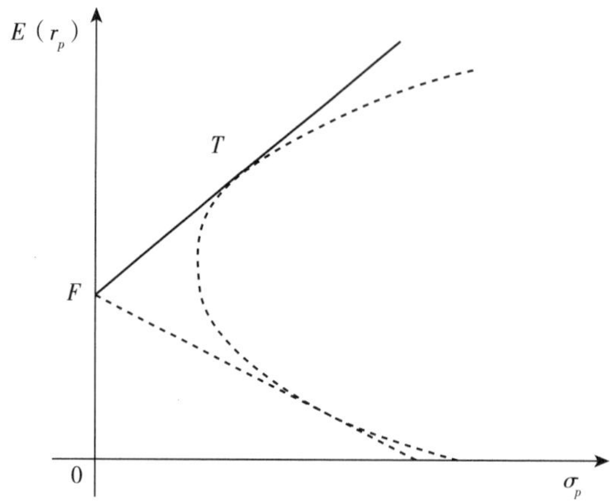

（二）切点证券组合 T 的特征及经济意义

1. 特征

（1）T 是有效组合中唯一一个不含无风险证券而仅由风险证券构成的组合。

（2）有效边界 FT 上的任意证券组合，即有效组合，均可视为无风险证券 F 与 T 的再组合。

（3）切点证券组合 T 完全由市场确定，与投资者的偏好无关。

2. 经济意义

（1）所有投资者拥有完全相同的有效边界。

（2）投资者对依据自己风险偏好所选择的最优证券组合 P 进行投资，其风险投资部分均可视为对 T 的投资，即每个投资者按照各自的偏好购买各种证券，其最终结果是每个投资者手中持有的全部风险证券所形成的风险证券组合在结构上恰好与切点证券组合 T 相同。

（3）当市场处于均衡状态时，最优风险证券组合 T 就等于市场组合。

市场组合：由风险证券构成，并且其成员证券的投资比例与整个市场上风险证券的相对市值比例一致的证券组合，一般用 M 表示。如果市场上共有 n 种风险证券正在流通，分别记为证券 1. 证券 2……证券 n，那么市场组合 M 中包含了这 n 种风险证券，则风险证券 i 在市场组合 M 中的投资比例 X_i 为：

$$X_i = \frac{P_i Q_i}{\sum_{k=1}^{n} P_k Q_k}$$

（三）资本市场线（CML）

1. 定义

在资本资产定价模型假设下，当市场达到均衡时，市场组合 M 成为一个有效组合；所有有效组合都可视为无风险证券 F 与市场组合 M 的再组合。

在均值标准差平面上，所有有效组合刚好构成连接无风险资产 F 与市场组合 M 的射线 FM，这条射线被称为资本市场线。

2. 图形

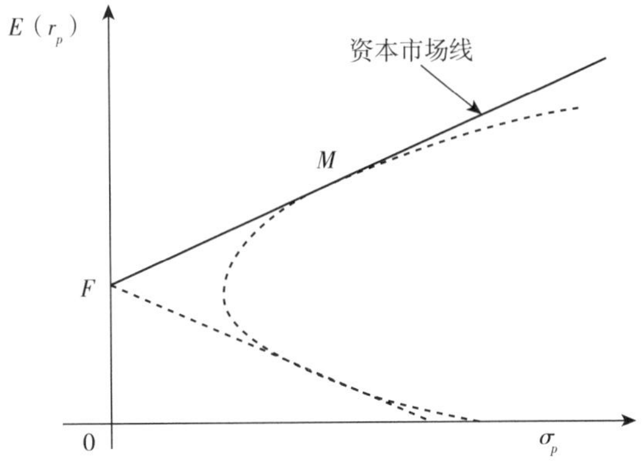

3. 方程

资本市场线揭示了有效组合的收益和风险之间的均衡关系，其方程为：

$$E(r_P) = r_F + \left[\frac{E(r_M) - r_F}{\sigma_M}\right]\sigma_P$$

式中，$E(r_P)$ 代表有效组合 P 的期望收益率；σ_P 代表有效组合 P 的标准差，$E(r_M)$ 代表市场组合 M 的期望收益率；σ_M 代表市场组合 M 的标准差；r_F 代表无风险证券收益率。

4. 经济意义

CML 方程完整阐述了有效组合的期望收益率和风险之间的关系。有效组合的期望收益率由以下两部分构成：

①无风险利率：由时间创造，是对放弃即期消费的补偿；

②风险溢价：是对承担风险的补偿，与承担的风险的大小成正比，其中的系数代表了对单位风险的补偿，称为风险的价格。

（四）证券市场线（SML）

1. 定义

在 CML 中，横轴代表的风险可以分为系统风险和非系统风险。其中非系统风险可以通过充分分散化的投资消除，系统风险就成了唯一风险。因此，我们需要进一步研究系统风险和收益的关系，这就是 SML，即证券市场线。

系统风险我们通常用β度量，横轴由总风险 σ 变为系统风险β，纵轴不变，就得到 SML 的坐标系。

无论单个证券还是证券组合，其期望收益与β系数测定的系统风险之间存在线性关系。

证券市场线是以β_p为横坐标、$E(r_p)$为纵坐标，衡量由β系数测定的系统风险与期望收益间线性关系的直线。

2. 图形

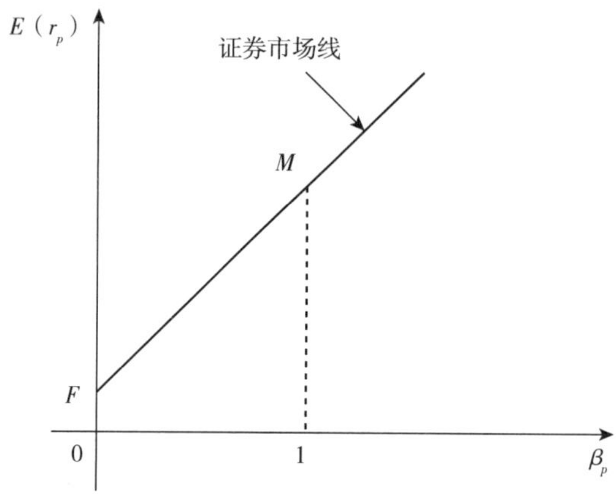

3. 方程

证券市场线用方程表示为：

$$E(r_p) = r_F + [E(r_M) - r_F]\beta_p$$

4. 经济意义

任意证券或组合的期望收益率由以下两部分构成：

(1) 无风险利率：由时间创造，是对放弃即期消费的补偿；

(2) 风险溢价：是对承担风险的补偿，它与承担的风险βp的大小成正比，其中的系数代表了对单位风险的补偿，称为风险的价格。

易混知识点分析

【资本市场线与证券市场线的比较】

1. 联系

资本市场线与证券市场线都是资本资产定价模型的重要内容，理论上一脉相承，二者都表示证券投资组合的收益与风险的关系，证券市场线是资本市场线的推广。

2. 区别

（1）描述对象不同

①CML 描述的是有效组合的收益与风险之间的关系；

②SML 描述的是单个证券或某个证券组合的收益与风险之间的关系，既包括有效组合又包括非有效组合。

（2）风险指标不同

①CML 中采用标准差作为风险度量指标，是有效组合收益率的标准差；

②SML 中采用β系数作为风险度量指标，是单个证券或某个证券组合的β系数。

因此，对于有效组合来说，可以用两种指标来度量其风险，而对于非有效组合来说，只能用β系数来度量其风险，标准差是一种错误度量。

（3）SML 虽然是由 CML 导出，但其意义不同：

①CML 给出的是市场组合与无风险证券构成的组合的有效集，任何资产（组合）的期望收益不可能高于 CML。

②SML 给出的是单个证券或者组合的均衡期望收益，它是一个有效市场给出的定价，但实际证券的收益可能偏离 SML。

均衡时刻，有效资产组合可以同时位于资本市场线和证券市场线上，而无效资产组合和单个风险资产只能位于证券市场线上。

【例 28】关于 SML 和 CML，下列说法正确的有（　　）。

Ⅰ. 两者都表示有效组合的收益与风险关系

Ⅱ. SML 适合于所有证券或组合的收益风险关系，CML 只适合于有效组合的收益风险关系

Ⅲ. SML 以 β 描绘风险，而 CML 以 σ 描绘风险

Ⅳ. SML 是 CML 的推广

A. Ⅱ、Ⅲ　　B. Ⅰ、Ⅲ、Ⅳ　　C. Ⅰ、Ⅳ　　D. Ⅱ、Ⅲ、Ⅳ

【答案】D

【解析】CML 表明有效投资组合的期望收益率与风险是一种线性关系；SML 表明任一投资组合的期望收益率与风险是一种线性关系。

【例 29】下列关于资本市场线经济意义的说法中，正确的有（　　）。

Ⅰ. 无风险利率部分是由时间创造的

Ⅱ. 无风险利率部分是对放弃即期消费的补偿

Ⅲ. 风险溢价部分与承担的风险的大小成正比

Ⅳ. 风险溢价部分与承担的风险的大小成反比

A. Ⅱ、Ⅳ　　B. Ⅰ、Ⅱ、Ⅲ　　C. Ⅰ、Ⅱ、Ⅳ　　D. Ⅱ、Ⅲ、Ⅳ

【答案】B

【解析】资本市场线方程阐述了有效组合的期望收益率和风险间的关系。有效组合的期望收益率由两部分构成：①无风险利率：由时间创造，是对放弃即期消费的补偿；②风险溢价：是对承担风险的补偿，与承担的风险的大小成正比。

【例30】下列关于证券市场线的表述，正确的有（　　）。

A. 证券市场线上的任何一个点都是有效组合

B. 证券市场线上代表了有效组合预期回报率和β系数之间的均衡关系

C. 证券市场线意味着与市场组合协方差更大的证券具有较高的预期回报率

D. 证券市场线的斜率越高意味着承担的系统性风险越大

【答案】C

【解析】A项，资本市场线揭示了有效组合的收益风险均衡关系，资本市场线上的任何一个点都是有效组合。B项，证券市场线揭示的是任意证券或组合的期望收益率与风险之间的关系。D项，证券市场线的斜率为【$E(r_M)-r_F$】，代表对单位风险的补偿，其值越大，表明投资者越厌恶风险；β系数用来衡量证券承担系统风险的大小，β系数越大意味着承担的系统性风险越大。

【例31】下列关于证券市场线与资本市场线的叙述，错误的是（　　）。

A. 资本市场线给出了所有有效投资组合风险与预期收益率之间的关系

B. 资本市场线是以证券市场线为基础发展起来的

C. 证券市场线给出了每一个风险资产风险与预期收益率之间的关系

D. 资本市场线没有给出每一个风险资产的风险与收益之间的关系

【答案】B

【解析】

B项叙述错误：证券市场线是以资本市场线为基础发展起来的。

ACD项叙述正确：资本市场线给出了所有有效投资组合风险与预期收益率之间的关系，但没有给出每一个风险资产的风险与收益之间的关系，而证券市场线则给出了每一个风险资产风险与预期收益率之间的关系。

【考点三】证券系数β的含义和应用【☆】

（一）β系数的含义

β系数起源于资本资产定价模型（CAPM模型），它的真实含义就是特定资产（或资产组合）的系统风险度量。

β系数是一种评估证券系统性风险的工具，用以度量一种证券或一个投资证券组合相对总体市场的波动性，在股票、基金等投资术语中常见。

（1）β系数反映证券或证券组合对市场组合方差的贡献率。

（2）β 系数反映证券或组合的收益水平对市场平均收益水平变化的敏感性。即市场组合价值变动 1 个百分点，该资产的价值变动了几个百分点。

用更通俗的说法：大盘上涨 1 个百分点，该股票的价格变动了几个百分点。

（3）β 系数是衡量证券承担系统风险水平的指数

$\beta>0$，该投资组合的价格变动方向与市场一致；

$\beta<0$，该投资组合的价格变动方向与市场相反。

$|\beta|>1$，证券的波动幅度大于市场组合，为“激进型”；

$|\beta|=1$，证券的波动幅度与市场组合相当，为“平均风险”；

$|\beta|<1$，证券的波动幅度小于市场组合，为“防卫型”。

（二）β 系数的应用

1. 证券的选择

①牛市时，在估值优势相差不大的情况下，投资者会选择 β 系数较大的股票，以期获得较高的收益。

②熊市时，投资者会选择 β 系数较小的股票，以减少股票下跌的损失。

2. 风险控制

风险控制部门或投资者通常会控制 β 系数过高的证券投资比例。

针对衍生证券的对冲交易，通常会利用 β 系数控制对冲的衍生证券头寸。

3. 投资组合绩效评价

评价组合业绩是基于风险调整后的收益进行考量，即既要考虑组合收益的高低，也要考虑组合所承担风险的大小。

【例 32】关于 β 系数的含义，下列说法中正确的有（　　）。

Ⅰ. β 系数绝对值越大，表明证券或组合对市场指数的敏感性越弱

Ⅱ. β 系数为曲线斜率，证券或组合的收益与市场指数收益呈曲线相关

Ⅲ. β 系数为直线斜率，证券或组合的收益与市场指数收益呈线性相关

Ⅳ. β 系数绝对值越大，表明证券或组合对市场指数的敏感性越强

A. Ⅰ、Ⅱ　　B. Ⅱ、Ⅳ　　C. Ⅰ、Ⅲ　　D. Ⅲ、Ⅳ

【答案】D

【解析】证券或组合的收益与市场指数收益呈线性相关，β 系数为直线斜率，反映了证券或组合的收益水平对市场平均收益水平变化的敏感性。β 系数绝对值越大，表明证券或组合对市场指数的敏感性越强。

【考点四】资本资产定价模型的应用【☆☆】

（一）资产估值

资本资产定价模型主要用于判断证券是否被市场错误定价。

（1）根据资本资产定价模型，计算每一证券的期望收益率

$$E(r_i) = r_F + [E(r_M) - r_F]\beta_i$$

（2）市场对证券在未来所产生的收入流（股息加期末价格）预期值与证券 i 的期初市场价格及其预期收益率 $E(r_i)$ 之间有如下关系

$$E(r_i) = \frac{E(\text{股息} + \text{期末价格})}{\text{期初价格}} - 1$$

（3）在均衡状态下，上述两个 $E(r_i)$ 应有相同的值。均衡期初价格应为

$$\text{均衡的期初价格} = \frac{E(\text{股息} + \text{期末价格})}{1 + E(r_i)}$$

当实际价格低于均衡价格时，说明该证券是廉价证券，此时应购买该证券；

当实际价格高于均衡价格时，则应卖出该证券，而将资金转向购买其他廉价证券。

（二）资源配置

资本资产定价模型根据对市场走势的预测来选择具有不同 β 系数的证券或组合以获得较高收益或规避市场风险：

（1）牛市时，应选择高 β 系数的证券或组合，成倍放大市场收益率，带来较高的收益；

（2）熊市时，应选择低 β 系数的证券或组合，以减少因市场下跌而造成的损失。

【例 33】 无风险收益率为 5%，市场期望收益率为 12% 的条件下：

A 证券的期望收益率为 10%，β 系数为 1.1；B 证券的期望收益率为 17%，β 系数为 1.2。

那么投资者可以买进哪一个证券？（　　）

A. A 证券　　B. B 证券　　C. A 证券或 B 证券　　D. A 证券和 B 证券

【答案】 B

【解析】 根据 CAPM 模型，

$$E(r_i) = r_F + [E(r_M) - r_F]\beta_i$$

A 证券：5% + （12% − 5%）×1.1 = 12.7%，因 12.7% > 10%，A 证券价格被高估，应卖出。

B 证券：5% + （12% − 5%）×1.2 = 13.4%，因 13.4% < 17%，B 证券价格被低估，应买进。

【考点五】套利定价理论【☆☆】

（一）套利定价理论的发展历史

1976 年，当今世界上最具影响力的金融学家之一斯蒂芬·罗斯在《经济理论杂志》上发表了经典论文《资本资产定价的套利理论》，提出了一种新的资产定价模型——套

利定价理论（APT）。

与资本资产定价理论相比，套利定价理论从一种新的角度、以一种全新的方法考察了资产的价格，弥补了资本资产定价理论的一些不足，在资产定价理论中占有重要的地位。

APT 是描述资产合理定价但又有别于 CAPM 的均衡模型。

（二）套利定价理论的原理

套利定价理论以收益率形成过程的多因子模型为基础，认为证券收益率与一组因子线性相关，这组因子代表证券收益率的一些基本因素。因此可以说 APT 模型是建立在因素模型的基础上的，与因素模型相同，它的成立依赖于一个基本的假设，即某项资产的收益是由一系列因素决定的。

只要找到这些因素并确定这些因素同资产收益之间的相关关系，就可以估计资产收益水平。

APT 模型的假设条件：

（1）投资者是追求收益的，同时也是厌恶风险的；

（2）所有证券的收益都受到一个共同因素 F 的影响，并且证券的收益率具有如下构成形式：

$$r_i = a_i + b_i F_1 + \varepsilon_i$$

式中，r_i——证券 i 的实际收益率；

a_i——因素指标 $F1$ 为 0 时，证券 i 的收益率；

b_i——因素指标 $F1$ 的系数，也称灵敏度系数；

F_1——影响证券的那个共同因素 F 的指标值；

ε_i——证券 i 收益率 r_i 的残差项。

（3）投资者能够发现市场上是否存在套利机会，并利用该机会进行套利。

（三）套利定价模型

1. 单因素影响下的套利定价模型

套利组合理论认为，当市场上存在套利机会时，投资者会不断进行套利交易，从而不断推动证券的价格向套利机会消失的方向变动，直到套利机会消失为止，此时证券的价格即为均衡价格，市场也就进入均衡状态。

此时，证券或组合的期望收益率具有下述构成形式：

$$Er_i = \lambda_0 + b_i \lambda_1$$

Er_i 是证券的期望收益率；λ_0 是与证券和因素 F 无关的常数；λ_1 是对因素 F 具有单位敏感性的因素风险溢价。

2. 多因素影响下的套利定价模型

在多因素共同影响所有证券的情况下，套利定价模型也是成立的，其一般表现形式为：

$$Er_i = \lambda_0 + b_{i1}\lambda_1 + b_{i2}\lambda_2 + \cdots + b_{iN}\lambda_N$$

Er_i 是证券 i 的期望收益率；

λ_0 是与证券和因素 F 无关的常数；

b_{iN}是证券 i 对第 N 个影响因素的灵敏度系数；

λ_N 是对因素 F_N 具有单位敏感性的因素风险溢价。

（四）套利定价模型的结论

套利定价模型表明：

（1）市场均衡状态下，证券或组合的期望收益率完全由它所承担的因素风险所决定；

（2）承担相同因素风险的证券或证券组合都应该具有相同期望收益率；

（3）期望收益率与因素风险的关系，可由期望收益率的因素敏感性的线性函数反映。

（五）套利定价模型的应用

（1）事先仅是猜测某些因素可能是证券收益的影响因素，但并不确定知道这些因素中，哪些因素对证券收益有广泛而特定的影响，哪些因素没有。于是可以运用统计分析模型对证券的历史数据进行分析，以分离出那些统计上显著影响证券收益的主要因素。

（2）明确确定哪些因素与证券收益有关，然后对证券的历史数据进行回归以获得相应的灵敏度系数，再预测证券的收益。

（六）运用套利定价方程计算证券的期望收益率

经济学家罗尔与罗斯利用套利定价模型对美国股票市场上市股票的影响因素进行了实证分析，使用的数据是纽约股票交易所上市股票的日收益率数据，样本区间为1962 年 7 月 5 日到 1972 年 12 月 31 日。

实证结果发现，下述四个宏观经济变量影响证券收益：工业产值指数、未预期的通货膨胀率、投机级债券与高等级债券收益率差额、长期政府债券与短期政府债券收益率差额。

假定通过回归分析知道某个证券 A 对上述四因素的灵敏度系数依次为：$b_{i1}=1.2$. $b_{i2}=-0.6$. $b_{i3}=0.4$、$b_{i4}=0.8$。已知无风险利率为 5%；工业生产增长从预期的 4% 升至 6%；通货膨胀率预期为 3%，实际为 -1%；投机级债券与高等级债券收益率差额为 3%；长、短期政府债券收益率差额为 -2%。

根据公式：

$$Er_i = \lambda_0 + b_{i1}\lambda_1 + b_{i2}\lambda_2 + \cdots + b_{iN}\lambda_N$$

预期证券 A 的收益率为：

$$5\% + 1.2 \times 2\% - 0.6 \times (-4\%) + 0.4 \times 3\% + 0.8 \times (-2\%) = 9.4\%$$

【例 34】套利定价理论的假设条件包括（　　）。

Ⅰ. 投资者是追求收益的，同时也是厌恶风险的

Ⅱ. 所有证券的收益都受到一个共同因素的影响

Ⅲ. 投资者能够发现市场上是否存在套利机会，并利用该机会进行套利

Ⅳ. 投资者以收益率的均值和方差为基础选择投资组合

A. Ⅰ、Ⅱ、Ⅲ　　B. Ⅰ、Ⅱ、Ⅲ、Ⅳ

C. Ⅰ、Ⅳ　　D. Ⅱ、Ⅲ、Ⅳ

【答案】A

【解析】建立套利定价理论的三个基本假设条件：

①投资者是追求收益的，同时也是厌恶风险的；

②所有证券的收益都受到一个共同因素 F 的影响，并且证券的收益率具有"$r_i = a_i + b_iF1 + \varepsilon_i$"的构成形式；

③投资者能够发现市场上是否存在套利机会，并利用该机会进行套利。

【例 35】 套利定价模型在实践中的应用，通常包括（　　）。

Ⅰ. 检验资本市场线的有效性

Ⅱ. 分离出那些统计上显著影响证券收益的主要因素

Ⅲ. 检验证券市场线的有效性

Ⅳ. 明确确定哪些因素与证券收益有关，预测证券的收益

A. Ⅰ、Ⅲ　　B. Ⅰ、Ⅱ、Ⅲ　　C. Ⅱ、Ⅳ　　D. Ⅰ、Ⅱ、Ⅲ、Ⅳ

【答案】C

【解析】套利定价模型在实践中的应用一般有两个方面：

（1）事先仅是猜测某些因素可能是证券收益的影响因素，但并不确定知道这些因素中，哪些因素对证券收益有广泛而特定的影响，哪些因素没有产生影响。于是可以运用统计分析模型对证券的历史数据进行分析，以分离出那些统计上显著影响证券收益的主要因素。（Ⅱ项正确）

（2）明确确定哪些因素与证券收益有关，然后对证券的历史数据进行回归以获得相应的灵敏度系数，再运用公式预测证券的收益。（Ⅳ项正确）

【考点六】套利组合的概念及计算【☆☆☆】

一、套利组合的概念

套利：人们不需要追加投资就可获得收益的买卖行为。从经济学的角度讲，是人们利用同一资产在不同市场间的定价不一致，通过资金的转移而实现无风险收益的行为。

套利的经济学原理：一价定律，即如果两个资产是相等的，它们的市场价格应该相同。一旦存在两种价格就出现了套利机会。

一价定律的实现的条件：两个市场间的流动和竞争必须是无障碍的，且无交易成本、无税收和无不确定性存在。

事实上这些严格的条件在现实生活中不可能完全得到满足，因此现实中大部分套利行为属于有风险套利。

二、套利组合

在套利定价理论中，套利机会被套利组合所描述。

套利组合：满足下述三个条件的证券组合：

（1）该组合中各种证券的权数满足 $W_1+W_2+\cdots+W_n=0$；

（2）该组合因素灵敏度系数为零，且即 $W_1b_1+W_2b_2+\cdots+W_nb_n=0$，其中，$b_i$ 表示证券 i 的因素灵敏度系数；

（3）该组合具有正的期望收益率，即：$W_1Er_1+W_2Er_2+\cdots+W_nEr_n>0$，其中，$Er_i$ 表示证券 i 的期望收益率。

套利组合的特征表明：投资者如果能发现套利组合并持有它，那他可以实现不需要追加投资就可获得收益的套利交易，即投资者是通过持有套利组合的方式进行套利的。

套利定价理论认为：如果市场上不存在（找不到）套利组合，那么市场上就不存在套利机会。

【套利组合计算举例】

假如市场上有三种股票，每个投资者都认为它们满足单因素模型，且具有以下的期望收益率和因素敏感度：

证券	Er_i	b_i
1	15%	0.9
2	21%	3.0
3	12%	1.8

这些期望收益率因素敏感度是否表示一种均衡状态？若不是，股票的价格和期望收益率将发生什么变化来达到均衡？

【解析】 一个套利证券组合（W_1，W_2，W_3）应该符合：

$$W_1+W_2+W_3=0$$

$$0.9W_1+3.0W_2+1.8W_3=0$$

$$0.15W_1+0.21W_2+0.12W_3>0$$

满足这个方程组的解有无穷多个，任取其中一个解，如：

$$(W_1,W_2,W_3)=(0.1,0.075,-0.175)$$

这就是一个套利组合。

这个套利证券组合能获得的期望收益率是：

$$(0.15W_1+0.21W_2+0.12W_3)\times100\%$$
$$=(0.15\times0.1+0.21\times0.075-0.12\times0.175)=0.98\%$$

若没有其他限制，无限制卖空证券 3 可获得更高的期望收益率。

将方程组的 W_3 作为参数，对前两个方程求解：

$$W_1 + W_2 = -W_3$$

$$0.9W_1 + 3.0W_2 = -1.8W_3$$

用消元法解得：$W_1 = -4/7W_3$，$W_2 = -3/7W_3$

因此，只要满足下式，就可以获得正的期望收益率：

$$\begin{aligned}&0.15W_1 + 0.21W_2 + 0.12W_3\\&=(-0.15 \times 4/7 - 0.21 \times 3/7 + 0.12)W_3\\&=-0.39/7W_3 > 0\end{aligned}$$

只要 $W_3 < 0$，该条件就能得到满足。

当取 $W_3 = -2$ 时，$W_1 = 8/7$，$W_2 = 6/7$，得该套利组合的期望收益率是 11.14%。

假设原有组合投资资本为 14 万元，当 $W_3 = -2$ 时，构建套利组合就需要借入 28 万元证券 3 并卖空，将该资金分别买入证券 1 和证券 2 市值为 16 万元【8/7×14】和 12 万元【6/7×14】，从而构建一个新的套利组合。这一组合在没有增加新的自由资本投入下就使得原有组合获得增量收益。

若不能卖空，对 W_3 就会有所限制。

如果原有组合中投资者持有证券 3 的比例是 40%，则在进行套利操作时，投资者最多可以将手中的证券 3 全部卖出，因此可以增加最多期望收益率的组合是：

$$\begin{aligned}&W_1 = -4/7W_3 = 4/7 \times 0.4 = 0.23\\&W_2 = -3/7W_3 = 3/7 \times 0.4 = 0.17\\&W_3 = -0.4\end{aligned}$$

新的组合中不再持有证券 3，增加持有证券 1 和证券 2，比例分别是 23%、17%。进行上述操作后，可以增加的期望收益率为：

$$\begin{aligned}&(0.15W_1 + 0.21W_2 + 0.12W_3) \times 100\%\\&=(-0.15 \times 4/7 - 0.21 \times 3/7 + 0.12)W_3\\&=-0.39/7 \times (-0.4)\\&=2.23\%\end{aligned}$$

【例 36】假如市场上有三种股票，每个投资者都认为它们满足单因素模型，且具有以下的期望收益率和因素敏感度。

证券	期望收益率（%）	因素敏感度
A	15	0.9
B	21	3.0
C	12	1.8

在可以卖空的情况下，这个套利证券组合能获得的期望收益率是（　　）。

Ⅰ. 0.98%

Ⅱ. 11.14%

Ⅲ. 39%

Ⅳ. 55.71%

A. Ⅱ、Ⅲ、Ⅳ　　　　B. Ⅰ、Ⅳ

C. Ⅰ、Ⅱ、Ⅲ、Ⅳ　　　　D. Ⅱ、Ⅲ

【答案】C

【解析】根据套利组合的单个条件，一个套利证券组合（W_1，W_2，W_3）应该符合：

$$W_1 + W_2 + W_3 = 0$$

$$0.9W_1 + 3W_2 + 1.8W_3 = 0$$

$$0.15W_1 + 0.21W_2 + 0.12W_3 > 0$$

可以解得：$W_1 = -4/7W_3$，$W_2 = -3/7W_3$，$W_3 < 0$

所以，资产组合的收益率为 $-0.39/7W_3$，当 W_3 取足够大的负数时，套利证券组合能获得的期望收益也就足够大。

【本节学习提示】

考查重点与难点：

①资本资产定价模型【假设条件、CML、SML、β 系数】；

②套利定价理论【假设条件、套利定价方程、套利组合的计算】。

第五节　有效市场假说

【考点一】预期效用理论【☆☆】

（一）概念

预期效用理论又称期望效用函数理论，是 20 世纪 50 年代冯·诺依曼和摩根斯坦在公理化假设的基础上，运用逻辑和数学工具，建立的不确定性条件下对理性人选择进行分析的框架。

预期效用理论的成立，是有其公理化的假设前提和人们逻辑化的决策偏好顺序的。

决策是人们从多种备选方案或事件中作出的选择，经济学对决策问题的探究主要针对的是不确定条件下的决策。

效用是一个抽象的概念，在经济学中用来表示从消费物品中得到的主观享受或满足，它是无法准确度量的，与价钱和消费并不必然正相关。

偏好是人们对不同方案或事件状态进行价值与效用的辨优。偏好是建立在消费者可以观察到的选择行为之上的，我们对每种选择的偏好度是有一定顺序的。

决策、效用与偏好是紧密相连的，它们共同构成了人类一切经济行为的起点。

（二）预期效用函数

在不确定性选择中，预期效用值为：

$$U(X)=E[u(X)]=P_1u(x_1)+P_2u(x_2)+\cdots+P_nu(x_n)$$

其中，$E[u(X)]$表示关于随机变量X的期望效用，某个随机变量X以概率P_i取值x_i，$(i=1,2,\cdots,n)$，并且某人在取得x_i时的效用为$u(x_i)$。

（三）公理化假设

预期效用理论认为人们是风险厌恶的，是一条下凹的效用函数曲线。

预期效用理论建立在决策主体偏好理性的一系列严格的公理化假定体系基础上，是现代决策理论的基石。

公理化的价值衡量标准假定包括：

（1）优势性：如果期望 A 至少在一个方面优于期望 B，并且在其他方面都不亚于 B，那么 A 优于 B。优势性是标准决策理论的基石。

（2）恒定性：各个期望的优先顺序不依赖于它们的描述方式，或者说同一个决策问题即使在不同的表示方式下也将产生同样的选择。恒定性原则被人们普遍认同，以至于人们将它默认为公理而不需要验证。

（3）传递性：只要 A 优于 B，B 优于 C，那么 A 就优于 C。

（四）缺陷

（1）理性人的假设：实际上投资者并不是纯粹的理性人，其决策和行为受到其复杂的心理机制和其他外部条件的影响。

（2）悖论的挑战：大量的心理学实验的研究表明，人们在不确定性决策中存在着确定性效应、同比率效应、同结果效应、反射效应、孤立效应、偏好反转和隔离效应等现象。这些现象系统性违背了预期效应理论公理化假设，这对预期效用理论提出了质疑，同时也迫使经济理论界寻找新的理论来解释不确定性条件下的行为规律。

【考点二】认知过程的偏差【☆☆】

（一）判断与决策中的认知过程

（1）广义的认知：个体通过感觉、知觉、表象、想象、记忆、思维等形式，把握客观事物的性质和规律的认识活动。

（2）狭义的认知：个体获取信息并进行加工、储存和提取的过程。

认知是个体重要的心理活动，是人的意识的集中表现。认知过程的不完美表现为：有限注意力和认知偏差。

（二）认知过程中的偏差

1. 原因

（1）人性存在包括自私、趋利避害等弱点；

（2）投资者的认知中存在诸如有限的短时记忆容量，不能全面了解信息等生理能力方面的限制；

（3）投资者的认知中存在信息获取、加工、输出、反馈等阶段的行为、心理偏差的影响。

2. 种类

（1）启发式偏差

人们在决策过程中依赖经验法则而不是算法来对事物进行判断，这个过程中可能产生的认知偏差有：

①依据事物的相似性而进行推断导致的代表性启发偏差；

②根据自身记忆的强度而进行推断的可得性启发偏差；

③锚定于一些不相关信息的锚定与调整性偏差；

④受制于自身的感情、直觉、本能的情感启发性偏差。

（2）框定依赖偏差

人们在决策中，会因为事物的呈现方式或背景变化而产生框定依赖偏差，这一偏差导致了对理性决策的优势性和恒定性的违背。

对信息干扰的背景包括：对比效应、首因效应、近因效应、晕轮效应等。

【例37】投资者在判断与决策中出现认知偏差的原因主要有（　　）。

Ⅰ. 人性存在包括自私等弱点

Ⅱ. 人性存在包括趋利避害等弱点

Ⅲ. 投资者的认知中存在有限的短时记忆容量等生理能力方面的限制

Ⅳ. 投资者的认知中存在不能全面了解信息等生理能力方面的限制

A. Ⅰ、Ⅱ、Ⅲ　　B. Ⅰ、Ⅱ、Ⅳ　　C. Ⅱ、Ⅲ、Ⅳ　　D. Ⅰ、Ⅱ、Ⅲ、Ⅳ

【答案】D

【解析】

投资者在判断与决策中出现认知偏差的原因主要有：

（1）人性存在包括自私、趋利避害等弱点；

（2）投资者的认知中存在诸如有限的短时记忆容量，不能全面了解信息等生理能力方面的限制；

（3）投资者的认知中存在信息获取、加工、输出、反馈等阶段的行为、心理偏差的影响。

【考点三】过度自信和心理账户的概念【☆☆】

（一）过度自信

人们往往过于相信自己的判断能力，高估成功的概率，把成功归功于自己的能力，而低估运气、机遇和外部力量在其中的作用的认知偏差。

投资者过度自信的原因：

（1）人们对证据强度的变化高度敏感（如代表性启发），而对证据的分量或预测有效性的变化不十分敏感。

（2）问题的难度。随着问题难度的增加，过度自信的程度也增加。

（3）知识幻觉。

①信息量的增加会使人们认为自己预测的准确度增加。

②专业知识：专家比新手更加过度自信。

4. 控制幻觉。

（二）心理账户

心理账户是指人们在心里无意识地把财富划归不同的账户进行管理，运用不同的记账方式和心理运算规则，其存在使投资者在做决策时往往违背一些简单的经济运行法则，做出许多非理性的投资或消费行为。

人们倾向于把他们的投资武断地分配到单独的心理账户中，并根据投资所在账户分别做出决策。

一般来说，人们通过三种心理账户对他们的选择的得失进行评价：

（1）最小账户：仅仅与可选方案间的差异有关，而与各个方案的共同特性无关。

（2）局部账户：描述的是可选方案的结果与参考水平之间的关系，这个参考水平由决策的背景所决定。

（3）综合账户：从更广的类别对可选方案的得失进行评价。

【例 38】关于过度自信对金融市场的影响，下列说法错误的是（　　）。

A. 当投资者过度自信时，其资产组合并没有完全分散化，集中的资产组合会降低其期望效用

B. 过度自信不会损害市场效率

C. 当投资者过度自信时，市场中的交易量会增大

D. 过度自信会导致总的信号被过度估计，使得价格偏离其真实价格

【答案】B

【解析】

B 项说法错误：过度自信会使公开披露的信息被过度估计，导致价格偏离资产真实价值，这时过度自信损害了市场效率。

A 项说法正确：当投资者过度自信时，其资产组合并没有完全分散化，集中的资产组合会降低其期望效用。

C 项说法正确：当投资者过度自信时，过度评价了其私人信息的准确性并错误地解释了这些信号，市场中的交易量会增大。

D 项说法正确：过度自信的价格接受者会过度估计他们的个人信息，这会导致总的信号被过度估计，使得价格偏离其真实价格。

【考点四】羊群效应【☆☆】

（一）羊群效应

羊群效应：从众行为，即行为上的模仿性和一致性，源于生物学对动物聚群特性的研究。

金融市场中的羊群效应：投资者在信息环境不确定的情况下，行为受到其他投资者的影响，模仿他人决策，或过度依赖于舆论，而不考虑自己的信息的行为。

（二）原因

（1）投资者信息不对称、不完全。模仿他人的行为以节约自己搜寻信息的成本。

（2）推卸责任的需要。后悔厌恶心理使决策者为了避免个人决策失误可能带来的后悔和痛苦，而选择与其他人相同的策略，或听从他人的建议。

（3）减少恐惧的需要。人类属于群体动物，偏离大多数人往往会产生一种孤独和恐惧感。

（4）缺乏知识经验以及其他的一些个性方面的特征。如知识水平、智力水平、接受信息的能力、思维的灵活性、自信心。

【考点五】时间偏好和损失厌恶效应【☆☆】

（一）时间偏好效应

时间偏好是人们在现在消费与未来消费之间的偏好，就是人们对现在的满意程度与对将来的满意程度的比值，人们越不喜欢现在，时间偏好就越低。

现代心理学表明，人们对近期的增加时差要比远期增加的时差的贴现值要大。因此，一个人今天对将来某个时差与将来同一个时差的偏好是不同的。

（二）损失厌恶效应

损失厌恶是人们在面对收益和损失的决策时表现出不对称性，人们面对同样数量的收益和损失时，损失会使他们产生更大的情绪波动。

损失厌恶反映了人们的风险偏好并不是一致的：面对收益，人们表现为风险厌恶；面对损失，人们则表现为风险寻求。

1. 损失厌恶与禀赋效应

禀赋效应（Endowment Effect）是个人一旦拥有某项物品，那么他对该物品价值的评价要比未拥有之前大大增加。这一现象可以用“损失厌恶”理论来解释，该理论认为一定量的损失给人们带来的效用降低要多过相同的收益给人们带来的效用增加。因此人们在决策过程中对利害的权衡是不均衡的，对“避害”的考虑远大于对“趋利”的考虑。出于对损失的畏惧，人们在出卖商品时往往会索要过高的价格。

2. 短视的损失厌恶

在股票投资中，长期收益可能会周期性地被短期损失所打断，短视的投资者把股票市场视同赌场，过分强调潜在的短期损失。投资者不愿意承受这种短期损失的现象被称为“短视的损失厌恶”。

投资者可能没有意识到，通货膨胀的长期影响可能会远远超过短期内股票的涨跌。

短视的损失厌恶建立在两个概念之上：

（1）投资者是损失厌恶的，即决策者倾向于把损失看得更重一些，损失带来的受伤害的感受是收益带来的良好感受的两倍多；

（2）投资者是“短视”的，他们会经常性地评价他们的投资组合，即使长期投资的投资者也要考虑短期的收益和损失。

【例 39】“与买入一个未知的新股票相比，因买入蓝筹股资产组合下跌而遭受的损失所带来的痛苦相对较小”属于（　　）。

A. 保守主义　　B. 逃避后悔　　C. 过度自信　　D. 心理账户

【答案】B

【解析】心理学家发现，作出糟糕决策的人们，当决策越是违背常规时就会越是后悔不已（更加自责），例如，买了蓝筹股组合，当股价下跌时的痛苦程度就没有买了一个未知的新股票所遭受同样的损失带来的痛苦那么大。买了蓝筹股的任何损失更容易被归结于运气不好，而不是决策糟糕，它引起悔恨的程度较低，因为购买蓝筹股的决策是大多数人都能够做出的常规决策，而那些小的不知名的公司股票很少是常规投资，这样的股票要求投资者有更大的勇气才会去碰它，因此投资者在购买这些股票而赔钱后会更加难受。

【考点六】前景理论【☆】

（一）定义

也称为展望理论、预期理论，在实际生活中，人们的选择行为往往受到个人偏好、社会规范、观念习惯的影响，因而决策不一定能够实现期望收益最大化。

前景理论实质上是关于不确定条件下人们的决策行为的理论，是行为金融学的重要内容。

（二）内容

（1）确定性效应：人们决策时往往对被认为是确定性的结果给予较大权重的倾向。

（2）反射效应：人们面临损失时，所表现出的对不确定性损失的偏好。

（3）孤立效应：为简化在不同选项中的选择，人们通常忽略各选项共有的部分而集中于它们之间相互有区别的部分，这一选择问题的方式可能引起不一致的偏好，使人们通常忽略选择中所共有的部分。

（4）隔离效应：即使某一信息对决策并不重要，或即使他们不考虑所披露信息也能做出同样的决策，但人们依然愿意等待直到信息披露再做出决策的倾向。

（5）偏好反转：决策者在两个相同评价条件但不同的引导模式下，对方案的偏好有所差异，甚至出现逆转的现象。

（6）框定效应：决策时如果对结果的描述改变参照点，会影响人们的偏好选择。

（三）价值函数

在前景理论中期望的价值是由价值函数和决策权重共同决定的，即：

$$V = \sum_{i=1}^{n} \pi(p_i)v(x_i)$$

$\pi(P)$ 是决策权重，是一种概率评价性的单调增加函数。

$v(x)$ 是决策者主观感受所形成的价值，偏好情况体现为围绕参照点的价值变化而不是价值的绝对值，即价值函数。

财富变化（损益）的效用价值函数图形是以参考点为拐点的“S”形函数：

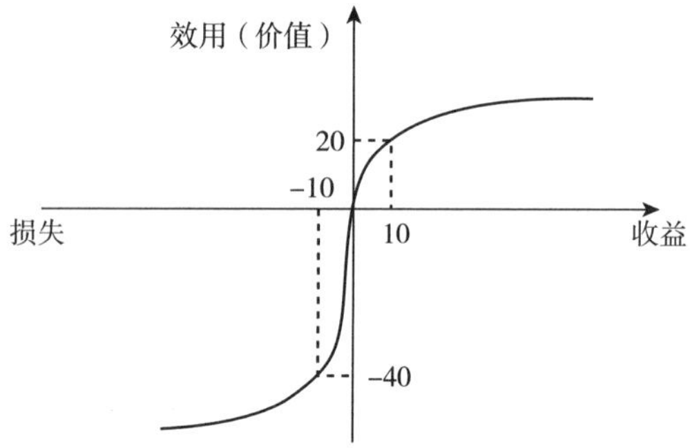

价值函数的特征：

（1）价值的载体是财富或福利的改变而不是它们的最终状态，并以对参照点的偏离程度为标准，朝两个方向（分别是收益和损失）偏离且呈反射形状，即“反射效应”。

（2）价值函数在参照点之上（收益区域）是凹的，表现为风险规避，即在确定性收益与非确定性收益中偏好前者；在参照点下（损失区域）是凸的，表现为风险偏好，即在确定性损失与非确定性损失中偏好后者，且对收益和损失的敏感性都是递减的。

（3）价值函数对财富变化的态度是损失的影响大于收益，即收益变化的斜率小于损失变化的斜率。

（四）权重函数

人们倾向于高估低概率事件、低估中高概率事件，而在中间阶段人们对概率的变化相对不敏感。但对极低概率赋予 0 的权重，而对极高概率赋予 1 的权重。

决策权重函数是概率 p 的一个非线性函数，这个函数单调上升，它系统性地给小概率事件过多的权重，给大概率事件过小的权重。

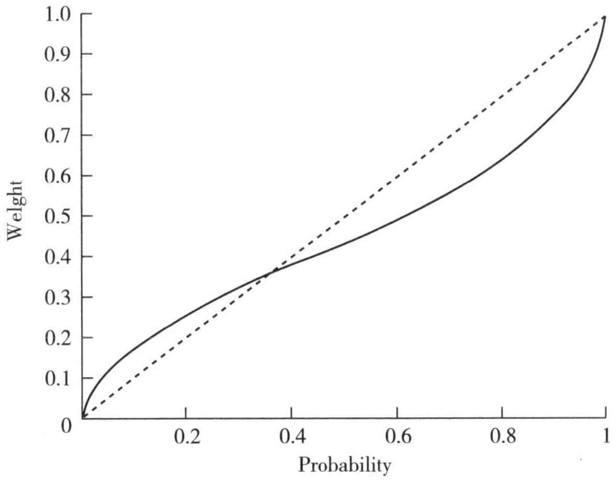

权重函数的特征：

（1）决策权重不是概率，它并不符合概率公理。

概率公理：一次随机抽样中最容易出现的事件是概率最高的事件。一次随机抽样中概率最高的事件是最容易出现的事件。

（2）$\pi(p)$ 是 p 的增函数，且 $\pi(0)=0$，$\pi(1)=1$，即不可能事件的偶发性是被忽略的，且度量是标准化的。

（3）决策权重倾向于高估小概率事件和低估高概率事件，即很不可能的事情却被赋予了很多的权重，很有可能的事情却被赋予低的权重；在中间阶段人们对概率的变化不敏感。

【考点七】金融市场中的个体心理与行为偏差【☆☆】

（一）处置效应

由于损失厌恶心理的存在，投资者倾向于过快地卖出盈利的股票而长时间地持有亏损的股票，即“出盈保亏”效应。

（二）过度交易行为

金融产品交易的换手率过高，过度交易即便忽视交易成本，也会降低投资者的收益。过度自信往往容易产生过度交易。

（三）有限注意力驱动的交易

有限注意力使人们对某一事物的注意必须以牺牲对另一事物的注意为代价。因此，在投资者投资决策过程中，会过多地关注明显的信息而忽略隐晦的信息，因而产生注意力驱动的交易行为。

有限注意力的投资者对显著性的事件表现出过度反应，投资决策倾向于受到注意力等驱动交易。同时，有限注意力会造成股票收益率的联动和盈余公告后公司超额收益率的漂移。

（四）本土偏差

熟悉偏好心理使投资者倾向于购买自己所在公司、距离比较近的公司或本国公司的股票，因而产生本土偏差，这将导致投资组合的风险分散不足。

本土偏差的形成原因：

（1）信息幻觉：具有强烈本地偏好的投资者可能认为他们拥有信息优势，虽然这种优势并不存在。

（2）熟悉性偏好与控制力幻觉：人们喜欢在自己比较熟悉的环境下行动，投资者购买本国、本地以及本公司的股票是因为他们对这些公司更熟，虽然这种熟悉同公司的基本面信息没有关系。

（五）恶性增资

由于损失厌恶、过度自信、证实偏差等心理因素的共同作用，人们面对失败的投资项目时倾向于继续追加投资，因而形成恶性增资行为，这一行为会继续扩大已经产生的损失。

【考点八】金融市场中的群体行为与金融泡沫【☆☆】

（一）金融泡沫

金融资产经历连续上涨之后，市场价格显著大于实际价格，便形成了金融泡沫。

其产生的根源是过度的投资，引起资产价格的过度膨胀，导致经济的虚假繁荣。

（二）个体行为偏差与金融泡沫

1. 有限注意导致金融泡沫

投资者因为有限注意而关注于上涨的股票，由此可能形成正反馈机制，促使价格进一步上涨，又引起其他投资者的注意，导致股价严重超过基本价值，就可能导致股市泡沫的产生。

2. 信息层叠导致金融泡沫

投资者都观察他人的信息和公共信息而忽略自己的私人信息，私人信息没有共享到公共信息中去，公共信息池中的信息难以得到更新，就可能导致股票价格严重偏离其基本价值，导致金融泡沫。

（三）机构投资行为与金融泡沫

1. 声誉效应导致金融泡沫

与一个另类但可能成功的策略相比，人们更愿意表现出羊群行为，成为群体失败中的一员。

2. “共同承担责备效应”的存在导致了羊群行为

决策者具有与别人趋同的愿望，以推卸决策错误的责任。

（四）委托代理中的风险转嫁导致金融泡沫

代理人可以享受资产价格（收益）上升带来的全部好处，但只承担有限责任，投资代理人可以通过申请破产保护等方式将超过一定限度的损失转嫁给投资委托人——资金的贷出方，即代理投资内生的风险转嫁问题。因此，代理人的有限责任和委托代理双方的风险收益不对称可能使代理人倾向于选择高风险的资产。

当市场上有相当一部分投资决策者是投资代理人时，内生的风险转嫁激励会使风险资产的均衡价格超过基本价值，均衡价格与基本价值的差即成为资产的价格泡沫。

（五）社会因素对金融泡沫的推动

共享信息机制限制了自由思想的交流，使群体行为发生收敛，可能会产生羊群行为，推动金融泡沫。

在影响羊群行为的众多社会因素中，社会互动是核心内容。

【考点九】金融市场中泡沫的特征和规律【☆☆☆】

尽管历史上的金融泡沫事件各有不同，但金融泡沫的产生、演变和发展有其共同的规律和特点。其特征可归纳为：

1. 乐观的预期

包括对未来走势的乐观估计、媒体的乐观报道、机构的乐观预测，证实偏差，放大正面的、积极的、乐观的新闻，而对负面的、消极的信息视而不见，对负面的预测不屑一顾，对背道而驰的论调感到愤慨等，而公众的这种盲目乐观可能预示着金融泡沫已经积聚。

2. 大量盲从投资者的涌入

盲从投资者，又称为幼稚投资者，是指在泡沫膨胀到一定程度时，社会的不同阶层纷纷被股市吸引，工人、牧民、司机、买菜的老太太等大多数投资者都把股票投资当成投机的工具，整个社会都陷了炒股风潮。

3. 庞氏骗局

利用新投资人的钱来向老投资者支付利息和短期回报，以制造赚钱的假象进而骗取更多的投资。

当市场处于周期顶端时，人们完全处于过度乐观、过度自信和贪婪之中，人们很容易相信市场能够创造奇迹，利用泡沫环境中人们的过度乐观设置庞氏骗局极易取得成功，所以在市场顶部往往伴随着各种各样的庞氏骗局，这些庞氏骗局能够继续吹大泡沫。

在整个骗局中，投资者是乐观的，庞氏骗局的设局者是乐观的，更为严重的是，监管者也会受到这种乐观情绪的影响而迷失方向，放松监管。

4. 价格与价值的严重背离

泡沫形成时价格的走势是稳步上升的，且进入膨胀期后，价格会加速上升。此时不论公司经营业绩、财务状况如何，大多数公司的股票价格跟随市场行情而上涨，有股价明显高估的现象。

正反馈效应和羊群行为是金融市场定价产生系统性偏离和泡沫产生及破裂的根源。个体的认知偏差加上金融市场上存在的羊群行为，可能导致投资或投资组合的决策偏差，并使资产价格偏离其内在的价值。

在这种正反馈效应的推动下股票市场达到了价格的极端，股市充满了公众的投机心理，换手率大幅上升，交易量大幅提高，股票指数节节攀升，无论是否有业绩支撑，所有股票都会被追逐进而推动价格的上涨，这时候价值投资理念已经完全失去了意义。

5. 泡沫破裂和经济冲击

过度投机最终会因为投资者收支不平衡而产生崩溃，泡沫也就破裂了其主要原因在于，在泡沫积聚膨胀时期，很多投资者为了追逐利润投入过多，承担了过大的风险，价格下降导致他们的财务状况急剧恶化，极度恐慌的情绪，会使他们急于抛售手中的筹码，这就加剧了价格的下滑。最终泡沫崩溃的速度明显比其形成和膨胀的速度要快。

金融泡沫的形成和破裂，不仅使个人财产受到极大的损失，对国家的经济危害也很大：一方面，企业负债恶性膨胀，大量倒闭；另一方面，泡沫经济破灭后，由于居民财富受到冲击，使消费需求不振，投资需求减少，进而引发通货紧缩和经济衰退。

【例 40】下列关于金融泡沫说法错误的是（　　）。

A. 股市暴跌可以根据市盈率等基本指标进行准确地预测

B. 股市暴跌之前往往弥漫着过于乐观的情绪，投机盛行

C. 股市暴跌发生时的私人部门（个人与企业）债务比率很高

D. 股市暴跌往往发生在宏观经济状况看起来很好的时候，这往往会让大多数投资者猝不及防

【答案】A

【解析】A 项说法错误：大多数人包括经济学家、中央银行官员均无法准确地预测

股市暴跌；

BCD 项说法正确。

【考点十】行为资产定价理论【☆】

（一）定义

在资本资产定价模型（CAPM）中，所有投资者均被假设为只关心投资回报和投资组合的协方差（风险），二者的均衡便导出结论。

行为金融理论改变 CAPM 的假设，使其更接近现实。

行为资产定价模型（BAPM）是谢弗林（Shefrin）和斯塔曼（Statman）在 1994 年挑战资本资产定价模型的基础上提出来的，是对现代资本资产定价模型（CAPM）的扩展。

（二）BAPM 与 CAPM 的区别

1. 在 BAPM 中，投资者被划分为两类：

（1）信息交易者：严格按标准 CAPM 行事的理性投资者，他们不会受认知偏差的影响，只关注组合的均值方差，而且通过套利使资产价格趋于理性价值，因此也可称为理性交易者或套利交易者；

（2）噪声交易者：经常跳出 CAPM 模型，不仅会犯各种认知偏差错误，并且没有严格的均值方差（风险）偏好。

当信息交易者占据交易的主体地位时，市场是有效率的；当噪声交易者占据交易的主体地位时，市场是无效率的。

2. 在 BAPM 中，证券的预期收益是由其“行为贝塔”决定的，行为资产组合（行为贝塔组合）中成长型股票的比例要比市场组合中的高，因此虽然均值方差有效组合会随时间而改变，但是资本市场组合的问题仍然存在。

3. BAPM 包括功利主义考虑（产品成本，替代品价格）和价值表达考虑（个人品位，特殊偏好）；

4. BAPM 既有限度地接受了市场有效性观点，也秉承了行为金融学奉行的有限理性、有限控制力和有限自利观点。

【考点十一】有效市场假说的概念、假设条件【☆】

（一）概念

证券在任一时点的价格都是其对与证券相关的所有信息作出的即时、充分的反应，即有效市场假说（EMH），它将资本市场划分为弱式有效市场、半强式有效市场和强式有效市场三种形式。

（二）特征

1. 将资本市场划分为弱式有效市场、半强式有效市场和强式有效市场三种形式

2. 证券的价格能充分反映该证券的所有可获得的信息，即“信息有效”

3. 证券的价格能够根据最新信息迅速作出调整

（三）假设条件

1. 理性人假设：经济行为人为完全意义上的理性人

2. 完全信息假设：所有投资者都可获得与证券相关的所有信息

3. 投资者均为风险厌恶者假设：所有投资者都是厌恶风险的

【考点十二】有效市场假说与行为金融理论的联系与区别【☆】

（一）有效市场假说与行为金融理论的联系

1. 行为金融理论对有效市场假说理论基础的修正

（1）行为金融理论认为“理性人”假说存在缺陷，很难成立。行为金融理论认为现实中的投资者都容易受情绪的影响，投资决策的主要依据是主观判断。

（2）行为金融理论认为随机交易假设不成立。人们的行为偏差是系统性的许多投资者倾向于在相同的时间买卖相同的证券。该行为产生的“羊群行为使资产价格进一步偏离其价值。

（3）行为金融理论认为有效套利者假设很难成立，套利行为对价格的修正力量受到一些条件的限制。

2. 行为金融理论对有效市场假说理论基础的创新

（1）行为金融理论对有效市场假说的范式转换：

①有效市场假说的范式：基础是以人的决策基于理性预期风险回避、效用最大化以及相机抉择等为假设前提的，认为市场是有效的，理性的投资者总能抓住每一个由非理性投资者创造的套利机会淘汰非理性投资者，继而用均值——方差的风险测量方法最终确立投资者的最优决策。

②行为金融理论的范式：实际决策过程不能很好地遵从于最优决策模型。因此，不但需要讨论如何作出最优决策，而且需要建立一套能够正确反映投资者实际决策行为和市场运用状况的描述性模型来研究投资者行为。行为金融理论范式认为，人的行为心理决策具有重要作用。

（2）行为金融理论对有效市场假说的理论创新：

主要包括行为组合理论与行为资产定价模型、BSV 与 DHS。

行为组合理论是在现代资产组合理论的基础上发展起来的，在现实中，投资者实际构建的资产组合是基于对不同资产的风险程度的认识及投资目的所形成的一种金字塔形状的行为资产组合。

BSV 与 DHS 模型主要是用来解释反应过度与反应不足的。

BSV 模型是由 Barberis、Shleffer 和 Vishny 于 1998 年提出的。BSV 模型认为，人们进行投资决策时存在两种错误范式：

①选择性偏差（Representativeness Bias），比如投资者过分重视近期数据的变化模式，而对产生这些数据的总体特征重视不够。

②保守性偏差（conservatism bias），投资者不能及时根据变化了的情况修正增加的预测模型。

（3）行为金融理论对有效市场假说的方法变革：

行为金融理论认为，决策者的偏好一般是多面易变的，这种偏好常在决策过程中形成；决策者具有很强的适应性，他们能够根据决策的性质和环境的不同选择过程或技术；决策者寻求满意的而非最优解，更趋向于满意原则而不是最佳原则等。

行为金融理论在借鉴心理学和行为经济学研究成果的基础上，总结出了投资者行为心理决策中的一些特点，如回避损失、心理会计、过度自信、控制幻觉、锚定效应、羊群效应等。行为金融理论通过对投资者行为心理决策的分析，成功解释了反应过度、反应不足、动量效应、季节效应、小公司现象等各种异常现象。行为心理决策分析方法也成了行为金融理论有别于现代金融理论的显著特征。

（二）有效市场假说与行为金融理论的区别

1. 有效市场假说的核心命题是投资者的理性决策

基于投资者追求个人效用最大化的理性行为，市场有效并实现均衡，投资者的理性决策具有如下特征：

①偏好的稳定性和一致性。投资者具有一个稳定的偏好，偏好具有完备性和传递性，并能够理性清晰地把握自己的偏好，实现自始至终的利益最大化。

②手段的一致性。投资者能够准确获取必要的信息，具有完备知识和计算能力，并判断和计算各种方案的结果及由此产生的效用，不同子集的各种选择以系统性的方式相对应。

③追求效用最大化。投资者能够精确计算出预期效用，实现一定约束条件下的最大化效用。在这样的假设条件下，市场是有效的。

2. 行为金融理论认为投资者的决策过程并不符合理性人的假设

人在现实中的选择经常违背新古典经济学提出的完备性、传递性等“公理”，包括：

①缺乏完整的、统一的、能够对所有可能选择进行排序的效用函数，人们的“偏好”经常发生颠倒，只能找出所有备用选择的一部分而不是全部。

②人们对选择后果、不确定未来事件的概率也无从估计并使之保持一致性。行为金融理论从投资者的具体决策过程出发，通过研究发现，投资者的决策行为还要受到决策人的技能、价值观、知识水平、心理等因素的影响。决策过程中会出现认知偏差，并且

认为投资者的偏误是系统性的，并非随机的，加上套利能力也是有限的，因此市场并不是有效的，并以此为基础来构建模型，解释金融市场的异常现象。

【考点十三】强式有效、弱式有效、半强式有效的基本特征【☆☆☆】

（一）弱式有效市场假说（Weak – Form Market Efficiency）

在弱式有效的情况下，市场价格已充分反映出所有过去历史的证券价格信息，包括股票的成交价、成交量，卖空金额、融资金额等，从而投资者不可能通过分析以往价格获得超额利润。即：使用当前及历史价格对未来作出预测是徒劳的。要想获得超额利润，必须寻求历史价格信息以外的信息。

推论一：如果弱式有效市场假说成立，则股票价格的技术分析就失去了作用，基本分析还可能帮助投资者获得超额利润。

（二）半强式有效市场假说（Semi – Strong – Form Market Efficiency）

在半强式有效的情况下，市场价格已充分反映出所有已公开的有关公司营运前景的信息。包括成交价、成交量、盈利资料、盈利预测值、公司管理状况及其他公开披露的财务信息，以及政府和机构公布的宏观经济形势和政策方面的信息等。

如果市场是半强式有效的，那么仅仅以公开资料为基础的分析将不能提供任何帮助，因此针对当前已公开的资料信息，目前的价格是合适的，未来的价格变化依赖于新的公开信息。在这样的市场中，只有那些利用内幕信息者才能获得非正常的超额回报。

推论二：如果半强式有效假说成立，则在市场中技术分析和基本分析都失去了作用、只有通过内幕消息才可能获得超额利润。

（三）强式有效市场假说（Strong – Form Market Efficiency）

在强式有效的情况下，市场价格已充分地反映了所有关于公司营运的信息，这些信息包括已公开的或内部未公开的信息。

投资者即使掌握内幕信息也无法获得额外盈利。任何专业投资者的边际市场价值都为零。

推论三：在强式有效市场中，没有任何方法能帮助投资者获得超额利润，即使基金机构和有内幕消息者也一样。

【例 41】强式有效、弱式有效、半强式有效这三种有效假说的检验建立在三个推论之上，三者检验的顺序中，最先检验的是（　　）。

A. 可同时进行　　　　B. 弱式有效

C. 强式有效　　　　D. 半强式有效

【答案】B

【解析】

根据投资者可以获得的信息种类，将有效市场分成了三个层次：弱式有效市场，半强形式有效市场和强形式有效市场。

强式有效假说成立时，半强式有效必须成立，半强式有效成立时，弱式有效亦必须成立。所以，先检验弱式有效是否成立；若成立，再检验半强式有效；再成立，最后检验强式有效是否成立，顺序不可颠倒。即检验顺序为：弱式有效→半强式有效→强式有效。

【考点十四】有效市场假说在证券投资中的应用【☆☆☆】

（一）对信奉市场有效的投资者的影响

信奉市场有效性的投资者认为在任何时候，市场价格都是公司真实价值的最优估计、任何试图通过挖掘市场无效部分而获利的行为都是得不偿失的。这些投资者相信市场对信息的反应是及时而准确的，边际投资者能够迅速挖掘出市场的任何无效部分并使之消失。市场中能够长期存在的无效部分都是由市场摩擦（如交易费用等）造成的，它们不能通过套利行为来消除。

相信市场有效的投资者认为，市场价格反映了股票在现有信息下的真实价格，于是采用消极的策略，比如随机地购买股票。但是由风险分散原理可知，单个股票不能分散非系统风险，于是市场产生了对市场组合投资方式的需求，这就是指数基金。

风险分散和有效市场假说理论导致了指数基金这种新颖投资工具的产生。指数基金是按照某一指数的编制原理而构建组合进行投资的基金。由于省去了技术分析工具和基础分析采用的调研、资料等费用，指数基金的管理费用低于其他投资方式。

（二）对不信奉市场有效的投资者的影响

不信奉市场有效的投资者采用积极的投资方法。

积极的投资方法分为价值型和成长型，投资者采用技术分析方法和基本分析方法来选择股票。

积极投资者采用的技术分析法和基本分析法正是市场有效形成的原因。

（1）技术分析法：价格变动遵循可预测的模式，并且没有足够的投资者能够辨识出这种模式从而导致此模式的消失，市场上的多数投资者是根据情绪而不是理智的分析进行投资决策的。

（2）基本分析法：核心理论是公司的真实价值取决于公司增长率、现金流和风险等财务指标。投资者使用各种估价方法挑选价值被低估的股票，希望自己持有的投资组合的收益率高于市场平均水平。

【例 42】对任何内幕消息的价值都持否定态度的是（　　）。

A. 弱式有效市场假设

B. 半强式有效市场假设

C. 强式有效市场假设

D. 超强式有效市场假设

【答案】C

【解析】在强式有效市场上，当前的证券价格反映了全部信息的影响包括历史价格信息、全部公开信息、私人信息、未公开的内幕消息。这是一个极端的假设，其对任何内幕消息的价值均持否定态度。

【例43】有效市场的支持者极力主张（　　）。

Ⅰ. 主动型的投资策略

Ⅱ. 被动型的投资策略

Ⅲ. 价值投资

Ⅳ. 投资于指数基金

A. Ⅱ、Ⅳ　　B. Ⅰ、Ⅲ　　C. Ⅱ、Ⅲ　　D. Ⅰ、Ⅳ

【答案】A

【解析】市场效率的信仰者拥护被动型投资策略，而投资于指数基金是最实际的被动型投资策略，对于小投资者来说更是如此。

【例44】在半强式有效市场中，下列说法错误的有（　　）。

Ⅰ. 技术分析无助于判断股价走势

Ⅱ. 小公司股票比大公司股票能持续性产生更高的风险调整收益

Ⅲ. 低市盈率股票能够长期获得正的超常收益率

Ⅳ. 掌握内幕消息的投资者能够获取超额收益

A. Ⅰ、Ⅲ　　B. Ⅰ、Ⅱ　　C. Ⅱ、Ⅲ　　D. Ⅱ、Ⅳ

【答案】C

【解析】在半强式有效市场上，证券的价格反映了包括历史信息在内的所有公开发表的信息，即公开可得信息，此时，基本面分析和技术分析无效，只有内幕消息能够获取超额收益。Ⅱ、Ⅲ两项都是根据基本面来分析股票。

易混知识点分析

【有效市场假说的三个层次】

【记忆口诀】

弱式有效→历史消息

半强式有效→公开消息

强式有效→所有消息

【本节学习提示】

考查重点：

①预期效用理论；

②前景理论；

③行为资产定价理论；

④有效市场假说。

同步真题练习

1. 从个人理财生命周期的角度看，理财任务是“妥善管理好积累的财富，主动调整投资组合，降低投资风险，以保守稳健型投资为主，配以适当比例的进取型投资，以稳健的方式使资产得以保值增值”属于（　　）。

A. 维持期　　B. 高原期　　C. 退休期　　D. 稳定期

2. 在马科维茨模型中，当允许卖空时，由四种不完全相关证券构建的证券组合的可行域是均值标准差平面上的（　　）。

A. 一条曲线　　B. 一条直线　　C. 无限区域　　D. 有限区域

3. 下列各项中，不属于心理账户效应的是（　　）。

A. 赌场资金效应　　B. 晕轮效应

C. 沉没成本效应　　D. 成本与损失的不等价

4. 行为金融理论中的 BSV 模型认为（　　）。

A. 投资者对所掌握的信息过度自信　　B. 投资者可能存在保守性偏差

C. 无信息的投资者不存在判断偏差　　D. 投资者善于调整预测模型

5. 某上市公司上年发放的股息为 0.5 元/股，预期今后每股股息将以每年 10% 的速度稳定增长，当前无风险利率为 0.025，市场组合的风险溢价为 0.08，该公司股票的 β 值为 1.5，那么该公司股票的合理价格是（　　）。

A. 12.2 元　　B. 11.11 元　　C. 6.67 元　　D. 9.09 元

6. 某债券面额 100 元，票面利率为 9%，期限 3 年，于 2021 年 12 月 31 日到期一次还本付息，持有人甲于 2019 年 12 月 31 日将其卖出，若购买者乙要求 10% 的最终收益率，则其购买价格应为（按单利计息复利贴现）（　　）。

A. 103.96 元　　B. 104.96 元　　C. 105.96 元　　D. 106.96 元

7. 从家庭生命周期的角度分析，如果家庭收入以理财收入及移转性收入为主，此阶段一般称为家庭（　　）。

A. 成长期　　B. 形成期　　C. 衰老期　　D. 成熟期

8. 认为证券市场是有效市场的机构投资者一般倾向于选择（　　）证券组合。

A. 增长型　B. 平衡型　C. 收入型　D. 指数化型

9. 经济学家罗尔与罗斯利用套利定价模型对美国股票市场上市股票的影响因素进行了实证分析。实证结果发现，影响证券收益的宏观经济变量（因素）有（　　）。

Ⅰ. 工业产值指数

Ⅱ. 未预期的通货膨胀率

Ⅲ. 投机级债券与高等级债券收益率差额

Ⅳ. 长期政府债券与短期政府债券收益率差额

A. Ⅰ、Ⅱ　B. Ⅲ、Ⅳ　C. Ⅱ、Ⅲ、Ⅳ　D. Ⅰ、Ⅱ、Ⅲ、Ⅳ

10. 下列各项中，（　　）属于货币时间价值的影响因素。

Ⅰ. 通货膨胀率

Ⅱ. 单利

Ⅲ. 复利

Ⅳ. 时间

A. Ⅰ、Ⅲ、Ⅳ　B. Ⅰ、Ⅱ　C. Ⅱ、Ⅳ　D. Ⅰ、Ⅱ、Ⅲ、Ⅳ

11. 某投资者于年初将 1500 元现金按 5% 的年利率投资 5 年，那么该项投资（　　）。

Ⅰ. 按单利计算的第五年年末的终值为 1785 元

Ⅱ. 按单利计算的第五年年末的终值为 1875 元

Ⅲ. 按复利计算的第二年年末的终值为 1653. 75 元

Ⅳ. 按复利计算的第二年年末的终值为 1914. 42 元

A. Ⅰ、Ⅳ　B. Ⅰ、Ⅲ　C. Ⅱ、Ⅳ　D. Ⅱ、Ⅲ

12. 假设王某是一位成长型投资者，下列各项中，可以视为对王某相对准确的描述的有（　　）。

Ⅰ. 知道自己要什么并敢于冒风险去追求，但是通常也不会忘记给自己留条后路

Ⅱ. 追求极度的成功，常常不留后路以激励自己向前，不惜冒失败的风险

Ⅲ. 常常会为提高投资收益而采取一些行动，并愿意为此承受较大的风险

Ⅳ. 可以承受一定的投资波动，但是希望自己的投资风险低于市场的整体风险，因此希望投资收益长期、稳步地增长

A. Ⅱ、Ⅲ　B. Ⅰ、Ⅲ　C. Ⅱ　D. Ⅳ

13. 下列关于年金的说法，正确的有（　　）。

Ⅰ. 向租房者每月固定领取的租金可视为一种年金

Ⅱ. 定期定额缴纳的房屋贷款月供可视为一种年金

Ⅲ. 退休后从保险公司领取的养老金可视为一种年金

Ⅳ. 按月领取的奖励可视为一种年金

A. Ⅰ、Ⅱ　　B. Ⅲ、Ⅳ　　C. Ⅱ、Ⅲ、Ⅳ　　D. Ⅰ、Ⅱ、Ⅲ

14. 下列各项中，可以证实市场不是半强式有效市场的有（　　）。

Ⅰ. 股票分割消息宣布后不产生利得

Ⅱ. 内幕知情人可以从内幕交易中获利

Ⅲ. 投资者在盈余宣布很长时间后才能做出交易反应

Ⅳ. 基于公司规模及股票账面价值与市场的比率的投资策略可以从中获利

A. Ⅰ、Ⅱ、Ⅳ　　B. Ⅰ、Ⅲ　　C. Ⅲ、Ⅳ　　D. Ⅱ、Ⅲ、Ⅳ

15. 关于损失厌恶，下列说法中正确的有（　　）。

Ⅰ. 损失厌恶是指人们对财富的减少比对财富的增加更为敏感，而且损失的痛苦要远远大于获得的快乐

Ⅱ. 由于损失厌恶的缘故，投资者在调整股票投资组合时，往往会卖出组合中“亏损”股票，留下“盈利”的股票

Ⅲ. 当人们作出错误决定后往往会后悔不已，感到自己的行为要承担引起损失的责任，会比损失厌恶更加痛苦

Ⅳ. 对投资的评估频率越高，发现损失的概率越高，就越可能受到损失厌恶的侵袭

A. Ⅰ、Ⅱ　　B. Ⅰ、Ⅱ、Ⅲ、Ⅳ

C. Ⅱ、Ⅲ、Ⅳ　　D. Ⅰ、Ⅲ、Ⅳ

16. 关于前景理论，下列说法中正确的有（　　）。

Ⅰ. 效用函数是反 S 形的函数

Ⅱ. 效用函数是一个单调递增的函数

Ⅲ. 禀赋效应会导致过度交易

Ⅳ. 投资者对边际损失要比边际收益敏感

A. Ⅰ、Ⅲ、Ⅳ　　B. Ⅱ、Ⅲ　　C. Ⅰ、Ⅲ　　D. Ⅰ、Ⅱ、Ⅳ

17. 已知证券 A 的投资收益率等于 0.08 和 −0.02 的可能性均为 50%，证券 B 的投资收益率等于 0.05 和 −0.01 的可能性均为 50%，那么（　　）。

Ⅰ. 在均值—标准差平面上，证券 A 优于证券 B

Ⅱ. 证券 A 的方差等于 0.0025

Ⅲ. 证券 B 的标准差等于 0.03

Ⅳ. 证券 A 的期望收益率等于 0.03

A. Ⅲ、Ⅳ　　B. Ⅱ、Ⅲ、Ⅳ

C. Ⅰ、Ⅱ　　D. Ⅰ、Ⅱ、Ⅲ、Ⅳ

18. 下列关于最优证券组合的说法，正确的有（　　）。

Ⅰ. 这一组合是能带来最高收益的组合

Ⅱ. 这一组合肯定在有效边界上

Ⅲ. 这一组合是无差异曲线簇与有效边界的切点

Ⅳ. 这一组合是理性投资者的最佳选择

A. Ⅰ、Ⅱ　B. Ⅱ、Ⅲ、Ⅳ　C. Ⅰ、Ⅲ　D. Ⅰ、Ⅱ、Ⅳ

19. 下列各项中，可以强化金融泡沫形成的有（　　）。

Ⅰ. 跨境资金转出

Ⅱ. 紧缩性货币政策

Ⅲ. 羊群效应的存在

Ⅳ. 投资者自信程度的增加

A. Ⅱ、Ⅳ　B. Ⅰ、Ⅱ　C. Ⅰ、Ⅲ、Ⅳ　D. Ⅲ、Ⅳ

20. 过度自信会导致投资者（　　）。

Ⅰ. 高估自己的知识

Ⅱ. 低估风险

Ⅲ. 提高预测的准确性

Ⅳ. 夸大自己控制事情的能力

A. Ⅰ、Ⅱ　B. Ⅰ、Ⅱ、Ⅲ、Ⅳ

C. Ⅰ、Ⅱ、Ⅳ　D. Ⅲ、Ⅳ

21. 个人生命周期中维持期的主要特征有（　　）。

Ⅰ 对应年龄为 45 ~ 54 岁

Ⅱ 保险计划为养老险、投资型保险

Ⅲ 主要理财活动为收入增加、筹退休金

Ⅳ 投资工具主要是活期存款、股票、基金定投

A. Ⅰ、Ⅲ　B. Ⅰ、Ⅱ、Ⅲ　C. Ⅱ、Ⅳ　D. Ⅲ、Ⅳ

答案与解析

1. **【答案】** B

【解析】 在高原期阶段，个人的主要理财任务是妥善管理好积累的财富，主动调整投资组合，降低投资风险，以保守稳健型投资为主，配以适当比例的进取型投资，多配置基金、债券、储蓄、银行固定收益理财产品，以稳健的方式使资产得以保值增值。

2. **【答案】** C

【解析】 当由多种证券（不少于三种证券）构造证券组合时，组合可行域是所有合法证券组合构成的 $E-\sigma$ 坐标系中的一个区域。在不允许卖空下是有限区域，在允许卖

空下则是包含有限区域的无限区域。

3.【答案】B

【解析】由于消费者心理账户的存在，个体在做决策时往往会违背一些简单的经济运算法则，从而做出许多非理性的消费行为。这些行为集中表现为以下几个心理效应：非替代性效应、沉没成本效应、交易效用效应、赌场资金效应、成本与损失的不等价。

4.【答案】B

【解析】BSV 模型认为，人们进行投资决策时存在两种错误范式：

①选择性偏差，比如投资者过分重视近期数据的变化模式，而对产生这些数据的总体特征重视不够。

②保守性偏差，投资者不能及时根据变化了的情况修正增加的预测模型。

5.【答案】A

【解析】根据资本资产定价模型，$E(r_p) = r_f + [E(r_m) - r_f]\beta_p$，先算个股期望收益率 $r = 0.025 + 1.5 \times 0.08 = 14.5\%$。再根据股东股利增长模型，股票理论价格 $V = D_0(1+g)/(r-g) = 0.5 \times (1+10\%)/(14.5\% - 10\%) \approx 12.2$（元）。

6.【答案】B

【解析】购买价格即为此债券取得 10% 的最终收益率时对应的 2019 年 12 月 31 日的现值，$(100 + 100 \times 9\% \times 3) / (1+10\%)^2 \approx 104.96$（元）。

7.【答案】C

【解析】C 项符合题意：从家庭生命周期的角度分析，衰老期家庭收入以理财收入及转移性收入为主，或变现资产维持生计。

8.【答案】D

【解析】信奉证券市场是有效市场的机构投资者倾向于选择指数化证券组合，以求获得市场平均的收益水平。

9.【答案】D

【解析】经济学家罗尔与罗斯利用套利定价模型对美国股票市场上市股票的影响因素进行了实证分析，使用的数据是纽约股票交易所上市股票的日收益率数据，样本区间从 1962 年 7 月 5 日到 1972 年 12 月 31 日。实证结果发现，下述四个宏观经济变量影响证券收益：工业产值指数、未预期的通货膨胀率、投机级债券与高等级债券收益率差额、长期政府债券与短期政府债券收益率差额。

10.【答案】D

【解析】货币时间价值的影响因素包括：

（1）时间。时间的长短是影响货币时间价值的首要因素，时间越长，货币时间价值越明显。

（2）收益率或通货膨胀率。收益率是决定货币在未来增值程度的关键因素，而通货膨胀率则是使货币购买力缩水的反向因素。

（3）单利与复利。单利始终以最初的本金为基数计算收益，而复利则以本金和利息为基数计息，从而产生利上加利、息上加息的收益倍增效应。

11. 【答案】D

【解析】单利终值的计算公式 $FV = PV \times (1 + r \times t)$；复利终值的计算公式 $FV = PV \times (1 + r)^t$。根据题干，单利计算的第五年年末的终值 $FV = 1500 \times (1 + 5\% \times 5) = 1875$(元)，故Ⅰ项错误，Ⅱ项正确。复利计算的第二年年末的终值 $FV = 1500 \times (1 + 5\%)^2 = 1653.75$，故Ⅲ项正确，Ⅳ项错误。

12. 【答案】B

【解析】成长型投资者追求投资的长期增值，敢于冒风险但又不过度冒险。这类投资者一般拥有一定的资产规模、较高的知识水平、不错的风险承受能力，他们愿意承受一定的风险，追求较高的投资收益，但是不会过度冒险投资那些具有高度风险的投资工具。

13. 【答案】D

【解析】年金（普通年金）是指在一定期限内，时间间隔相同、不间断、金额相等、方向相同的一系列现金流。例如，退休后每个月固定从社保部门领取的养老金就是一种年金，定期定额缴纳的房屋贷款月供、每个月进行定期定额购买基金的月投资额款、向租房者每月固定领取的租金等均可视为一种年金。

14. 【答案】C

【解析】在半强式有效市场上，证券的价格反映了包括历史信息在内的所有公开发表的信息，即公开可得信息。在该市场中，基本分析和技术分析失效，只有通过内幕消息才可能获得超额利润。Ⅰ项，基本分析失效，只能证实市场不是弱式有效。Ⅱ项，从内幕交易中获利只能证实市场不是强式有效。Ⅲ、Ⅳ两项，基本分析有效，可以确定市场为弱式有效，而不是半强式有效。

15. 【答案】D

【解析】损失厌恶是指人们面对同样数量的收益和损失时，认为损失更加令他们难以忍受；（Ⅰ项、Ⅲ项正确）损失厌恶反映了人们的风险偏好并不是一致的，当涉及的是收益时，人们表现为风险厌恶；当涉及的是损失时，人们则表现为风险寻求。（Ⅱ项错误、Ⅳ项正确）。

16. 【答案】D

【解析】禀赋效应是指当个人一旦拥有某项物品，那么他对该物品价值的评价要比未拥有之前大大增加。禀赋效应的存在会导致买卖双方的心理价格出现偏差，从而影响市场效率。过度自信的存在使投资者进行频繁的买卖交易，从而出现过度交易的行为，故Ⅲ项说法错误。

17. 【答案】B

【解析】

证券 A 的期望收益率 $=0.08\times50\%+(-0.02)\times50\%=0.03$；

证券 B 的期望收益率 $=0.05\times50\%+(-0.01)\times50\%=0.02$；

证券 A 的方差 $=(0.08-0.03)^2\times50\%+(-0.02-0.03)^2\times50\%=0.0025$，标准差 $=0.05$；

证券 B 的方差 $=(0.05-0.02)^2\times50\%+(-0.01-0.02)^2\times50\%=0.0009$，标准差 $=0.03$；

在均值—标准差平面上，证券 A 的期望收益率大于证券 B 的期望收益率，同时证券 A 的标准差大于证券 B 的标准差，即风险大于 B，两者无法比较，也就是不能说证券 A 优于证券 B。

18. 【答案】B

【解析】Ⅰ项说法错误，最优证券组合是投资者最满意的投资组合，而不是最高收益的组合。

19. 【答案】D

【解析】金融泡沫是指一种或一系列的金融资产经历连续上涨后，市场价格大于实际价格的经济现象。其产生的根源是过度的投资引起资产价格的过度膨胀，导致经济的虚假繁荣。金融市场泡沫主要特征有：

（1）乐观的预期。

（2）大量盲从投资者的涌入。

（3）庞氏骗局。

（4）价格与价值的严重背离：正反馈效应和羊群行为是金融市场定价产生系统性偏离和泡沫产生及破裂的根源。

（5）泡沫破裂和经济冲击。

20. 【答案】C

【解析】过度自信是指人们过于相信自己的判断能力，高估成功的概率，把成功归功于自己的能力，而低估运气、机遇和外部力量在其中的作用的认知偏差，尤其对其自身知识的准确性过度自信，从而系统性地低估某类信息并高估其他信息。

21. 【答案】B

【解析】维持期是个人和家庭进行财务规划的关键期，既要通过提高劳动收入积累尽可能多的财富，更要善用投资工具创造更多财富，财务投资尤其是可获得适当收益的组合投资成为主要手段。Ⅰ、Ⅱ、Ⅲ项属于其特征。

本章总结

- 第二章 基本理论
  - 第一节 生命周期理论
    - 投资者偏好类型及特征
    - 生命周期理论
  - 第二节 货币的时间价值
    - 现值和终值的计算
    - 年金的计算
  - 第三节 证券投资理论
    - 证券组合
    - 证券组合可行域
    - 证券组合有效边界
    - 最优证券组合
    - 资产配置
  - 第四节 资本资产定价理论
    - 假设条件
    - 资本市场线、证券市场线
    - 证券系数β
    - 套利定价理论
    - 套利组合的计算
  - 第五节 有效市场假说
    - 预期效用理论
    - 前景理论
    - 行为资产定价理论
    - 有效市场假说

第三部分

专业技能

第三章　客户分析

【考情早知道】

本章在证券投资顾问考试中，属于次重点章节，考核难度一般，主要包括对客户从四个不同的角度进行分析，包括信息分析、财务分析、风险分析、目标分析，主要属于识记的内容，分值占比在10%左右。

本章重点在于第三节风险分析，涉及表格内容的把握，学习过程中需要特别关注。

【本章知识概览】

小节	考点	备考指数
第一节 信息分析	客户信息的分类	☆☆
	客户定量信息和定性信息的内容	☆☆
	客户财务信息和非财务信息的内容	☆☆
	客户信息收集方法	☆☆☆
第二节 财务分析	个人资产负债表的项目及其内容	☆☆
	个人现金流量表的项目及其内容	☆☆
	预测客户未来收入的方法	☆☆☆
	预测客户未来支出的方法	☆☆☆
第三节 风险分析	客户理财价值观	☆
	客户风险偏好的主要类型	☆
	客户风险承受能力的影响因素	☆☆
	客户风险承受能力的评估方法	☆☆☆
	客户风险特征的内容	☆☆
	客户风险特征矩阵的编制方法	☆☆☆
	投资渠道偏好、知识结构、生活方式、个人性格等对客户证券投资方式和产品选择的影响	☆
第四节 目标分析	客户证券投资需求和目标的分类	☆☆
	客户证券投资目标的内容	☆☆
	客户证券投资目标分析方法	☆☆☆

【考点详解】

第一节 信息分析

【考点一】客户信息的分类【☆☆】

分类标准	类型	具体内容
（一）理财规划需要	基本信息	客户的姓名、年龄、联系方式、工作单位与职务、国籍、婚姻状况、健康状况，以及重要的家庭、社会关系信息（包括需要供养父母、子女信息）
	财务信息	客户家庭的收支与资产负债状况，以及相关的财务安排（包括储蓄、投资、保险账户情况等）
	个人兴趣及人生规划和目标	包括职业和职业生涯发展，客户性格特征、风险属性、个人兴趣爱好及志向，客户的生活品质及要求，受教育程度及投资经验、人生观、财富观等
（二）是否属于财务信息	财务信息	客户当前的收支状况、财务安排以及这些情况的未来发展趋势等。财务信息是制定个人财务规划的基础和依据，决定了客户的目标和期望是否合理，以及完成个人财务规划的可能性
	非财务信息	其他相关的信息，如客户的社会地位、年龄、投资偏好、风险承受能力等
（三）定量与定性的关系	定量信息	普通个人和家庭档案（姓名、身份证号码、性别、出生日期、年龄、婚姻状况、学历、就业情况、配偶及抚养赡养状况等）；有关财务顾问的信息；资产和负债；收入与支出；保单信息；雇员福利；养老金规划；现有投资情况；其他退休收益；客户的事业信息；遗嘱
	定性信息	目标陈述；健康状况；兴趣爱好；就业预期；风险特征；投资偏好；预期生活方式改变；理财决策模式；理财知识水平；金钱观；家庭关系；现有和预见的经济状况；其他计划假设

【例1】下列属于客户定量信息的是（　　）。

A. 金钱观　　B. 每月收入与支出

C. 风险偏好　　D. 投资经验

【答案】B

【解析】考查客户信息的分类。

【例2】下列属于客户定量信息的有（　　）。

Ⅰ. 资产与负债

Ⅱ. 收入与支出

Ⅲ. 保单信息

Ⅳ. 风险偏好

A. Ⅱ、Ⅲ、Ⅳ　B. Ⅰ、Ⅱ、Ⅲ　C. Ⅰ、Ⅲ、Ⅳ　D. Ⅰ、Ⅱ、Ⅳ

【答案】B

【解析】考查客户信息的分类。

【考点二】客户信息收集方法【☆☆】

（一）初级信息的收集方法

初级信息：只能通过和客户沟通获得的关于客户的个人和财务的资料。这是理财规划师进行分析和拟订计划的基础。从业人员与客户初次会商时，仅通过交谈的方式收集信息是不够的，通常还要采用数据调查表来帮助收集定量信息。

由于数据调查表的内容较为专业，所以可以采用从业人员提问，客户回答，然后由从业人员填写的方式来进行。

如果是客户自己填写调查表，则在开始填写之前，从业人员应对有关的项目加以解释，否则客户提供的信息很可能不符合需要。

在收集客户信息的过程中，如果客户出于个人原因不愿意回答某些问题，从业人员应该谨慎地了解客户产生顾虑的原因，并向客户解释该信息的重要性，以及在缺乏该信息的情况下可能造成的误差。

（二）次级信息的收集方法

次级信息：从政府部门或金融机构公布的信息中获得的宏观经济信息。

次级信息的涉及面广，很多内容容易获得，只需要从业人员在平日的工作中注意收集和积累，建立专门数据库，以便随时调用。

政府公布的数据有时并不完全适用于个人，理财规划师在使用时应进行判断和筛选，才能保证个人理财规划的客观性和科学性。

【例3】下列关于客户信息收集的说法中，正确的有（　　）。

Ⅰ. 在填写调查表之前，从业人员应对有关项目加以解释

Ⅱ. 为得到真实的信息，数据调查表必须由客户亲自填写

Ⅲ. 如果客户出于个人原因不愿意回答某些问题，从业人员应该谨慎地了解客户产生顾虑的原因，并向客户解释该信息的重要性，以及在缺乏该信息情况下可能造成的误差

Ⅳ. 宏观经济信息可以从政府部门或金融机构公布的信息中获得

A. Ⅱ、Ⅲ、Ⅳ　B. Ⅰ、Ⅱ、Ⅳ　C. Ⅰ、Ⅱ、Ⅲ　D. Ⅰ、Ⅲ、Ⅳ

【答案】D

【解析】Ⅱ项错误，由于数据调查表的内容较为专业，所以可以采用从业人员提问，客户回答，然后由从业人员填写的方式来进行。

【本节学习提示】

考查重点：

①客户定量信息和定性信息的内容；

②客户财务信息和非财务信息的内容。

第二节　财务分析

【考点一】个人资产负债表的项目及其内容【☆☆】

（一）个人资产负债表的概念

个人资产负债表又称财务状况表，表示个人在一定日期（通常为各会计期末）的财务状况（资产、负债和净资产）的主要会计报表，资产负债表利用会计平衡原则【会计恒等式：净资产＝资产－负债】，将合乎会计原则的“资产、负债、权益”科目，以特定日期的静态情况为准，浓缩成一张报表。

（二）个人资产负债表的内容

资产负债表体现了客户在统计截止日期的下列内容：

1. 资产分类、额度及其与总资产的占比情况

客户个人资产主要可以分为金融资产和实物资产两大类，而金融资产可以进一步细分为现金及现金等价物和其他金融资产。资产按其流动性（资产的变现能力和支付能力）划分为：

①固定资产：包括房屋、建筑物、机器、机械、运输工具以及其他与生产经营活动有关的设备、器具、工具等。

②流动资产：也叫短期资产，包括货币资金、活期存款、短期投资、应收票据、应收账款和存货等。

2. 负债分类、额度及其与总负债的占比情况

客户个人负债可以按用途分为消费负债和投资负债；也可以按期限分为短期负债和长期负债。

①短期负债：也叫流动负债，是将在一年（含一年）或超过一年的一个营业周期内偿还的债务，包括短期借款、应付票据、应付账款、预收账款、应付工资、应付福利费、应付股利、应交税金、其他暂收应付款项、预提费用和一年内到期的长期借款等。

②长期负债：又称非流动负债，是偿还期在一年或超过一年的一个营业周期以上的债务，包括长期借款、应付债券、长期应付款。

3. 净资产额度

净资产是客户总资产减去总负债的差额，可用于衡量在某一时点上客户能够真正支配的财富价值。

（三）个人资产负债表样表

客户：×××

日期：××年12月31日

资产	金额（元）	占比	负债和净资产	金额（元）	占比
现金			信用卡欠款		
活期存款			小额消费信贷		
其他流动性资产			其他消费性负债		
流动性资产合计			消费性负债合计		
定期存款			金融投资借款		
外币存款			实业投资借款		
股票投资			投资性房屋按揭贷款		
债券投资			其他投资性负债		
基金投资			投资性负债合计		
投资性房地产			住房按揭贷款		
保单现金价值			汽车按揭贷款		
其他投资性资产			其他自用性负债		
投资性资产合计			自用性负债合计		
自用房产			负债总计		
自用汽车					
其他自用性资产			净资产总计		
自用性资产合计					
资产总计			负债和净资产总计		

【例4】下列属于个人资产负债表中的长期负债的有（　　）。

Ⅰ. 汽车贷款

Ⅱ. 主要住房贷款

Ⅲ. 房屋装修贷款

Ⅳ. 家具、用具贷款

A. Ⅰ、Ⅱ、Ⅲ　　B. Ⅰ、Ⅱ、Ⅲ、Ⅳ

C. Ⅰ、Ⅱ　　D. Ⅰ、Ⅲ、Ⅳ

【答案】B

【解析】长期负债包括主要住房贷款、第二处住房贷款、房地产投资贷款、汽车贷款、家具/用具贷款、房屋装修贷款、教育贷款。

【考点二】个人现金流量表的项目及其内容【☆☆】

（一）个人现金流量表的含义及其作用

1. 个人现金流量表的含义

个人现金流量表用于反映个人一定时期的现金收入与支出情况。现金流量表只记录涉及实际现金流入和流出的交易。那些额外收入，如红利和利息收入、人寿保险现金价值的累积及股权投资的资本利得也应列入现金流量表。

现金流量表分为收入、支出和盈余（或赤字）三部分，一般以 12 个月为一个时间段，将客户在该时期内的收入、支出情况分别列出。

2. 个人现金流量表的作用

个人现金流量表可以作为衡量个人是否合理使用其收入的工具，还可以为制定个人理财规划提供以下帮助：

（1）有助于发现个人消费方式上的潜在问题；

（2）有助于找到解决这些问题的方法；

（3）有助于更有效地利用财务资源。

（二）个人现金流量表的项目及其内容

1. 主要收入的分类、额度及其与总收入的占比情况；

2. 主要支出的分类、额度及其与总支出的占比情况；

3. 结余额度。

投资顾问对客户的现金流量表进行分析应重点关注以下方面：

①具体分析各项收入、支出的数额及其在总额中的占比；

②对客户财务状况影响较大的经常性项目应重点关注；

③分析客户的净现金流量，如果客户现金流量表的结余是赤字，说明客户财务状况欠佳。

（三）个人现金流量表样表

客户：×××

日期：××年 1 月 1 日—××年 12 月 31 日

年收入	金额（元）	占比	年支出	金额（元）	占比
工作收入			生活支出		
其中：工资和薪金			其中：日常生活支出		
先生			衣食住行		
太太			休闲娱乐、医疗		
奖金和佣金			专项支出		
先生			子女教育支出		
太太			房屋、汽车按揭还贷		
其他劳务收入			赡养支出		
投资收入			信用卡还款		
利息收入			理财支出		
资本利得			贷款投资资产项目利息支出		
租金收入			保障保险费用		
其他投资收入			投资理财咨询支出		
其他收入			其他支出		
收入总计			支出总计		
年结余					

【考点三】预测客户未来收入的方法【☆☆☆】

（一）预测客户未来收入的含义

由于客户未来收入会受到各种因素的影响而具有不确定性，从业人员应该进行两种不同的收入预测：

（1）估计客户最低情况下的收入。主要了解客户在经济萧条情况下的收入和生活质量，以及相应的保障措施。

（2）客户正常情况下的收入。客户正常情况下的收入，主要是根据以往收入和宏观经济情况下的合理预期。

在预测客户的未来收入时，可以将收入分为两类：

①常规性收入：也可称经常性收入、持久性收入，是人们可以预料的能够长期连续获得的常规性收入，一般是在上一年收入的基础上作出合理的预期，如工资、奖金和津贴、股票和债券投资收益、银行存款利息和租金收入等。特点是相对稳定，对消费支出的水平具有决定性的意义。

②临时性收入：也称暂时性收入、非常规性收入，是人们由于某种偶然的机会或特殊事件导致的收入，其包括临时性的津贴费、补助、稿费、讲课费等。特点是不可预测的，对微观消费影响较大。

一般情况下，临时性收入的消费倾向较低，从业人员应该根据客户的具体情况进行重新估计。

（二）预测客户未来收入应关注的重点

1. 尽量对比较确定的收入项目进行预测；

2. 对收入的增长率抱谨慎态度；

3. 关注收入现金流入的时间点。

【考点四】预测客户未来支出的方法【☆☆☆】

（一）预测客户未来支出的含义

在估计客户的未来支出时，从业人员需要了解两种不同状态下的客户支出：

（1）满足客户基本生活的支出。基本生活并非指仅实现基本生存状态的生活水平，而是指在保证客户正常生活水平不变的情况下，考虑了通货膨胀后的支出数额预测。

（2）客户期望实现的支出水平。有很多客户在维持现有消费水平的基础上，都期望能够进一步提高生活质量。从业人员要根据客户的要求制定出客户期望实现的支出水平。无论是预测客户基本生活必需的支出，还是其期望达到的消费水平支出，从业人员都首先要考虑客户所在地区的通货膨胀率的高低，这一数据可以从有关部门公布的经济统计指标中获得。

（二）支出预算项目的主要内容

（1）日常生活支出预算项目：衣、食、住、行、家政服务、普通娱乐休闲、医疗等方面的支出预算。

（2）专项支出预算：

①子女教育或财务支持支出预算；

②赡养支出预算；

③旅游支出；

④其他爱好支出预算；

⑤保费支出预算；

⑥本息还贷支出预算；

⑦私家车换购或保养支出预算；

⑧家居装修支出预算。

【本节学习提示】

考查重点：

①个人资产负债表的项目及其内容【注意资产、负债类别的细分】；

②预测客户未来收入的方法【注意收入与支出的分类】。

第三节 风险分析

【考点一】客户理财价值观【☆】

（一）客户理财价值观的含义

理财价值观是价值观的一种，它对个人理财方式的选择起着决定作用。

价值观因人而异，没有对错标准，同样理财价值观也因人而异。

理财价值观就是投资者对不同理财目标优先顺序的主观评价。

人在成长的过程中，受到社会环境、家庭环境、教育水平、个人经历等方面的影响，逐渐形成了自己独特的价值观。

投资顾问的责任不在于改变投资者的价值观，而是让投资者了解在不同价值观下的财务特征和理财方式。

理财价值观决定了理财目标，从而影响到理财行为。

在实际业务操作过程中，客户的理财价值观并不是一成不变的，它受到多种因素的影响，因此，客户的理财目标和理财行为都处于动态调整过程中。

（二）典型的理财价值观

1. 后享受型

将大部分选择性支出投向储蓄，维持高储蓄率，迅速积累财富，期待未来生活品质能得到提高的族群。

这类人在工作期间全力以赴、不注重眼前享受。

他们努力工作，储蓄率相对较高。

老一辈的人，或者思维比较保守的人常常采用后享受型的理财方式。他们期待未来的生活品质能得到提高，最大期待是早日达到财务独立提早退休，或者在退休后享受远高于目前消费水准的生活。其特色是工作期与退休期生活形态差异明显，先牺牲后享受。

投资顾问可以建议其投资收益较为稳定的基金或股票，如平衡型基金、投资组合保险、购买养老保险或投资型保单。

2. 先享受型

将大部分选择性支出用于现在的消费上，提高目前的生活水准的族群。

他们注重眼前的享受，对目前消费效用的要求远大于对未来更佳生活水准的期望。

持有这种价值观的人在工作期间的储蓄率较低，赚多少就花多少，因此一旦退休，其积累的净值就不够老年生活所需，往往会降低生活水准或靠生活救济维持生活。

投资顾问可以建议其投资收益稳定型基金或股票，如单一指数型基金，以及基本需求养老险。

3. 购房型

将购房作为首要理财目标，房子是他们投注资金的主要方向。义务性支出以房贷为主，对于没有房子的他们来说，储蓄的主要目标就是购房。他们为了拥有自己的房子，不惜节衣缩食，哪怕是扣除房贷后净收入所剩无几、生活水平一般，也在所不惜。

投资顾问可以建议其投资中短期表现稳定基金，以及短期储蓄险或房贷寿险。

4. 以子女为中心型

现在的消费投在子女教育上的比重偏高，或储蓄的动机是以获得子女未来接受高等教育储备金为首要目标的群体。

投资顾问可以建议其投资中长期比较看好的基金，以及子女教育基金。

【例 5】根据对义务性支出和选择性支出的不同态度，可以将理财价值观分为（　　）。

Ⅰ. 先享受型

Ⅱ. 后享受型

Ⅲ. 以子女为中心型

Ⅳ. 购房型

A. Ⅰ、Ⅲ、Ⅳ　　B. Ⅰ、Ⅱ、Ⅲ、Ⅳ
C. Ⅰ、Ⅱ、Ⅲ　　D. Ⅰ、Ⅱ、Ⅳ

【答案】B

【解析】考查客户理财价值观的类型。

【考点二】客户风险偏好的主要类型【☆】

主要类型	特点
风险厌恶型	对待风险态度消极，非常注重资金安全，不愿为增加收益而承担风险，极力回避风险。投资工具以安全性高的储蓄、国债、保险等为主。
风险偏好型	对待风险投资较为积极，愿意为获取高收益而承担高风险，不因风险的存在而放弃投资机会，重视风险分析和规避。适合此类投资模式的投资工具大多风险大、收益率高，投机成分重，如股票、期货。
风险中立型	介于风险厌恶型和风险偏好型投资者之间，期望获得较高收益，但对高风险也望而生畏。投资以储蓄、理财产品及债券为主，结合高收益的股票、基金和信托投资，优化组合模型，均衡收益风险。

【例6】张三因为曾经投资失败，不愿意再接触股票等有风险的产品，连投资顾问推荐的一些保本收益型的产品都不感兴趣，害怕再遭受损失，张三的这种态度说明了他属于（　　）投资者。

A. 风险偏好型　　B. 风险中立型　　C. 风险厌恶型　　D. 无法判断

【答案】C

【解析】考查客户的风险偏好。

【考点三】客户风险承受能力的影响因素【☆☆】

（一）年龄

一般而言，客户年龄越大，所能承受的风险越低。

通常情况下，年轻人的人生与事业刚刚起步，面临无数的机会，他们敢于尝试，敢于冒险，偏好较高风险，而等到了退休年龄，心态自然就老成持重，一般理财偏好趋于保守。

从不同年龄的个人收入来看，刚刚进入社会的年轻人，虽然储蓄较少但未来预期的收入较多，因此可以承担较高的风险；反之，即将退休的人虽然储蓄较多，但未来预期的收入会减少，因此难以承受较高的风险。

（二）受教育状况

一个人与生俱来的东西很少，后天的学习和工作是知识和经验的主要来源，受教育程度对一个人的消费观念和生活态度影响巨大，进而影响个人对理财服务的需求。

一般地，风险承受能力随着受教育程度的增加而增加。掌握专业技能和拥有高学历的人，对风险的认识更清晰，管理风险的能力更强，往往能从事高风险的投资。而对那些投资知识相对缺乏的人来说，高风险投资失败的可能性就要大得多。

（三）收入、职业和财富规模

1. 收入水平

收入的高低决定了个人及家庭的消费和积累，也决定个人对待风险的态度。

根据收入的高低，将家庭分为高收入家庭、中等收入家庭和低收入家庭。

一般而言，收入水平与风险承受能力正相关。

家庭收入的划分是随着居民财富条件变化而不断变化的，并没有统一的规则。

一般而言，家庭收入的划分具有阶段性、区域性特征。

2. 职业

职业与收入密切相关。

高收入者一般为企业老板、高薪白领、演艺人员等，高收入者由于职业原因，工作繁忙，压力大，无暇顾及个人理财问题，但对个人理财有较强的需求。

中等收入者多为社会公职人员、知识分子、个体老板、效益较好的企业管理人员，这些人收入较为稳定，对消费理财和投资理财有一定兴趣，多厌恶风险。

低收入者消费较为谨慎，注重收支的合理安排，对储蓄存款的搭配感兴趣。

3. 财富规模

收入的高低决定着财富的多少，个人生活理财的主要目标市场是财富较少的人，投资理财则把富人作为目标群体。资金充裕并不一定就意味着愿意承担更高的风险。

分析这个问题首先需要区分：

绝对风险承受能力：由一个人投入到风险资产的财富金额来衡量。

相对风险承受能力：由一个人投入到风险资产的财富比例来衡量。

绝对风险承受能力随财富的增加而增加，因为投资者将更多的财富用来投资，而相对风险承受能力则与财富多寡没有必然的直接联系。

（四）资金的投资期限

如果用于投资的一项资金可以长时间持续进行投资而无须考虑短时间内变现，那么这项投资可承受的风险能力就较强。

如果一项投资要准备随时变现，就要选择更安全流动性更好的产品，那么这项投资可承受的风险能力就较弱。

（五）理财目标的弹性

理财目标的弹性越大，可承受的风险也越高。

若理财目标时间短且完全无弹性，则采取存款以保本保息是最佳选择。

如果某项投资是为了子女的教育或者父母的赡养，那么这笔资金就必须在保证安全性的前提下在特定时间内获得理想的收益，这样的理财目标既缺乏金额弹性又没有时间弹性，对理财工具的风险偏好较低。

如果个人计划将一笔资金用于未来购车，则可以有较大的理财目标弹性，可根据收益状况来决定该笔资金的投资期限和购车的时机及档次。

（六）主观风险偏好

投资者主观上可以承受本金损失风险的程度是因人而异的。

个人的性格、阅历、胆识、意愿等主观因素所决定的个人态度，直接决定了一个人对不同风险程度产品的选择与决策。

（七）其他影响因素

1. 客户的性别

不同性别的投资者对风险的承受能力有显著不同。

受中国传统文化的影响，中国年长的女性多厌恶风险，对投资不感兴趣，在消费观念上较为保守。

年长的男性则较偏爱风险，愿意通过消费贷款来满足消费欲望，对风险投资有兴趣。

2. 家庭情况

在工薪家庭中，夫妻双方的风险承受能力高于未婚者，因为双方都有相当的经济独立能力，双份收入可以增加风险承受水平。

如果双方在经济上的依赖性比较大，负担较重，则单身的人承受风险的能力要强些。

3. 就业状况

工作是大多数人经济收入的来源，所以工作的安全性与风险承受能力的大小有很大关系。

失业的可能性越大，职业风险就越大，专业人员的风险承受能力要大于非专业人员，风险承受能力随着知识和技能熟练程度的增加而增加。

【例7】下列关于评估客户投资风险承受能力的表述，正确的是（　　）。

Ⅰ. 已退休客户，应该建议其投资保守型产品

Ⅱ. 年龄与投资风险承受能力完全无关

Ⅲ. 理财目标的弹性越大，越无法承担高风险

Ⅳ. 资金需动用的时间离现在越近，越不能承担风险

A. Ⅰ、Ⅲ　　B. Ⅰ、Ⅳ　　C. Ⅱ、Ⅲ　　D. Ⅰ、Ⅱ、Ⅳ

【答案】B

【解析】

Ⅱ项错误，一般而言，客户年龄越大，所能承受的风险越低。

Ⅲ项错误，理财目标的弹性越大，可承受的风险也越高。

【考点四】客户风险承受能力的评估方法【☆☆☆】

（一）重要性

风险承受能力是个人理财规划和投资风险管理的重要考虑因素，而现实生活中，客户往往不清楚自己的风险承受能力或风险厌恶程度，他们需要金融理财师的专业指导与评估。

风险承受能力的评估不是为了让金融理财师将自己的意见强加给客户，可接受的风险水平应该由客户自己来确定，金融理财师的角色是帮助客户认识自我，以作出客观的评估和明智的决策。

（1）确定客户风险承受能力评级，由低到高至少包括五级，并可根据实际情况进一步细分。

（2）在客户首次购买理财产品前在银行网点进行风险承受能力评估。

（3）定期或不定期地采用当面或网上银行方式对客户进行风险承受能力持续评估。

（4）制定统一的客户风险承受能力评估书。商业银行应当在客户风险承受能力评估书中明确提示，如客户发生可能影响其自身风险承受能力的情形，再次购买理财产品时应当主动要求商业银行对其进行风险承受能力评估。

（5）为私人银行客户和高资产净值客户提供理财产品销售服务应当按照规定进行客户风险承受能力评估。

（6）商业银行分支机构理财产品销售部门负责人或经授权的业务主管人员应当定期对已完成的客户风险承受能力评估书进行审核。

（7）商业银行应当建立客户风险承受能力评估信息管理系统，用于测评记录和留存客户风险承受能力评估内容和结果。

高资产净值客户是满足下列条件之一的商业银行客户：

①单笔认购理财产品不少于100万元人民币的自然人；

②认购理财产品时，个人或家庭金融净资产总计超过100万元人民币，且能提供相关证明的自然人；

③个人收入在最近三年内每年超过20万元人民币或家庭合计收入在最近三年内每年超过30万元人民币，且能提供相关证明的自然人。

（二）常见的方法

1. 定性方法和定量方法

（1）定性分析法

定性分析主要是通过与客户面对面的交谈来基本判断客户的风险属性。

定性分析主要是通过对投资者年龄、财富、工作状况、教育程度、家庭状况、性别等方面的信息进行分析，从而大致确定投资者的风险承受能力。

年龄是首要因素，年龄越大，风险承受能力越弱；

个人财富越多，风险承受能力越强；

工作越稳定，收入越高，风险承受能力也越强；

受教育程度越高，风险承受能力越强；

未婚的风险承受能力高于已婚；

男性的风险承受能力高于女性。

（2）定量分析法

定量分析法通常采用有组织的形式，如通过设计风险承受能力问卷调查表来收集客户的必要信息，进而将观察结果转化为某种形式的数值，进行分析，来判断客户的风险承受能力。设计好投资者风险承受能力问卷调查表后，根据不同的回答赋予相应的分值，然后根据得分确定其风险承受能力。

一般而言，设计问卷调查表必须遵循三个原则：

①所设计的问卷调查表必须通俗易懂，尽量避免专业词汇；

②问卷调查表问题在逻辑上前后需要保持一致；

③问卷调查表不能有影响投资者独立判断的信息。

2. 客户投资目标分析法

金融理财师首先必须帮助客户明确自己的投资目标，可以判断出客户的风险偏好类型，进而得出其风险承受能力。

如果客户最关心本金的安全性和流动性，则该客户很可能是风险厌恶者。

如果客户的主要目标是高收益，则该客户很可能是风险追求者。

3. 对投资产品的偏好分析法

衡量客户风险承受能力最直接的办法是让客户回答自己所偏好的投资产品，也可以让客户将投资产品从最喜欢到最不喜欢排序，或给每一种产品进行评级，不同级别代表客户的风险偏好程度。

调查结果的准确性取决于客户对不同投资产品风险和预期收益的熟悉程度。

4. 概率和收益的平衡分析法

（1）确定/不确定性偏好法。向客户展示两项选择，一是确定收益，二是可能收益，让客户二选一。如1000元的确定收益，与50%的获得2000元的概率。风险厌恶者会选择前者，风险追求者倾向于选择后者。

（2）最低成功概率法。设计一个两项选择题，一个选项是无风险收益，另一个选项是有风险的，但潜在收益较高，同时列示5个成功概率，即10%、30%、50%、70%和90%，问被调查者在多大的成功概率下认为两个选项是无区别的。所选的成功概率越高，说明其风险厌恶程度越高。

（3）最低收益法。要求投资者就可能的收益而不是收益概率作出选择。比如，一项投资有一半的可能损失1/3净资产，有一半的可能得到一笔收益，客户愿意承担此项风险的最低要求收益是多少。要求的收益越高，说明其风险厌恶程度越高。

【考点五】客户风险特征的内容【☆☆】

构成	具体内容
风险偏好	①反映的是客户主观上对风险的基本态度，也是一种不确定性在客户心理上产生的影响； ②影响因素多，与客户所处的文化氛围、成长环境有密切关系。
风险认知度	①反映的是客户对风险的主观评价； ②人们对风险的认知度往往取决于他的知识水平和生活经验； ③不同的人对同一风险的认知度是不同的。
实际风险承受能力	①反映的是风险在客观上对客户的影响程度； ②同一风险对不同人的影响不一样。

【考点六】客户风险特征矩阵的编制方法【☆☆☆】

客户风险特征的分析指标包括：风险承受能力和风险承受态度。

（一）风险承受能力评估

1. 年龄因素：总分50分，25岁以下者50分，每多一岁减1分，75岁以上0分。

2. 其他因素：总分50分。

分数	10分	8分	6分	4分	2分
就业状况	公教人员	上班族	佣金收入者	自营事业者	失业
家庭负担	未婚	双薪无子女	双薪有子女	单薪有子女	单薪养三代
置业状况	投资不动产	自宅无房贷	房贷<50%	房贷>50%	无自宅
投资经验	10年以上	6~10年	2~5年	1年以上	无
投资知识	有专业执照	财经专业毕业	自修有心得	懂一些	一片空白

风险承受能力总分=年龄因素分数+其他因素分数

（1）低于20分：低承受能力；

（2）20~39分：中低承受能力；

（3）40~59分：中等承受能力；

（4）60~79分：中高承受能力；

（5）高于80分：高承受能力。

（二）风险承受态度评估

1. 对本金损失的容忍程度（可承受亏损的百分比）

总分50分，不能容忍任何损失为0分，每增加1个百分点加2分，可容忍25%以上损失者为满分50分；

2. 其他心理因素：总分 50 分

分数	10 分	8 分	6 分	4 分	2 分
首要考虑因素	赚短差价	长期利得	年现金收益	抗通货膨胀保值	保本保息
过去投资绩效	只赚不赔	赚多赔少	损益两平	赚少赔多	只赔不赚
赔钱心理状态	学习经验	照常过日子	影响情绪小	影响情绪大	难以成眠
目前主要投资市场	期货	股票	房地产	债券	存款
未来回避投资市场	无	期货	股票	房地产	债券

风险承受态度评估 = 对本金损失的容忍程度 + 其他心理因素

（1）低于 20 分：低承受态度；

（2）20 ~ 39 分：中低承受态度；

（3）40 ~ 59 分：中等承受态度；

（4）60 ~ 79 分：中高承受态度；

（5）高于 80 分：高承受态度。

（三）风险特征矩阵

通过风险承受能力评估表和风险承受态度评估表，可以获得客户的风险特征。

结合风险能力和风险态度两方面的数据，可以找到客户在风险矩阵中的位置，从而为其选择合适的投资组合建议。

风险矩阵	风险能力	低能力	中低能力	中能力	中高能力	高能力
风险态度	工具	0 ~ 19 分	20 ~ 39 分	40 ~ 59 分	60 ~ 79 分	80 ~ 100 分
低态度 0 ~ 19 分	货币	70	50	40	20	10
	债券	30	40	40	50	50
	股票	0	10	20	30	40
中低态度 20 ~ 39 分	货币	40	30	20	10	10
	债券	50	50	50	50	40
	股票	10	20	30	40	50
中态度 40 ~ 59 分	货币	40	30	10	0	0
	债券	30	30	40	40	30
	股票	30	40	50	60	70
中高态度 60 ~ 79 分	货币	20	0	0	0	0
	债券	40	50	40	30	20
	股票	40	50	60	70	80
高态度 80 ~ 100 分	货币	0	0	0	0	0
	债券	50	40	30	20	10
	股票	50	60	70	80	90

银行从业人员在实际个人理财业务中，为客户进行投资组合设计时，除了考虑客户

风险特征外，还要考虑其他因素，包括利率趋势、当时市场状况及客户投资目标。

【例8】通过风险承受态度评估表在对客户的风险特征进行评估时，一个客户的每项打分都是4分，则这个客户的特点是（　　）。

Ⅰ. 首要考虑因素抗通货膨胀保值

Ⅱ. 过去投资绩效是只赔不赚

Ⅲ. 目前主要投资的市场是债券市场

Ⅳ. 未来回避投资的市场是股票市场

A. Ⅱ、Ⅳ　　B. Ⅲ、Ⅳ　　C. Ⅰ、Ⅲ　　D. Ⅰ、Ⅱ

【答案】C

【解析】一个客户的每项打分都是4分，则这个客户具有如下特征：

①首要考虑因素抗通货膨胀保值；

②过去投资绩效是赚少赔多；

③赔钱影响情绪大；

④目前主要投资的市场是债券市场；

⑤未来回避投资的市场是房地产市场。

【考点七】客户证券投资方式和产品选择的影响因素【☆】

因素	影响
投资渠道偏好	投资渠道偏好是指客户由于个人的知识、经验、工作或社会关系等原因而对某类投资渠道有特别的喜好或厌恶。银行从业人员在给客户提供财务建议的时候，要客观分析并向客户作出准确解释，在此基础上要充分尊重客户的偏好，而绝不能用自己的偏好影响客户的财务安排。
知识结构	客户个人的知识结构，尤其是对理财知识的了解程度和主动获取信息的方式对于选择投资渠道、产品和投资方式会产生影响。
生活方式	客户个人不同的生活、工作习惯对理财方式的选择也很重要，如工作繁忙的职业经理人很难有时间去盯盘炒股。
个人性格	客户个人的性格是个人主观意愿的习惯性表现，会对理财的方式和方法产生影响，比如客户不喜欢别人越俎代庖。

易混知识点分析

风险特征矩阵的位置：

【货币、债券、股票的比重】

【记忆口诀】横着看，看货币与股票，余下的便是债券所占的比重。

货币：

7、5、4、2、1

4、3、2、1、1

4、3、1、0、0

2、0、0、0、0

0、0、0、0、0

股票：

0、1、2、3、4

1、2、3、4、5

3、4、5、6、7

4、5、6、7、8

5、6、7、8、9

【本节学习提示】

考查重点：

①客户理财价值观的类型；

②客户风险偏好的类型；

③客户风险特征矩阵的位置。

第四节　目标分析

【考点一】客户证券投资需求的分类【☆☆】

（一）证券投资的作用

1. 提供了筹集资金的重要渠道

2. 有利于调节资金投向，提高资金使用效率，从而引导资源合理流动，实现资源的优化配置

3. 有利于改善企业经营管理，提高企业经济效益和社会知名度，促进企业的行为合理化

（二）客户的证券投资需求分类

1. 收入保护（如预防失去工作能力而造成生活困难）

2. 资产保护（如财产保险）

3. 客户死亡情况下的债务减免

4. 投资目标与风险预测之间的矛盾

【考点二】客户证券投资目标的内容【☆☆】

客户提出的所期望达到的目标按时间长短可以划分为：

1. 短期目标：休假、购新车、存款等
2. 中期目标：子女教育储蓄、按揭购房
3. 长期目标：退休安排、遗产安排

【考点三】客户证券投资目标分析方法【☆☆☆】

（一）客户投资目标的分析方法

时间阶段	目标	迫切性（低、中、高）	目标达到日期	所需资本来源	备注
短期	税务负担最小化				
	筹集紧急备用金				
	减少债务				
	投资股票市场				
	控制开支预算				
	其他短期目标				
中期	筹集住房资金				
	寿险、财险和个人债务				
	提高保险保障				
	启动个人生意				
	其他中期目标				
长期	建立退休基金				
	有效地为继承人分配不动产				
	其他长期目标				

（二）理财目标确定的步骤

1. 充分了解客户的信息，包括基本信息、财务信息、风险偏好、理财的期望目标等

2. 初步拟定客户的理财目标，并征询客户的意见并取得客户的确认。若客户明确表示反对，从业人员应要求客户以书面方式提出自己的理财目标

3. 如果在制定投资方案的过程中，从业人员计划对已确定的投资目标进行改动，必须对客户说明，并征得客户同意

（三）理财目标确定的原则

1. 投资目标要具有现实可行性

2. 投资目标要具体明确

3. 投资期限要明确
4. 投资目标的实现要有一定的时间弹性和金额弹性
5. 投资目标要与客户总体理财目标相一致
6. 投资目标要与其他目标相协调，避免冲突
7. 投资目标要兼顾不同期限和先后顺序

【本节学习提示】

考查重点：

①客户证券投资目标的内容【区分短期、中期、长期】；

②客户证券投资目标的分析方法【区分短期、中期、长期】；

③理财目标确定的原则。

同步真题练习

1. 根据风险矩阵，对于高态度、低能力的投资者，下列最适合的是（　　）。

A. 货币 40% + 债券 30% + 股票 30%　　B. 货币 0% + 债券 50% + 股票 50%

C. 货币 70% + 债券 30% + 股票 0%　　D. 货币 10% + 债券 50% + 股票 40%

2. 关于客户风险特征矩阵，下列说法正确的是（　　）。

A. 风险矩阵的风险承受能力因素被划分为低能力、中低能力、中高能力、高能力四个类型

B. 风险矩阵综合了两方面的因素，即风险承受能力和损失容忍度

C. 风险矩阵根据两方面因素的评级，共产生 16 种可能的投资建议

D. 风险矩阵的投资工具主要是货币、债券、股票

3. 一笔交易使得资产负债表中总资产项和总负债项都减少了 15000 元，这可能是由下列（　　）交易产生的。

A. 使用现金偿还银行贷款 15000 元　　B. 价值 15000 元的资产被大火销毁

C. 使用 15000 元现金购买二手铲车　　D. 收到 15000 元的应收账款

4. 下列关于资产负债表的表述，错误的是（　　）。

A. 当负债相对于所有者权益过高时，个人就容易出现财务危机

B. 净资产就是资产减去负债

C. 活期存款、股票、债券、基金等变现较快，属于流动资产

D. 分析客户的资产负债表是财务规划和投资组合的基础

5. 现金流量表中，下列（　　）项目可以不列入表内。

A. 资本利得　　B. 工资收入　　C. 股票市值　　D. 保单分红所得

6. 下列关于评估客户投资风险承受度的表述，错误的是（　　）。

A. 年轻人一般偏好较高风险

B. 资金需动用的时间离现在越近，越不能承担风险

C. 年龄越低，人力资本越高，所能承受的风险越大

D. 已退休客户，应该建议其投资保守型产品

7. 客户主观上对风险的基本度量是指（　　）。

A. 风险偏好　　B. 实际风险承受能力

C. 客户全部的风险特征　　D. 风险认知度

8. 以下投资者中，（　　）不是高资产净值客户。

Ⅰ. 小王单笔认购理财产品 150 万元人民币

Ⅱ. 小李购买理财产品时，出示 120 万元个人储蓄存款证明

Ⅲ. 小张提供了最近三年的收入证明，每年不低于 20 万元

Ⅳ. 小赵提供了最近三年每年 28 万元的家庭收入证明

A. 小王　　B. 小张　　C. 小赵　　D. 小李

9. 从理财价值观角度分析，李女士通常将其支出用在提高自身目前的生活水准上，她更加注重眼前的享受，往往赚多少花多少，可以判断李女士属于（　　）人群。

A. 后享受型　　B. 先享受型　　C. 购房型　　D. 以子女为中心型

10. 通常说欧美人喜欢冒险，中国人追求平安是福。这反映了两国客户的风险特征是（　　）。

A. 风险分布　　B. 风险认知度　　C. 风险偏好　　D. 风险承受力

11. 证券投资顾问业务中，对客户次级信息收集的方法一般是（　　）。

A. 交谈　　B. 税务机关公布

C. 调查问卷　　D. 平时收集、积累并建立数据库

12. 下列关于客户投资目标分类的说法中，错误的是（　　）。

A. 按照时间的长短可以分为短期目标、中期目标和长期目标

B. 休假、购置新车等属于短期目标

C. 短期、中期、长期目标之间的界限是绝对分明的

D. 退休保障安排、遗产安排等属于长期目标

13. 对于个人风险承受能力评估方法中的定性方法和定量方法，下列说法正确的是（　　）。

A. 定量评估方法不需要对所收集的信息予以量化

B. 定量评估方法主要通过面对面的交谈来收集客户的必要信息

C. 定性评估方法通常采用有组织的形式（如调查问卷）来收集信息

D. 定性评估方法主要通过面对面的交谈来收集客户的必要信息，但没有严格的量化关系

14. 按照理财规划需要对客户信息进行分类，可分为（　　）。

Ⅰ. 基本信息

Ⅱ. 财务信息

Ⅲ. 个人兴趣及人生规划和目标

Ⅳ. 诚信信息

A. Ⅰ、Ⅱ、Ⅲ、Ⅳ　　B. Ⅰ、Ⅱ、Ⅲ

C. Ⅰ、Ⅱ、Ⅳ　　D. Ⅱ、Ⅲ、Ⅳ

15. 关于个人风险承受能力的评估方法，下列说法错误的是（　　）。

Ⅰ. 定性分析法可基本判断客户的风险属性，调查问卷是其常采用的形式

Ⅱ. 衡量客户风险承受能力最直接的方式是调查问卷

Ⅲ. 对概率和收益进行权衡时，有风险收益常用的五个成功概率为10%、30%、50%、70%、90%

Ⅳ. 在明确客户投资目标时，若客户最关心本金流动性，则很可能是风险追求者

A. Ⅰ、Ⅲ、Ⅳ　　B. Ⅰ、Ⅱ、Ⅳ　　C. Ⅱ、Ⅲ、Ⅳ　　D. Ⅰ、Ⅱ、Ⅲ

16. 一般而言，风险偏好型客户会倾向于选择（　　）。

Ⅰ. 垃圾债券

Ⅱ. 股指期货

Ⅲ. 投资于新兴产业的股票型基金

Ⅳ. 货币型基金

A. Ⅰ、Ⅱ、Ⅲ、Ⅳ　　B. Ⅱ、Ⅲ、Ⅳ

C. Ⅰ、Ⅱ、Ⅲ　　D. Ⅰ、Ⅳ

17. 个人风险承受能力常用的评估方法主要包括（　　）。

Ⅰ. 投资组合分析法

Ⅱ. 定性分析方法与定量分析方法结合

Ⅲ. 客户投资目标

Ⅳ. 概率与收益的权衡

A. Ⅰ、Ⅱ、Ⅲ　　B. Ⅰ、Ⅱ、Ⅳ　　C. Ⅱ、Ⅲ、Ⅳ　　D. Ⅰ、Ⅱ、Ⅲ、Ⅳ

18. 属于客户理财需求短期目标的有（　　）。

Ⅰ. 分期付款买房

Ⅱ. 子女教育储蓄

Ⅲ. 筹集紧急备用金

Ⅳ. 计划去东南亚度假

A. Ⅰ、Ⅲ　　B. Ⅰ、Ⅳ　　C. Ⅱ、Ⅲ　　D. Ⅲ、Ⅳ

19. 计算风险承受能力总分时应计 10 分的情形有（　　）。

Ⅰ. 年龄 45 岁

Ⅱ. 双薪无子女

Ⅲ. 职业为国家公务员

Ⅳ. 有 10 年以上投资经验

A. Ⅱ、Ⅳ　　B. Ⅰ、Ⅲ　　C. Ⅰ、Ⅱ　　D. Ⅲ、Ⅳ

20. 会影响客户理财方式和产品选择的情形有（　　）。

Ⅰ. 客户对债券投资有特别的喜好

Ⅱ. 客户毕业于财经类院校，系统学习过理财投资方面的知识

Ⅲ. 客户平时工作比较繁忙，很难有时间盯盘炒股

Ⅳ. 客户并不喜欢别人越俎代庖

A. Ⅰ、Ⅱ、Ⅳ　　B. Ⅰ、Ⅲ

C. Ⅰ、Ⅱ、Ⅲ、Ⅳ　　D. Ⅲ、Ⅳ

答案与解析

1. **【答案】** B

【解析】 风险矩阵是根据投资者的风险态度和风险能力将投资组合分为 25 种。其中，对于高态度、低能力的投资者，适合投资债券和股票各 50% 。

2. **【答案】** D

【解析】 风险矩阵综合了风险承受能力和风险承受态度两方面的因素。其中，风险承受能力被划分为低风险承受能力、中低风险承受能力、中等风险承受能力、中高风险承受能力和高风险承受能力五种类型，风险承受态度也被划分为五种类型。因此，根据两方面因素的评级，共产生 25 种可能的投资建议。风险特征矩阵中的投资工具主要是货币、债券和股票。

3. **【答案】** A

【解析】

A 项会使现金和银行借款同时减少 15000 元。

B 项会使资产减少 15000 元，负债不变。

C 项会使现金减少 15000 元，固定资产增加 15000 元，属于资产内部的变动，不影响负债。

D 项会使现金增加 15000 元，应收账款减少 15000 元，属于资产内部的变动，不影响负债。

4. 【答案】C

【解析】C 项，在个人资产负债表中，流动资产主要有现金、存款和货币市场基金等。股票和债券属于投资资产。

5. 【答案】C

【解析】现金流量表用来说明在过去一段时期内个人的现金收入和支出情况。现金流量表只记录涉及实际现金流入和流出的交易。那些额外收入，如红利和利息收入、人寿保险现金价值的累积以及股权投资的资本利得也应列入现金流量表。

6. 【答案】C

【解析】一般而言，客户年龄越大，所能够承受的投资风险越低。通常情况下，年轻人的人生与事业刚刚起步，面临着无数的机会，他们敢于尝试、敢于冒险，偏好较高风险。但这并不表示年龄越小，所能承受的风险越大。

7. 【答案】D

【解析】客户的风险特征由以下三个方面构成：

①风险偏好，反映客户主观上对风险的态度；

②风险认知度，反映客户主观上对风险的基本度量；

③实际风险承受能力，反映风险客观上对客户的影响程度。

8. 【答案】C

【解析】高资产净值客户是满足下列条件之一的客户：

①单笔认购理财产品不少于 100 万元人民币的自然人；

②认购理财产品时，个人或家庭金融净资产总计超过 100 万元人民币，且能提供相关证明的自然人；

③个人收入在最近三年每年超过 20 万元人民币或者家庭合计收入在最近三年内每年超过 30 万元人民币，且能提供相关证明的自然人。

9. 【答案】B

【解析】根据对义务性支出和选择性支出的不同态度，可以将理财价值观划分为后享受型、先享受型、购房型和以子女为中心型四种比较典型的理财价值观。其中，先享受型客户是将大部分选择性支出用于现在的消费上，提高目前的生活水准的群体。他们注重眼前的享受，对目前消费效用的要求远大于对未来更佳生活水准的期望。

10. 【答案】C

【解析】不同的行为者对风险的态度是存在差异的，一部分人可能喜欢大得大失的刺激，另一部分人则可能更愿意“求稳”。根据投资者对风险的偏好将其分为风险厌恶型、风险偏好型和风险中立型，风险偏好反映的是客户主观上对风险的态度，与其所处的文化氛围、成长环境等有很深的联系。

11.【答案】D

【解析】

次级信息是指从政府部门或金融机构公布的信息中获得的宏观经济信息。

次级信息的涉及面广，很多内容容易获得，只需要从业人员在平日的工作中注意收集和积累，建立专门数据库，以便随时调用。

12.【答案】C

【解析】按照时间的长短可以将证券投资目标分为短期目标（如休假、购置新车、存款）、中期目标（子女的教育储蓄、按揭买房）和长期目标（退休、遗产）。短期目标、中期目标和长期目标之间的界限并不是绝对的；相同的投资目标对于不同的客户其分类可能不同，需要根据客户的实际情况来界定和划分。

13.【答案】D

【解析】定性评估方法主要通过面对面的交谈来收集客户的必要信息，但没有对所收集的信息给予量化；定量评估方法通常采用有组织的形式（如调查问卷）来收集信息，进而可以将观察结果转化为某种形式的数值，即定量评估方法要求对所收集的信息给予量化，用以判断客户的风险承受能力。

14.【答案】B

【解析】按照理财规划需要对客户信息进行分类，可分为基本信息、财务信息、个人兴趣及人生规划和目标，故Ⅰ、Ⅱ、Ⅲ项正确。

15.【答案】B

【解析】

Ⅰ项说法错误，定性分析法可基本判断客户的风险属性，面对面交谈是其常采用的形式。

Ⅱ项说法错误，通过面对面交谈，让客户回答自己所偏好的理财产品是衡量客户风险承受能力最直接的方式。

Ⅳ项说法错误，在明确客户投资目标时，若客户最关心本金流动性，则该客户很可能是风险厌恶者。

16.【答案】C

【解析】风险偏好型客户对待风险投资较为积极，愿意为获取高收益而承担高风险，重视风险分析和规避，不因风险的存在而放弃投资机会。

17.【答案】C

【解析】风险承受能力常见的评估方法有：

①定性分析方法和定量分析方法相结合；

②客户投资目标；

③对投资产品的偏好；

④概率和收益的权衡。

18.【答案】D

【解析】客户理财需求的短期目标有休假、购置新车、存款、税务负担最小化、筹集紧急备用金、减少债务、投资股票市场、控制开支预算等。Ⅰ、Ⅱ两项属于客户理财需求的中期目标。

19.【答案】D

【解析】考查风险承受能力评估，详见下表。

分数	10 分	8 分	6 分	4 分	2 分
就业状况	公教人员	上班族	佣金收入者	自营事业者	失业
家庭负担	未婚	双薪无子女	双薪有子女	单薪有子女	单薪养三代
置业状况	投资不动产	自宅无房贷	房贷 < 50%	房贷 > 50%	无自宅
投资经验	10 年以上	6 ~ 10 年	2 ~ 5 年	1 年以上	无
投资知识	有专业执照	财经专业毕业	自修有心得	懂一些	一片空白

20.【答案】C

【解析】客户的风险特征包括：风险偏好、风险认知度、实际风险承受能力。除了其风险特征外，还有许多其他的理财特征会对客户理财方式和产品选择产生很大的影响，如投资渠道偏好、知识结构、生活方式、个人性格等。

本章总结

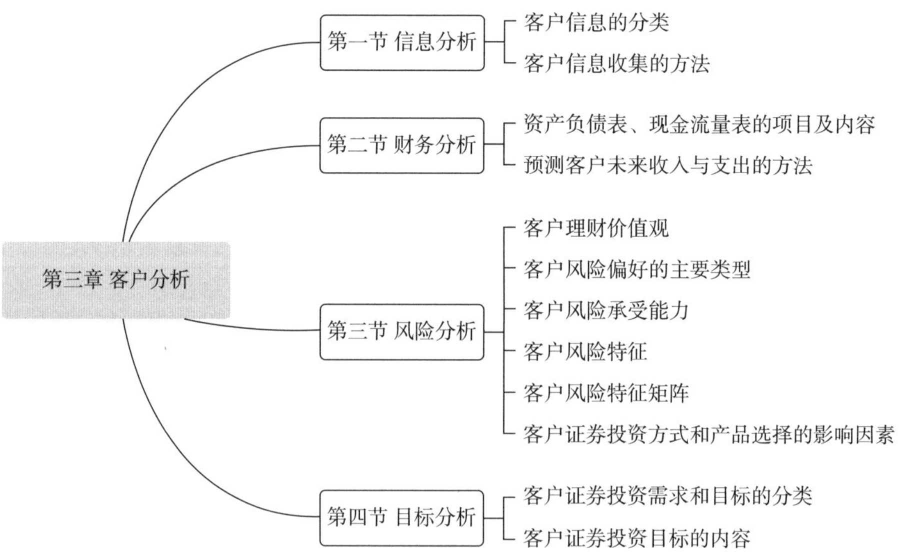

第四章　证券分析

【考情早知道】

本章在证券投资顾问考试中，属于重难点章节，考核难度较高，主要介绍证券投资分析的基本分析法和技术分析法，属于理解加识记双重要求的内容，分值占比在25%左右。

本章内容是整个考试中最多的，也是考点最密集的，考试要通过，本章必须掌握好，学习过程中需要特别关注。

【本章知识概览】

小节	考点	备考指数
第一节　基本分析	证券分析方法的主要类型	☆☆
	基本分析、技术分析和量化分析的基本原理	☆
	基本分析的两种主要方法	☆
	由上而下分析法	☆☆
	由下而上分析法	☆☆
	宏观经济分析的主要内容	☆☆
	证券市场的供求关系分析	☆☆☆
	证券市场传导宏观经济政策的主要途径和内在机制	☆☆
	行业分析的主要内容	☆☆
	行业竞争情况分析的主要内容和基本方法	☆☆
	行业生命周期分析的主要内容和基本方法	☆☆
	公司分析的主要内容	☆☆
	公司财务报表分析的主要方法	☆☆☆
	分析公司资本结构、偿债能力、盈利能力、营运能力、成长能力和现金流量等主要财务比率指标	☆☆☆
	公司杜邦分析	☆☆☆
	公司分红派息	☆☆☆

小节	考点	备考指数
第一节　基本分析	证券估值在公司未来财务预测中的应用分析	☆☆☆
	证券估值方法的主要类型	☆☆
	股息贴现模型和股息增长模型等绝对估值方法	☆☆☆
	市盈率和资本资产定价模型等相对估值法	☆☆☆
第二节　技术分析	技术分析的基本假设	☆
	技术分析使用的线形图、棒形图、阴阳矩形图和点数图	☆☆
	技术分析的趋势线	☆☆
	技术分析的阻力位与支持位	☆☆
	移动平均数、相对强弱指数、移动平均值背离指标等常用技术分析指标	☆☆☆
	道氏理论和艾氏波浪理论两种技术分析方法	☆☆
	技术分析方法的分类及其特点	☆☆
	技术分析的应用前提和适用范围	☆
	技术分析方法的局限性	☆
	总体、样本和统计量的含义	☆☆
	统计推断的参数估计	☆☆
	统计推断的假设检验	☆☆
	常用统计软件及其应用	☆☆

【考点详解】

第一节　基本分析

【考点一】证券分析方法的主要类型【☆☆】

1. 基本分析法
2. 技术分析法
3. 量化分析法

【考点二】基本分析法、技术分析法、量化分析法的基本原理【☆】

（一）基本分析法的基本原理

1. 基本分析法的含义

又称基本面分析法，是指证券分析师根据经济学、金融学、财务管理学及投资学等基本原理，对决定证券价值及价格的基本要素，如宏观经济指标、经济政策走势、行业发展状况、产品市场状况、公司销售和财务状况等进行分析，评估证券的投资价值，判断证券的合理价位，提出相应投资建议的一种分析方法。

2. 基本分析法的两个假设

（1）股票的价值决定其价格；

（2）股票的价格围绕价值波动。

3. 基本分析法的主要内容

（1）宏观经济分析；

（2）行业和区域分析；

（3）公司分析。

（二）技术分析法的基本原理

1. 技术分析法的含义

技术分析法：单纯从证券的市场行为分析证券价格未来变化趋势的方法。

证券的市场行为最基本的表现形式：证券的市场价格、成交量、价和量的变化以及完成这些变化所经历的时间。

2. 技术分析法的要素

证券市场中，价格、成交量、时间和空间是技术分析的要素。

价和量是市场行为最基本的表现。过去和现在的成交价、成交量涵盖了过去和现在的市场行为。

技术分析就是利用过去和现在的成交量、成交价资料，以图形和指标分析工具来分析、预测未来的市场走势。

在某一时点上的价和量反映的是买卖双方在这一时点上共同的市场行为、是双方的暂时均势点。随着时间的变化，均势会不断发生变化，这就是价量关系的变化。

3. 技术分析法的应用

（1）技术分析必须与基本分析结合起来使用；

（2）多种技术分析方法综合研判；

（3）理论与实践相结合。

（三）量化分析法的基本原理

量化分析法：利用统计、数值模拟和其他定量模型进行证券市场相关研究的一种方法具有“使用大量数据、模型和电脑” 的显著特点，广泛应用于解决证券估值、组合构造与优化策略制定、绩效评估、风险计量与风险管理等投资相关问题，是继传统的基本分析和技术分析之后发展起来的一种重要的证券投资分析方法。

（四）证券投资分析应注意的问题

证券分析师进行证券投资分析时，应当注意每种方法的适用范围及各种方法的结合使用：

1. 基本分析法

(1) 优点：能够从经济和金融层面揭示证券价格决定的基本因素及这些因素对价格的影响方式和影响程度。

(2) 缺点：对基本面数据的真实、完整性具有较强依赖，对短期价格走势的预测能力较弱。

2. 技术分析法

(1) 优点：直接选取公开的市场数据，采用图表等方法对市场走势作出直观解释。

(2) 缺点：缺乏牢固的经济金融理论基础。对证券价格行为模式的判断有很大随意性，受到学术界的批评。技术分析考虑问题的范围相对较窄，对市场长远的趋势不能进行有益的判断。

3. 量化分析法

(1) 优点：较多采用复杂的数理模型和计算机数值模拟，能够提供较为精细化的分析结论。

(2) 缺点：对使用者的定量分析技术有较高要求，不易为普通公众所接受。所采用的各种数理模型本身存在模型风险，一旦外部环境发生较大变化，原有模型的稳定性就会受影响。量化分析法往往需要和程序化交易技术相结合，对交易系统的速度和市场数据的精确度有较高要求，在一定程度上限制了其应用范围。

【例 1】 目前，证券投资分析所采用的方法主要有（　　）。

Ⅰ. 技术分析法

Ⅱ. 基本分析法

Ⅲ. 概率分析法

Ⅳ. 量化分析法

A. Ⅰ、Ⅱ、Ⅳ　　B. Ⅰ、Ⅲ　　C. Ⅱ、Ⅲ、Ⅳ　　D. Ⅰ、Ⅱ、Ⅲ、Ⅳ

【答案】 A

【解析】 证券投资分析所采用的三大方法：

1. 基本分析法；

2. 技术分析法；

3. 量化分析法。

【例 2】 关于基本分析法，下列说法正确的是（　　）。

A. 对决定证券价值及价格的基本要素进行分析，评估证券的投资价值，判断证券的合理价位并提出相应投资建议的一种分析方法

B. 利用统计模型来解决证券估值、证券投资组合的构造与优化等

C. 根据股票的供求关系变化来预测市场运行趋势

D. 利用证券市场的价、量指标等分析判断市场的运行趋势

【答案】A

【解析】基本分析法是指证券分析师根据经济学、金融学、财务管理学及投资学等基本原理，对决定证券价值及价格的基本要素进行分析，评估证券的投资价值，判断证券的合理价位，并提出相应投资建议的一种分析方法。

【考点三】证券投资基本分析的两种主要方法【☆】

（一）自上而下分析法

1. 自上而下分析法的基本原理

先从经济面和资本市场的分析出发，重视对于大环境变量的考虑，挑选未来前景较好的产业，之后再从所选的产业中挑出较具有竞争力和绩效不错的公司。

2. 主要步骤和内容

（1）宏观经济分析

①宏观经济形势分析（GDP及其增长率分析、经济周期分析、通货膨胀分析）。

②宏观经济政策分析（货币政策、财政政策、汇率政策）。

（2）证券市场分析

①证券市场供给的决定因素，如宏观经济环境、发行上市制度、市场设立制度、股权流通制度、上市公司质量等。

②证券市场需求的决定因素，如宏观经济环境、市场准入制度、利率水平、个人投资者的金融资产结构、机构投资者的数量和类型、市场的对外开放等。

（3）行业和区域分析

①行业分析：行业所属的不同市场类型、所处的不同生命周期以及行业业绩对证券价格的影响。

②区域分析：区域经济因素对证券价格的影响。

（4）公司分析（基本分析的重点）

侧重对公司的竞争能力、盈利能力、经营管理能力、发展潜力、财务状况、经营业绩以及潜在风险等进行分析，借此评估和预测证券的投资价值、价格及其未来变化的趋势。

（二）自下而上分析法

1. 基本原理

按照公司分析、行业和区域分析、证券市场分析、宏观经济分析的顺序进行投资分析。

通过某些数量指标（如营业收入增长率、净资产收益率等）筛选出符合标准的公司，再进行公司、行业、证券市场分析和宏观经济分析。

2. 主要步骤和内容

（1）公司分析；

（2）行业和区域分析；

（3）证券市场分析；

（4）宏观经济分析。

【例3】 基本分析中由上而下分析法的分析流程是（　　）。

A. 宏观经济分析→行业分析→公司分析

B. 区域分析→产业分析→宏观分析

C. 行业分析→宏观分析→公司分析

D. 公司估值→公司财务分析

【答案】 A

【解析】 自上而下分析法的主要步骤：

（1）宏观经济分析；

（2）证券市场分析；

（3）行业和区域分析；

（4）公司分析。

【考点四】宏观经济分析的主要内容【☆☆】

（一）宏观经济运行分析

1. 宏观经济运行对证券市场的影响

宏观经济因素是影响证券市场长期走势的唯一因素。宏观经济运行对证券市场的影响主要表现在：

（1）企业经济效益

①如果公司经营随宏观经济运行趋好而改善，盈利水平提高，其股价也会上涨。

②如果政府采取紧缩的宏观经济政策，紧缩银根，企业的投资和经营会受到影响，盈利下降，证券市场市值也会遭受重创。

（2）居民收入水平

①在经济周期处于上升阶段或在提高居民收入政策的作用下，居民收入水平提高将会在一定程度上拉动消费需求，从而增加相关企业的经济效益。

②居民收入水平的提高也会直接促进证券市场投资需求的提高。

（3）投资者对股价的预期

当宏观经济趋好时，投资者预期公司效益和自身的收入水平会上升，证券市场自然人气旺盛，推动市场平均价格走高；反之则下降。

（4）资金成本

当国家经济政策发生变化（如采取调整利率水平、实施消费信贷政策、征收利息税等政策），居民、单位的资金持有成本将随之变化。

【例4】宏观经济运行对证券市场的影响主要表现在（　　）。

Ⅰ. 企业经济效益

Ⅱ. 居民收入水平

Ⅲ. 投资者对股价的预期

Ⅳ. 资金成本

A. Ⅰ、Ⅱ　　B. Ⅰ、Ⅲ　　C. Ⅱ、Ⅲ、Ⅳ　　D. Ⅰ、Ⅱ、Ⅲ、Ⅳ

【答案】D

【解析】

宏观经济运行对证券市场的影响表现在：企业经济效益、居民收入水平、投资者对股价的预期、资金成本。

宏观经济变动对证券市场的影响表现在：国内生产总值变动、经济周期变动、通货变动。

2. 宏观经济变动对证券市场的影响分析

（1）国内生产总值变动

①持续、稳定、高速的GDP增长：在这种情况下，社会总供给与社会总需求协调增长，经济结构逐步合理，趋于平衡，经济增长来源于需求刺激并使得闲置的或利用率不高的资源得以更充分利用，从而表明经济发展势头良好，证券市场将呈现上升走势。

②高通货膨胀下的GDP增长：当经济处于严重失衡下的高速增长时，总需求大大超过总供给，这将表现为高的通货膨胀率，这是经济形势恶化的征兆，如不采取调控措施，必将导致未来的滞胀。这时经济中的各种矛盾会突出表现出来，企业经营将面临困境，居民实际收入也将降低，因而失衡的经济增长必将导致证券市场行情下跌。

③宏观调控下的GDP减速增长：当GDP呈失衡的高速增长时，政府可能采取宏观调控措施以维持经济的稳定增长，这样必然减缓GDP的增长速度。这时证券市场也将反映这种好的形势而呈平稳渐升的态势。

④转折性的GDP变动：如果GDP一定时期以来呈负增长，当负增长速度逐渐减缓并呈现向正增长转变的趋势时，表明恶化的经济环境逐步得到改善，证券市场走势也将由下跌转为上升。

当GDP由低速增长转向高速增长时，表明低速增长中，经济结构得到调整，经济的瓶颈制约得以改善，新一轮经济高速增长已经来临，证券市场亦将伴之以快速上涨之势。

【注意】证券市场一般提前对GDP的变动作出反应。即证券市场是反映预期的GDP变动，而GDP的实际变动被公布时，证券市场只反映实际变动与预期变动的差别，因而对GDP变动进行分析时必须着眼于未来，这是最基本的原则。

由于影响证券市场走势的因素很多，有时一国证券市场与本国GDP走势在2～5年内都有可能出现背离。

（2）经济周期变动

经济周期是一个连续不断的过程，表现为扩张和收缩的交替出现。股价波动与经济周期相互关联。

①经济总是处在周期性运动中。股价伴随经济周期相应波动，但股价的波动超前于经济运动，股价波动是永恒的。

②收集有关宏观经济资料和政策信息，随时注意经济发展动向。正确把握当前经济发展处于经济周期的何种阶段，对未来作出正确判断。

③把握经济周期，认清经济形势。不要被股价的小涨、小跌迷惑而追逐小利或回避小失，对中长期投资者尤为重要。

（3）通货变动

Ⅰ. 通货膨胀对证券市场的影响：

①温和的、稳定的通货膨胀对股价的影响较小。通货膨胀提高了债券的必要收益率，从而引起债券价格下跌。

②如果通货膨胀在一定的可容忍范围内持续，而经济处于景气阶段，产量和就业都持续增长，那么股价也将持续上升。

③严重的通货膨胀是很危险的，经济将被严重扭曲，货币加速贬值，这时人们将会囤积商品、购买房屋等进行保值。

④政府往往不会长期容忍通货膨胀存在，因而必然会使用某些宏观经济政策工具来抑制通货膨胀，这些政策必然对经济运行造成影响。

⑤通货膨胀时期，并不是所有价格和工资都按同一比率变动，而是相对价格发生变化。这种相对价格变化引致财富和收入的再分配，因而某些公司可能从中获利而另一些公司可能蒙受损失。

⑥通货膨胀不仅产生经济影响，还可能产生社会影响，并影响投资者的心理和预期，从而对股价产生影响。

⑦通货膨胀使得各种商品价格具有更大的不确定性，也使得企业未来经营状况具有更大的不确定性，从而增加证券投资的风险。

⑧通货膨胀对企业的微观影响：通货膨胀之初，税收效应、负债效应、存货效应和波纹效应等都有可能刺激股价上涨。但长期严重的通货膨胀必然恶化经济环境、社会环境，股价将受大环境影响而下跌。

Ⅱ. 通货紧缩对证券市场的影响：

①消费者的角度：通货紧缩持续下去，使消费者对物价的预期值下降，而更多地推迟购买。

②投资者的角度：通货紧缩将使投资产出的产品未来价格低于当前预期，促使投资

者更加谨慎或推迟原有投资计划。

③利率的角度：通货紧缩形成了利率下调的稳定预期，由于真实利率等于名义利率减去通货膨胀率，下调名义利率降低了社会的投资预期收益率，导致有效需求和投资支出进一步减少，工资降低，失业增加，企业的效益下滑，居民收入减少，引致物价更大幅度的下降。

【例5】下列关于GDP与证券市场波动关系的表述，错误的是（　　）。

A. GDP负增长速度逐渐减缓并呈现向正增长转变的趋势时，证券市场走势将由下跌转为上升

B. GDP增长证券市场必将同步上升

C. 持续、稳定、高速的GDP增长，证券市场将呈现上升走势

D. 高通货膨胀下的GDP增长，失衡的经济增长将导致证券市场行情下跌

【答案】B

【解析】B项，从长期看，在上市公司的行业结构与该国产业结构基本一致的情况下，股票平均价格的变动与GDP的变化趋势是相吻合的。但不能简单地认为GDP增长，证券市场就必将伴之以上升的走势，实际走势有时恰恰相反。

【例6】下列有关通货膨胀对证券市场的影响，说法正确的是（　　）。

Ⅰ. 温和的、稳定的通货膨胀对股价的影响较小，通货膨胀提高了债券的必要收益率，从而引起债券价格下跌

Ⅱ. 如果通货膨胀在一定的可容忍范围内持续，而经济处于景气阶段，产量和就业都持续增长，那么股价也将持续上升

Ⅲ. 通货膨胀不仅产生经济影响，还可能产生社会影响，并影响投资者的心理和预期，从而对股价产生影响

Ⅳ. 通货膨胀使得各种商品价格具有更大的不确定性，也使得企业未来经营状况具有更大的不确定，从而增加证券投资的风险

A. Ⅰ、Ⅱ　　B. Ⅱ、Ⅲ　　C. Ⅱ、Ⅲ、Ⅳ　　D. Ⅰ、Ⅱ、Ⅲ、Ⅳ

【答案】D

【解析】

通货膨胀对证券市场的影响：

①温和的、稳定的通货膨胀对股价的影响较小。通货膨胀提高了债券的必要收益率，从而引起债券价格下跌。

②如果通货膨胀在一定的可容忍范围内持续，而经济处于景气阶段，产量和就业都持续增长，那么股价也将持续上升。

③严重的通货膨胀是很危险的，经济将被严重扭曲，货币加速贬值，这时人们将会囤积商品、购买房屋等进行保值。

④政府往往不会长期容忍通货膨胀存在，因而必然会使用某些宏观经济政策工具来抑制通货膨胀，这些政策必然对经济运行造成影响。

⑤通货膨胀时期，并不是所有价格和工资都按同一比率变动，而是相对价格发生变化。这种相对价格变化引致财富和收入的再分配，因而某些公司可能从中获利而另一些公司可能蒙受损失。

⑥通货膨胀不仅产生经济影响，还可能产生社会影响，并影响投资者的心理和预期，从而对股价产生影响。

⑦通货膨胀使得各种商品价格具有更大的不确定性，也使得企业未来经营状况具有更大的不确定性，从而增加证券投资的风险。

⑧通货膨胀对企业的微观影响：通货膨胀之初，税收效应、负债效应、存货效应和波纹效应等都有可能刺激股价上涨。但长期严重的通货膨胀必然恶化经济环境、社会环境，股价将受大环境影响而下跌。

（二）宏观经济政策分析

一、财政政策

1. 概念

政府依据客观经济规律制定的指导财政工作和处理财政关系的一系列方针、准则和措施的总称。

2. 财政政策的手段及其对证券市场的影响

（1）国家预算**【主要手段】**

国家预算收支的规模和收支平衡状态可以对社会供求的总量平衡产生影响。国家预算的支出方向可以调节社会总供求的结构平衡。

（2）税收

税收具有强制性、无偿性和固定性的特征，它既是筹集财政收入的主要工具，又是调节宏观经济的重要手段。

（3）国债

国家按有偿信用原则筹集财政资金的一种形式。国债可以调节国民收入的使用结构和产业结构，用于农业、能源、交通和基础设施等国民经济的薄弱部门和瓶颈产业的发展，调整固定资产投资结构，促进经济结构的合理化。政府可以通过发行国债调节资金供求和货币流通量。国债的发行对证券市场资金的流向格局也有较大影响。如果一段时间内国债发行量较大且具有一定的吸引力，将会分流证券市场的资金。

（4）财政补贴

主要包括价格补贴、企业亏损补贴、财政贴息、房租补贴、职工生活补贴和外贸补贴等。

（5）财政管理体制

主要功能是调节各地区各部门之间的财力分配。

（6）转移支付制度

主要功能是调整中央政府与地方政府之间的财力纵向不平衡，调整地区间财力横向不平衡。

3. 财政政策的种类及其对证券市场的影响

（1）扩张性财政政策

政府积极投资于能源、交通、住宅等建设，从而刺激相关产业如水泥、钢材、机械等行业的发展。扩张性财政政策将刺激经济发展，证券市场将走强。

（2）紧缩性财政政策

政府财政在保证各种行政与国防开支外，并不从事大规模的投资。紧缩性财政政策将使得过热的经济受到控制，证券市场也将走弱。

（3）中性财政政策

【实行积极的财政政策对证券市场的影响】

（1）减少税收，降低税率，扩大减免税范围；

（2）扩大财政支出，加大财政赤字；

（3）减少国债发行（或回购部分短期国债）；

（4）增加财政补贴。

4. 正确运用财政政策为证券投资决策服务，应把握：

（1）关注有关的统计资料信息，认清经济形势。

（2）从各种媒介中了解经济界人士对当前经济形势的看法，关心政府有关部门主要负责人的日常讲话，分析其经济观点、主张，从而预见政府可能采取的经济措施和采取措施的时机。

（3）分析过去类似形势下的政府行为及其经济影响，据此预期政策倾向和相应的经济影响。

（4）关注年度财政预算，从而把握财政收支总量的变化趋势，更重要的是对财政收支结构及其重点作出分析，以便了解政府的财政投资重点和倾斜政策。一般而言，受倾斜的行业业绩较有保障，该行业平均股价因此存在上涨的空间。

（5）在预见和分析财政政策的基础上，进一步分析相应政策对经济形势的综合影响（比如通货膨胀、利率等），结合行业分析和公司分析作出投资选择。通常，与政府采购密切相关的行业和公司对财政政策较为敏感。

【例7】（　　）财政政策将使得过热的经济受到控制，证券市场将走弱。

A. 紧缩性　　　　B. 扩张性　　　　D. 弹性　　　　C. 中性

【答案】A

【解析】紧缩性财政政策将使得过热的经济受到控制，证券市场将走弱；扩张性财政政策刺激经济发展，证券市场将走强。

二、货币政策

1. 概念

政府为实现一定的宏观经济目标所制定的关于货币供应和货币流通组织管理的基本方针和基本准则。

2. 作用

（1）通过调控货币供应总量保持社会总供给与总需求的平衡；

（2）通过调控利率和货币总量控制通货膨胀，保持物价总水平的稳定；

（3）调节国民收入中消费与储蓄的比例；

（4）引导储蓄向投资的转化并实现资源的合理配置。

3. 工具

（1）一般性政策工具

①法定存款准备金率：中央银行规定的金融机构为保证客户提取存款和资金清算需要而准备的在中央银行的存款占其存款总额的比例。

当中央银行提高法定存款准备金率时，商业银行可运用的资金减少，贷款能力下降、货币乘数变小，市场货币流通量便会相应减少。在通货膨胀时，中央银行可提高法定存款准备金率；反之，则降低法定存款准备金率。

人们通常认为这一政策工具效果过于猛烈，它的调整会在很大程度上影响整个经济和社会心理预期，因此，一般对法定存款准备金率的调整都持谨慎态度。

②再贴现政策：中央银行对商业银行用持有的未到期票据向中央银行融资所作的政策规定。一般包括再贴现率的确定和再贴现的资格条件。

再贴现率主要着眼于短期政策效应。央行根据市场资金供求状况调整再贴现率，以影响商业银行借入资金成本进而影响商业银行对社会的信用量，从而调整货币供给总量。

在传导机制上，若商业银行需要以较高的代价才能获得中央银行的贷款，便会提高对客户的贴现率或提高放款利率，其结果就会使信用量收缩，市场货币供应量减少；反之则相反。

③公开市场业务

中国公开市场业务包括人民币操作和外汇操作。

从交易品种看，央行公开市场业务债券交易主要包括：

Ⅰ. 回购交易：

正回购：中国人民银行向一级交易商卖出有价证券，并约定在未来特定日期买回有价证券的交易行为。

逆回购：中国人民银行向一级交易商购买有价证券，并约定在未来特定日期将有价证券卖给一级交易商的交易行为。

Ⅱ. 现券交易：

现券买断：中国人民银行直接从二级市场买入债券，一次性地投放基础货币。

现券卖断：中国人民银行直接卖出持有债券，一次性地回笼基础货币。

Ⅲ. 中央银行票据：

中国人民银行发行的短期债务凭证。中国人民银行通过发行中央银行票据可以回笼基础货币，中央银行票据到期则体现为投放基础货币。

（2）选择性政策工具

①直接信用控制

以行政命令或其他方式，直接对金融机构尤其是商业银行的信用活动进行控制。其具体手段包括：规定利率限额与信用配额、信用条件限制，规定金融机构流动性比率和直接干预等。

②间接信用指导

中央银行通过道义劝告、窗口指导等办法间接影响商业银行等金融机构行为的做法。

4. 运作

（1）紧缩的货币政策

减少货币供应量，提高利率，加强信贷控制。

如果市场物价上涨，需求过度，经济过度繁荣，被认为是社会总需求大于总供给，中央银行就会采取紧缩货币的政策以减少需求。

（2）扩张的货币政策

增加货币供应量，降低利率，放松信贷控制。

如果市场产品销售不畅，经济运转困难，资金短缺，设备闲置，被认为是社会总需求小于总供给，中央银行则会采取扩大货币供应的办法增加总需求。

5. 货币政策对证券市场的影响

（1）利率对证券价格的影响

中央银行调整基准利率的高低，对证券价格产生影响。一般来说，利率下降时，股票价格就上升；而利率上升时，股票价格就下降。

（2）中央银行公开市场业务对证券价格的影响

当政府倾向于实施较为宽松的货币政策时，中央银行就会大量购进有价证券，从而使市场上货币供给量增加。这会推动利率下调，资金成本降低，从而企业和个人的投资和消费热情高涨，生产扩张，利润增加，这又会推动股票价格上涨；反之股票价格将下跌。

（3）货币供应量对证券市场的影响

中央银行可以通过法定存款准备金率和再贴现政策调节货币供应量，从而影响货币市场和资本市场的资金供求，进而影响证券市场。

如果中央银行降低法定存款准备金率或再贴现率，通常都会导致证券市场行情上扬。

（4）选择性货币政策工具对证券市场的影响

为了实现国家的产业政策和区域经济政策，我国对不同行业和区域采取区别对待的方针。一般来说，该项政策会对证券市场整体走势产生影响，还会因为板块效应对证券市场产生结构性影响。

当直接信用控制或间接信用指导降低贷款限额、压缩信贷规模时，从紧的货币政策使证券市场行情呈下跌走势，但如果在从紧的货币政策前提下，实行总量控制，通过直接信用控制或间接信用指导区别对待，紧中有松，那么一些优先发展的产业和国家支柱产业以及农业、能源、交通、通信等基础产业及优先重点发展的地区的证券价格则可能不受影响，甚至逆势而上。总的来说，此时贷款流向反映当时的产业政策与区域政策，并引起证券市场价格的比价关系作出结构性的调整。

【例 8】中央银行采取紧缩的货币政策时，其主要政策手段是（　　）。

A. 减少货币供应量，提高利率，加强信贷控制

B. 减少货币供应量，降低利率，加强信贷控制

C. 增加货币供应量，提高利率，加强信贷控制

D. 增加货币供应量，降低利率，加强信贷控制

【答案】A

【解析】紧缩的货币政策，紧缩银根，货币供应量减少，利率提升。

【例 9】央行采用的一般性货币政策工具包括（　　）。

Ⅰ. 法定存款准备金率

Ⅱ. 再贴现政策

Ⅲ. 公开市场业务

Ⅳ. 税收和支出

A. Ⅰ、Ⅱ、Ⅲ　　B. Ⅰ、Ⅲ、Ⅳ

C. Ⅱ、Ⅲ、Ⅳ　　D. Ⅰ、Ⅱ、Ⅲ、Ⅳ

【答案】A

【解析】Ⅳ项，税收和支出属于财政政策。

三、汇率政策

汇率是国际贸易中最重要的调节杠杆。

一国货币兑换另一国货币的比率是以一种货币表示另一种货币的价格。由于世界各国货币的名称不同，币值不一，所以一国货币对其他国家的货币要规定一个兑换率，即汇率。

1. 汇率制度

（1）自由浮动汇率

汇率由货币的供求关系决定，央行不对外汇市场实施任何干预措施，市场参与者根据物价水平变化、利差、经济增长和其他相关的变量决定买卖外汇。

（2）有管理的浮动汇率

汇率大幅度波动可能会危害一个国家的经济稳定。

央行干预是避免汇率大幅度波动的手段：

①一些中央银行的干预目标是平滑日常的波动，它们偶尔进入市场，但不会尝试干预货币的基本趋势；

②更加积极的干预是逆经济风向而行，阻止那些由于暂时性的事件引起的外汇市场上突然的短中期波动；

③非官方盯住：央行通过对市场的干预使汇率变化不得超出官方非公开的汇价上下限。

（3）目标区间管理

目标区间管理是减少汇率波动的另一种汇率制度。一个国家的央行将调整其货币政策以保持汇率在一个以中心汇率为基准上下浮动的区间内。

（4）固定汇率

政府将汇率维持在某一个目标水平。固定汇率制度相当于浮动区间很小的目标区间汇率制度，一旦这个国家的汇率偏离固定水平超过一个既定的百分比，央行将进入外汇市场进行干预。

如果一个国家货币处于贬值压力之中，比如长时间的贸易赤字，政府可通过货币政策来减轻这种贬值压力：

①央行可以通过在外汇市场操作来支持其汇率；

②央行可以提高本币的利率；

③削减政府支出和增加税收，将使得国民收入下降并进一步减少了进口量。如果这种政策同时降低国内通胀水平，则会减轻贬值压力；

④另一种避免贬值的方法是控制国内工资和价格水平，但这种做法通常会扭曲并损害经济效率；

⑤外汇控制是许多国家用以维持固定汇率的另一办法。

2. 汇率变化对证券市场的影响

一般来讲，一国的经济越开放，证券市场的国际化程度越高，证券市场受汇率的影响越大。

一般而言，以外币为基准，汇率上升，本币贬值，本国产品竞争力强，出口型企业将增加收益，因而企业的股票和债券价格将上涨；相反，依赖于进口的企业成本增加，利润受损，股票和债券的价格将下跌。

汇率上升，本币贬值，将导致资本流出本国，资本的流失将使得本国证券市场需求减少，从而市场价格下跌。

汇率上升，本币表示的进口商品价格提高，进而带动国内物价水平上涨，引起通货膨胀。通货膨胀对证券市场的影响需根据当时的经济形势和具体企业以及政策行为进行分析。为维持汇率稳定，政府可能动用外汇储备，抛售外汇，从而减少本币的供应量，使得证券市场价格下跌，直到汇率回落恢复均衡，反面效应可能使证券价格回升。如果政府利用债市与汇市联动操作达到既控制汇率的升势又不减少货币供应量，即抛售外汇的同时回购国债，则将使国债市场价格上扬。

四、收入政策

1. 概念

国家为实现宏观调控总目标和总任务，针对居民收入水平高低、收入差距大小在分配方面制定的原则和方针。

2. 特征

与财政政策、货币政策相比，收入政策具有更高一层次的调节功能，它制约着财政政策和货币政策的作用方向和作用力度，而且收入政策最终也要通过财政政策和货币政策来实现。

收入政策目标包括：

（1）收入总量目标：着眼于近期的宏观经济总量平衡，着重处理积累和消费、人们近期生活水平改善和国家长远经济发展的关系以及失业和通货膨胀的问题。

（2）收入结构目标：着眼于处理各种收入的比例，以解决公共消费和私人消费、收入差距等问题。

3. 我国收入政策的变化及其对证券市场的影响

我国个人收入分配实行以按劳分配为主体、多种分配方式并存的收入分配政策。

在以劳动收入为主体的前提下，国家依法保护法人和居民的一切合法收入和财产，鼓励城乡居民储蓄和投资，允许属于个人的资本等生产要素参与分配。

民间金融资产的增大、社会总积累向社会分配的趋向，将导致储蓄增加，同时增加证券市场需求，促进证券市场规模的扩大和价格水平的逐步提高。

着眼于短期供求总量均衡的收入总量调控通过财政、货币政策来进行，因而收入总量调控通过财政政策和货币政策的传导对证券市场产生影响。

【例 10】中央银行可以通过调整基准利率来影响经济。关于利率与证券价格的关系，一般而言，（　　）。

Ⅰ. 利率下降时，股票价格上升

Ⅱ. 利率下降时，股票价格下降

Ⅲ. 利率上升时，股票价格上升

Ⅳ. 利率上升时，股票价格下降

A. Ⅰ、Ⅱ　　B. Ⅰ、Ⅲ　　C. Ⅱ、Ⅲ　　D. Ⅰ、Ⅳ

【答案】D

【解析】利率对证券市场的影响：通常利率下降，股票价格上升；利率上升，股票价格下降。

（三）国际金融市场环境分析

1. 国际金融市场动荡通过人民币汇率预期影响证券市场

人民币渐进升值对股票市场的影响主要体现在：

（1）将全面提升人民币资产升值，对内资、外资投资于中国资本市场都将产生极大的吸引力，特别是伴随金融业的全面开放、合格境外机构投资者（QFII）投资额度放宽、市场扩容和金融衍生工具的增加等，我国资本市场正在迎来一个加速发展的时期；

（2）拥有人民币资本类的行业或企业将特别受到投资者的青睐，比如零售商业、房地产业、金融业等。

2. 国际金融市场动荡通过宏观层面间接影响我国证券市场

改革开放以来，我国国民经济的对外依存度大大提高，国际金融市场动荡会导致出口增幅下降、外商直接投资下降，从而影响经济增长率。

宏观经济环节的恶化导致上市公司业绩下降和投资者信心下降，最终使证券市场行情下跌。

随着中国资产证券化率的不断提高，中国股市对世界金融市场的影响将会越来越大。

3. 国际金融市场动荡通过微观层面间接影响我国证券市场

国际金融市场的动荡造成境外企业的股票和债券价格大幅度缩水，严重影响了这些公司的业绩。

随着证券市场日益开放，A 股与 H 股的关联性还将进一步加强。

（1）股权分置改革的顺利完成将加速 A—H 股价值的接轨进程。

一方面，从公司的价值评估角度看，股权分置改革有利于优化上市公司治理机制，降低风险溢价和资本成本，提升 H 股的估值水平；同时，股权分置改革后上市公司的并购、重组行为也将使其更具投资价值；

另一方面，股改为 A 股带来的自然除权效应直接促使了 A—H 股的价格接轨。

（2）随着合格境外机构投资者（QFII）和合格境内机构投资者（QDII）规模的不断扩大，目前无论是 A 股对 H 股的溢价，还是 H 股对 A 股的溢价，在套利机制的作用下趋于消失，使得两者股价逐步融合。

（3）国家有关部门既支持具备条件的国有大型企业通过规范改制实现境内外上市，

又鼓励国有H股回归A股，将使更多的大型上市公司同时出现在A股和H股市场。

【考点五】证券市场的供求关系分析【☆☆☆】

（一）证券市场的供给方和需求方

1. 证券市场的供给方

证券市场的供给主体是公司（企业）、政府与政府机构及金融机构。

政府与政府机构包括中央政府、地方政府以及中央政府直属机构，其为债券产品的主要供给方，金融机构是证券市场的发行和供给主体，发行股票和债券。

2. 证券市场的需求方

（1）根据投资者的行为主体不同分为：

个人投资者：自然人，从事证券买卖的居民。我国绝大部分个人投资者是直接参与证券的买卖，或是通过购买基金的方法间接地投资证券市场。

机构投资者：一切参与证券市场投资的法人机构。既包括开放式基金、封闭式基金、社保基金，也包括参与证券投资的保险公司、证券公司、合格境外机构投资者，还包括一些投资公司和企业法人。

（2）根据投资者证券市场的目的不同分为：

长期投资者：目的是获得公司的分红和资本的长期增值。

短期投资者：目的是获得短期资本差价。

（二）证券市场供给的决定因素与变动特点

1. 上市公司质量：上市公司的质量状况影响到证券市场的前景、投资者的收益及投资热情、个股价格及大盘指数变动，这些因素将直接或间接影响证券市场的供给。

上市公司质量与经济效益状况是影响证券市场供给的最根本因素。

2. 上市公司数量：直接决定证券市场供给。

影响上市公司数量的主要因素：

①宏观经济环境：如果宏观经济运行良好，投资扩张的企业必然增多，融资的需求必然增加，这时将有更多的企业申请公开发行股票；同时，投资者良好的预期会促使其积极参与认购，上市公司数量也随之增加。

②制度因素：发行上市制度、市场设立制度、股权流通制度（三大因素）。

③市场因素：证券市场是广大投资者交易各类证券的场所，也是上市公司进行直接融资的主要场所。

（三）证券市场需求的决定因素与变动特点

1. 宏观经济环境

如果宏观经济运行良好，银根较松，整个社会的资金供给就会呈现出比较充裕的局面。同时，由于宏观经济向好，作为微观主体的上市公司业绩的预期会得到相应改善，将会吸引投资者进一步进入证券市场，从而增加对股票的需求，有效增加证券市场资金的供给量。

2. 政策因素

随着中国证券市场的不断成熟，有关部门会逐步开放证券市场，使进入证券市场的投资主体越来越多，为证券市场提供新的增量资金，扩大证券市场的资金供应量。

包括：市场准入政策、融资融券政策、金融监管政策甚至货币与财政政策在内的一系列政策，将对证券市场的需求产生影响。

3. 居民金融资产结构的调整

居民的金融资产主要由银行存款、证券投资基金、股票、债券及信托资产等构成。

中国居民以前金融资产的绝大部分是银行储蓄，证券投资尤其股票和债券投资、基金投资占金融资产的比例相当小。但是随着人民生活水平的不断提高、金融投资意识的加强，不断有居民将原先的银行储蓄转化为股票和基金投资。

4. 机构投资者的培育和壮大

我国证券市场机构投资者的发展大致可以分为三个阶段：

第一阶段：1991—1997 年。该阶段的机构投资者为证券公司、信托公司、老基金和非专业证券投资的企业法人。

第二阶段：1998—2000 年。该阶段的特点是管理层开始有计划、有步骤地推出一系列旨在培育机构投资者的政策措施。

第三阶段：2001 年至今。开放式基金的出现是该阶段的特点。2002 年 10 月 16 日，首家中外合资基金管理公司获准筹建，标志着中国基金业的对外开放正式拉开序幕。

5. 资本市场的逐步对外开放

（1）资本市场服务性开放：

允许投资银行、可以经营证券的商业银行、资产管理公司、各种基金（如养老基金、对冲基金、保险基金等）及基金管理公司、律师事务所、投资咨询公司等外国资本市场中介机构在本国资本市场上为证券投融资提供各种服务。

允许本国资本市场中介机构在其他国家的资本市场上为证券投融资提供各种服务。

（2）资本市场投资性开放：

融资的开放：允许本国居民在国际资本市场上融资和外国居民在本国资本市场上融资。

投资的开放：允许外国居民投资于本国的资本市场和允许本国居民投资于国际资本市场。投资性开放的结果是资本可在全球范围内充分配置，使全球任何地方的资本资产的价格趋于一致。

（四）影响我国证券市场供求关系的基本制度变革

1. 股权分置改革

由于特殊历史原因，我国 A 股上市公司内部普遍形成的两种不同性质的股票：流通股和非流通股，这两类股票表现出不同股、不同价、不同权的特征，这一特殊的市场制度与结构被称之为股权分置。

股东所持向社会公开发行的股份，且能在证券交易所上市交易，称为流通股；而公开发行前股份暂不上市交易，称为非流通股。

这种同一上市公司股份分为流通股和非流通股的股权分置状况，为中国内地证券市场所独有。

2005 年 4 月 29 日，中国证监会发布《关于上市公司股权分置改革试点有关问题的通知》，标志股权分置改革的正式启动。

股权分置改革的影响：

（1）使不同股东之间的利益行为机制在股改后趋于一致化。

（2）股权分置改革有利于上市公司定价机制的统一，市场的资源配置功能和价值发现功能进一步得到优化。

（3）股权分置改革完成后，大股东违规行为将被利益牵制，理性化行为趋于突出。

（4）股权分置改革有利于建立和完善上市公司管理层的激励和约束机制。

（5）股权分置改革后上市公司的整体目标趋于一致，长期激励将成为战略规划的重要内容。

（6）股权分置改革之后金融创新进一步活跃，上市公司重组并购行为增多。股改之后，证券市场的创新空间将大为拓展。

（7）股权分置改革后市场供给增加，流动性增强。股改之后，市场上逐渐受到受限股到期解禁流通所产生的压力。

2. 受限股

根据中国证监会 2020 年 2 月 14 日公布的《上市公司非公开发行股票实施细则》规定，针对非公开发行受限股，发行对象属于下列情形之一的，认购的股份自股票发行结束之日起 18 个月内不得转让：上市公司的控股股东、实际控制人或其控制的关联人；通过认购本次发行的股份取得上市公司实际控制权的投资者；董事会拟引入的境内外战略投资者。

发行对象属于以上规定以外的投资者认购的股份自发行结束之日起 6 个月内不得转让。

3. 融资融券业务

又称证券信用交易或保证金交易，指投资者向具有融资融券业务资格的证券公司提供担保物，借入资金买入证券（融资交易）或借入证券并卖出（融券交易）的行为。

四种形式：券商对投资者的融资、融券；金融机构对券商的融资、融券。

2010 年 3 月 30 日，上交所、深交所分别发布公告，表示将于 2010 年 3 月 31 日起正式开通融资融券交易系统，开始接受试点会员融资融券交易申报，融资融券业务正式启动。

融资融券业务的积极影响：

（1）可以将更多信息融入证券价格，可以为市场提供方向相反的交易活动，当投资者认为股票价格过高或过低，可以通过融资的买入和融券的卖出促使股票价格趋于合理，有助于市场内在价格稳定机制的形成。

（2）可以在一定程度上放大资金和证券供求，增加市场的交易量，从而活跃证券市场，增加证券市场的流动性。

（3）可以为投资者提供新的交易方式，可以改变证券市场单边式的方面，为投资者规避市场风险的工具。

（4）可以拓宽证券公司业务范围，在一定程度上增加证券公司自有资金和自有证券的应用渠道，在实施转流通后可以增加其他资金和证券融通配置方式，提高金融资产运用效率。

融资融券业务的消极影响：

（1）对标的证券具有助涨助跌的作用。

（2）融资融券的推出使得证券交易更容易被操纵。

（3）实行保证金制度，使得现货市场、期货市场波动增加，可能会对金融体系的稳定性带来一定威胁。

【例 11】 融资融券业务的风险主要体现在（　　）。

Ⅰ. 融资融券业务增强了证券市场的流动性和连续性

Ⅱ. 融资融券业务对标的证券具有助涨杀跌的作用

Ⅲ. 融资融券业务的推出使得证券交易更容易被操作

Ⅳ. 融资融券业务可能对金融体系的稳定性带来了一定的威胁

A. Ⅱ、Ⅳ　　B. Ⅰ、Ⅲ、Ⅳ　　C. Ⅲ、Ⅳ　　D. Ⅰ、Ⅱ、Ⅳ

【答案】 C

【解析】 Ⅰ项属于融资融券业务的积极影响；Ⅱ项，融资融券业务对标的证券具有助涨助跌的作用。

【考点六】证券市场传导宏观经济政策的途径与机制【☆☆】

（一）证券市场传导财政政策的主要途径和内在机制

1. “自动稳定器”财政政策传导机制

经济系统本身存在的一种会减少各种干扰对国民收入冲击的机制，能够在经济繁荣时期自动抑制膨胀，在经济衰退时期自动减轻萧条，无须政府采取任何行动。如税收、转移支付都有自动稳定功能。

2. “相机抉择”传导机制

社会总供求失衡时，为了使经济达到一定的就业和总需求水平，有时只依靠“自动稳定器”财政政策工具一般调整力度是不够的，政府还需要根据不同的情况相机决定采取不同的财政调节手段，以影响居民和企业的可支配收入，进而影响社会总需求。

当经济萧条时，政府主动采取积极的财政政策，增加政府支出或减少税收，使总需求增加。

（二）证券市场传导货币政策的主要途径和内在机制

我国货币政策的传导机制，经历了从直接传导转变为直接传导、间接传导的双重传导，并逐步过渡到以间接传导为主的阶段。

1. 传统体制下的直接传导机制：信贷计划指标和现金计划指标→与国民经济实物计划衔接平衡，保证完成财政收支计划、物质供应计划、国际收支计划。特点：

①时滞短，方式简单，作用效应快；

②信贷、现金计划从属于实物分配计划，中央银行无法主动对经济进行调控；

③缺乏中间变量，政策灵活性不足，会造成经济较大的波动；

④企业对银行依赖性强。

2. 改革以来的双重传导机制

①第一环节：运用货币政策工具影响操作目标：同业拆借利率、备付金率和基础货币，主要调控金融市场的资金融通成本和各金融机构的贷款能力。

②中间环节：操作目标的变动影响到货币供应量、信用总量、市场利率。

③最后环节：货币供应量的变动影响到最终目标的变动。

3. 货币政策传导途径

货币政策传导途径一般有三个基本环节：

①从中央银行到商业银行等金融机构和金融市场；

②从商业银行等金融机构和金融市场到企业、居民等非金融部门的各类经济行为主体；

③从非金融部门经济行为主体到社会各经济变量，包括总支出量、总产出量、物价、就业等。

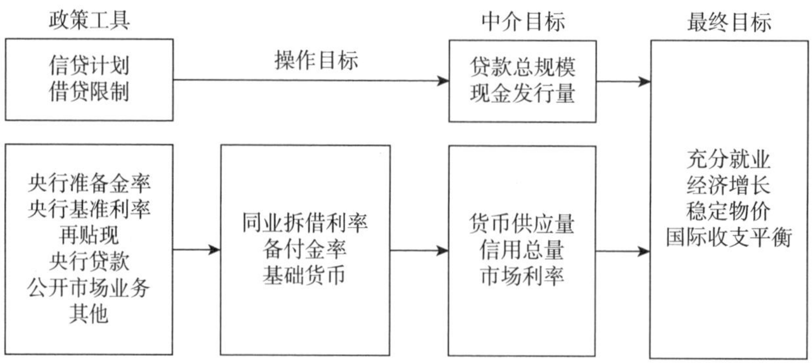

【例 12】 双重传导机制的中间环节操作目标的变动会影响到（　　）。

Ⅰ. 货币供应量

Ⅱ. 货币需求量

Ⅲ. 信用总量

Ⅳ. 市场利率

A. Ⅰ、Ⅱ、Ⅲ　　B. Ⅰ、Ⅲ、Ⅳ　　C. Ⅰ、Ⅱ、Ⅳ　　D. Ⅱ、Ⅲ、Ⅳ

【答案】 B

【解析】

双重传导机制的中间环节操作目标的变动会影响到货币供应量、信用总量、市场利率。故Ⅰ、Ⅲ、Ⅳ项正确。

【考点七】行业分析【☆☆】

（一）行业分析的含义

行业：从事国民经济中同性质的生产或其他经济社会活动的经营单位和个体等构成的组织结构体系，如林业、汽车业、银行业、房地产业等。

从严格意义上讲，行业与产业是有差别的，主要是适用范围不一样。产业作为经济学的专门术语，有更严格的使用条件。

产业一般具有三个特点：

（1）规模性：产业的企业数量、产品或服务的产出量达到一定的规模。

（2）职业化：形成了专门从事这一产业活动的职业人员。

（3）社会功能性：这一产业在社会经济活动中承担一定的角色。

证券分析师关注的往往都是具有相当规模的行业，特别是含有上市公司的行业，所以业内一直约定俗成地把行业分析与产业分析视为同义语。

行业分析是指依据经济学原理，综合运用计量经济学、统计学等分析工具对行业经济的运行状况、行业政策、市场竞争格局、产品生产、消费、销售、技术、行业竞争力等行业要素进行进一步分析，以发现行业运行的内在经济规律，从而预测未来行业发展的趋势。

（二）行业分析与宏观分析、公司分析的关系

行业分析的主要任务：解释行业本身所处的发展阶段及其在国民经济中的地位，分析影响行业发展的各种因素以及判断对行业影响的力度，预测并引导行业的未来发展趋势，判断行业投资价值，揭示行业投资风险，从而为政府部门、投资者及其他机构提供决策依据或投资依据。

行业经济是宏观经济的构成部分，宏观经济活动是行业经济活动的总和。行业经济活动是介于宏观经济活动和微观经济活动中的经济层面，是中观经济分析的主要对象之一。

行业分析是对上市公司进行分析的前提，也是连接宏观经济分析和上市公司分析的

桥梁，是基本分析的重要环节。行业有自己特定的生命周期。处在生命周期不同发展阶段的行业，其投资价值也不一样。在国民经济中具有不同地位的行业，其投资价值也不一样。公司的投资价值可能会由于所处行业不同而有明显差异。因此，行业是决定公司投资价值的重要因素之一。

【例 13】行业地位分析的主要目的是判断（　　）。

A. 新技术对行业的影响　　B. 公司在行业中的竞争地位

C. 行业本身的投资价值　　D. 政府政策对行业的影响

【答案】B

【解析】行业地位分析的目的是判断公司在所处行业中的竞争地位，如是否为领导企业，在价格上是否具有影响力，是否有竞争优势等。

（三）行业划分的方法

1. 道·琼斯分类法

道·琼斯分类法是在 19 世纪末为选取在纽约证券交易所上市的有代表性的股票而对各公司进行的分类，是证券指数统计中最常用的分类法之一。

道·琼斯分类法将大多数股票分为工业、运输业和公用事业三类，然后选取有代表性的股票：

①工业类股票取自工业部门的 30 家公司，包括采掘业、制造业和商业。

②运输业类股票取自 20 家交通运输业公司，包括航空、铁路、汽车运输与航运业。

③公用事业类股票取自 6 家公用事业公司，主要包括电话公司、煤气公司和电力公司等。

2. 标准行业分类法

为便于汇总各国的统计资料并进行互相对比，联合国经济和社会事务统计局曾制定了一个《全部经济活动国际标准行业分类》，建议各国采用。

它把国民经济划分为 10 个门类：

农业、畜牧狩猎业、林业和渔业；采矿业及土、石采掘业；制造业；电、煤气和水；建筑业；批发和零售业、饮食和旅馆业；运输、仓储和邮电通信业；金融、保险房地产和工商服务业；政府、社会和个人服务业；其他。

3. 我国国民经济的行业分类

2017 年，《国民经济行业分类》国家标准（GB/T 4754—2017）实施，新标准共有行业门类 20 个，行业大类 97 个，行业中类 473 个，行业小类 1380 个，基本反映出我国目前行业结构状况。

（四）行业分析的方法

1. 历史资料研究法

2. 调查研究法

3. 归纳与演绎法

4. 比较研究法

5. 数理统计法

（五）行业的市场结构分析

1. 完全竞争型

竞争不受任何阻碍和干扰的市场结构。

特点：

①生产者众多，各种生产资料可以完全流动；

②产品不论是有形还是无形，都是同质的、无差别的；

③没有一个企业能够影响产品的价格，企业永远是价格的接受者而不是价格的制定者；

④企业的盈利基本上由市场对产品的需求来决定；

⑤生产者可自由进入或退出这个市场；

⑥市场信息对买卖双方都是畅通的，生产者和消费者对市场情况非常了解。

完全竞争是一个理论上的假设，该市场结构得以形成的根本因素在于企业产品的无差异，所有企业都无法控制产品的市场价格。

现实经济中，完全竞争的市场类型是少见的，初级产品（如农产品）的市场类型比较类似于完全竞争。

2. 垄断竞争型

既有垄断又有竞争的市场结构。

特点：

①生产者众多，各种生产资料可以流动；

②生产的产品同种但不同质，即产品之间存在着差异。【垄断竞争与完全竞争的主要区别所在】

③生产者可以树立自己产品的信誉，对其产品的价格有一定的控制能力。

该市场结构中，造成垄断现象的原因是产品差别；造成竞争现象的是产品同种，即产品的可替代性。

在国民经济各行业中，制成品（如纺织、服装等轻工业产品）的市场类型一般都属于垄断竞争。

3. 寡头垄断型

相对少量的生产者在某种产品的生产中占据很大的市场份额，从而控制了这个行业供给的市场结构。

形成原因：

①产品只有在大规模生产时才能获得好的效益，在竞争中自然淘汰大量的中小企业；

②行业初始投入资本较大，阻止了大量中小企业的进入。

4. 完全垄断型

独家企业生产某种特质产品的情形，整个行业的市场完全处于一家企业所控制的市场结构，分为：

（1）私人完全垄断：如根据政府授予的特许经营，或根据专利生产的独家经营以及由于资本雄厚、技术先进而建立的排他性的私人垄断经营；

（2）政府完全垄断：通常在公用事业中居多，如国有铁路、邮电等部门。

特点：

①市场被独家企业所控制，其他企业不可以或不可能进入该行业；

②产品没有或缺少相近的替代品；

③垄断者能够根据市场的供需情况制定理想的价格和产量，在高价少销和低价多销之间进行选择，以获取最大的利润；

④垄断者在制定产品的价格与生产数量方面的自由性是有限度的，要受到有关反垄断法和政府管制的约束。

在当前的现实生活中没有真正的完全垄断型市场，每个行业都或多或少地引进了竞争。

公用事业（如发电厂、煤气公司、自来水公司和邮电通信等）和某些资本、技术高度密集型或稀有金属矿藏的开采等行业属于接近完全垄断的市场类型。

【例 14】下列关于完全竞争型市场的说法中，正确的有（　　）。

Ⅰ. 产品同质无差别

Ⅱ. 生产者众多

Ⅲ. 生产者可以自由进入或退出市场

Ⅳ. 企业是价格的制定者

A. Ⅰ、Ⅲ　　B. Ⅱ、Ⅳ　　C. Ⅰ、Ⅱ、Ⅲ　　D. Ⅱ、Ⅲ、Ⅳ

【答案】C

【解析】企业是价格的接受者，故Ⅳ项说法错误。

（六）行业的竞争结构分析

1. 产业价值链

价值链理论（Value Chain）由美国教授迈克尔·波特提出：

企业内部各业务单元的联系构成了企业的价值链。一般企业都可以视为一个由管理、设计、采购、生产、销售、交货等一系列创造价值的活动所组成的链条式集合体。根据企业与相应供应方和需求方的关系，将企业价值链分别向其前、后延伸就形成了产业价值链。

2. 行业竞争结构

迈克尔·波特认为：一个行业内激烈竞争的局面源于其内在的竞争结构。一个行业内存在着潜在入侵者、替代产品、供方、需方以及行业内现有竞争者五种基本竞争力量。

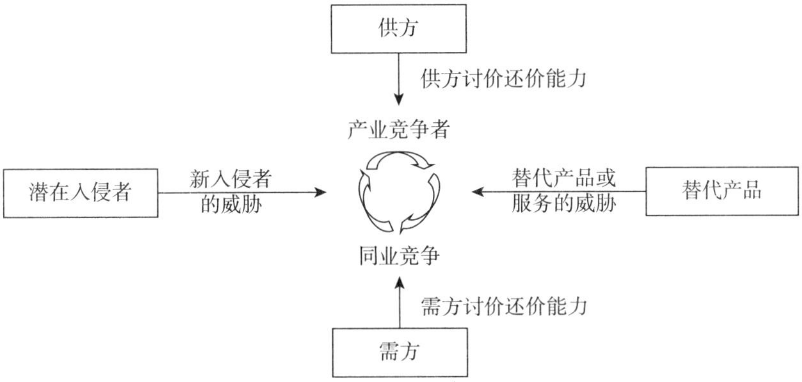

【例 15】从竞争结构角度分析，煤炭企业对火力发电公司来说属于（　　）竞争力量。

A. 替代产品　　B. 供给方　　C. 潜在入侵者　　D. 需求方

【答案】B

【解析】考察波特五力模型。

（七）经济周期与行业分析

1. 增长型行业

增长型行业的运动状态与经济活动总水平的周期及其振幅并不紧密相关。

这些行业收入增长的速率并不会总是随着经济周期的变动而出现同步变动，因为它们主要依靠技术的进步、新产品推出及更优质的服务，从而使其经常呈现出增长形态。

在过去的几十年内，计算机和复印机行业表现出了这种形态。

投资者对高增长的行业十分感兴趣，主要是因为这些行业对经济周期性波动来说，提供了一种财富套期保值的手段。

在经济高涨时，高增长行业的发展速度通常高于平均水平；在经济衰退时期，其所受影响较小甚至仍能保持一定的增长。

然而这种行业增长的形态却使得投资者难以把握精确的购买时机，因为这些行业的股票价格不会明显地随着经济周期的变化而变化。

2. 周期型行业

周期型行业的运动状态与经济周期紧密相关。

当经济处于上升时期，这些行业会紧随其扩张；当经济衰退时，这些行业也相应衰落，且该类型行业收益的变化幅度往往会在一定程度上夸大经济的周期性。

产生这种现象的原因：当经济上升时，对这些行业相关产品的购买相应增加；当经济衰退时，这些行业相关产品的购买被延迟到经济改善之后。

消费品业、耐用品制造业及其他需求收入弹性较高的行业，就属于典型的周期型行业。

3. 防守型行业

防守型行业的经营状况在经济周期的上升和下降阶段都很稳定。这种运动形态的存在是因为该类型行业的产品需求相对稳定，需求弹性小，经济周期处于衰退阶段对这种行业的影响也比较小。甚至有些防守型行业在经济衰退时期还会有一定的实际增长。

该类型行业的产品往往是生活必需品或必要的公共服务，公众对其产品有相对稳定的需求，因而行业中有代表性的公司盈利水平相对较稳定。

食品业和公用事业就属于防守型行业。

投资于防守型行业一般属于收入型投资，而非资本利得型投资。

【例 16】防守型行业运动形态的存在是因为其产业的产品需求相对稳定，并不受经济周期处于衰退状态的影响，正因为这个原因，对其投资便属于收入投资，而非资本利得投资，下列属于防守型行业的是（　　）。

A. 食品行业　　B. 通信行业　　C. 石化行业　　D. TMT 行业

【答案】A

【解析】防守型行业的产品往往是生活必需品或必要的公共服务，公众对其产品有相对稳定的需求，因而行业中有代表性的公司盈利水平相对较稳定。食品业和公用事业就属于防守型行业。

（八）行业生命周期分析

一般而言，每个行业都要经历由成长到衰退的发展演变，此过程称为行业的生命周期。

1. 幼稚期

新行业刚刚诞生或初建不久，为数不多的投资公司投资这个新兴的行业，且创业公司的开发和研究费用较高，而大众对其产品了解不足，产品市场需求较少，销售收入较低，因此在财务方面可能零盈利，甚至有较大亏损。

产品成本较高使得价格较高，市场需求较小，从而创业公司面临的市场风险较大，甚至可能因为财务困难而导致破产。由此，这类企业适合投机者和创业投资者投资。

幼稚期后期，行业生产技术趋于成熟、生产成本有所降低，市场需求不断扩大，新行业逐渐从高风险、低收益的幼稚期步入高风险、高收益的成长期。

2. 成长期

行业的成长实际上就是行业的扩大再生产。各个行业成长的能力是有差异的。成长能力主要体现在生产能力和规模的扩张、区域的横向渗透能力以及自身组织结构的变革能力。

【判断一个行业的成长能力所需要考虑的因素】

（1）需求弹性：需求弹性往往和行业成长能力正相关。

（2）生产技术：行业的技术进步快，生产率上升快，创新能力强，容易保持地位上的优势，成长能力强。

（3）产业关联度：产业关联度往往与成长能力正相关。

（4）市场容量与潜力：行业的市场容量和市场潜力大，其成长空间就大。

（5）行业在空间的转移活动：通常，行业停止在空间的转移活动，则表示行业成长达到市场需求的边界，成长期随之进入尾声。

（6）产业组织变化活动：行业的成长往往伴随着行业中企业组织不断向大型化、集团化的方向发展。

在成长期的初期：企业的生产技术逐步成形，行业的产品被市场认可并接受，产品的销量增长加速，市场不断扩大，但企业可能仍处于微利或者亏损状态，需要注入外部资金来增加人员、设备，并开始下一代产品的开发。

进入加速成长期：企业的产品、劳务为大部分消费者接受，销售收入和利润不断加速增长，新的机会接连出现，但企业为实现高速增长，仍然需要大量资金。这一阶段，拥有较强研究开发实力、畅通融资渠道、市场营销能力，以及雄厚资本实力的企业会逐步占领市场。

此阶段行业增长十分迅猛，有些优势企业脱颖而出，投资于这些企业的投资者往往会获得极高的投资回报，这种投资机会时期即为成长期。

这一阶段企业的利润增长非常快，竞争风险也很大，被兼并率与破产率相当高。

因为市场竞争优胜劣汰规律的作用，市场上生产厂商的数目在一个阶段后会大大减少，随后则逐步稳定。因为市场需求不断饱和，迅速赚取利润的机会减少，产品的销售增长率减慢，整个行业则开始步入成熟期。

3. 成熟期

行业成熟表现在四个方面：

（1）技术上的成熟。行业内企业普遍采用的技术是适用的，并至少具有一定的先进性、稳定性。

（2）产品的成熟。产品的成熟标志行业的成熟。即产品的式样、规格、功能、结构、基本性能都将趋于成熟，并且消费者已经习惯使用。

（3）生产工艺的成熟。

（4）产业组织上的成熟。即行业内企业间分工协作关系良好，市场运作规则合理，市场竞争有效，市场结构稳定。

行业的成熟期时间相对较长。各个行业成熟期的时间长短一般不同。通常公用事业行业的成熟期历时较长，技术含量高的行业成熟期的时间较短。

处于成熟期行业的特点：

（1）企业地位显赫、规模空前，产品普及程度高。

（2）行业市场需求接近饱和，生产能力也趋于饱和，出现买方市场。

（3）构成支柱产业地位，其生产产值、要素份额、利税份额在国民经济中占有较高比例。但是短期内往往很难识别行业真正进入成熟期的时间。

进入成熟期，少数技术先进、资本雄厚的大厂商控制行业市场，各厂商分别占有一定的市场份额，从而在相当长的时期，整个市场的生产布局和份额稳定。厂商间的竞争手段逐步由价格手段变为非价格手段（如加强售后服务、提高质量及改善性能等）。此时行业的利润处于较高的水平，并且由于较稳定的市场结构、新企业不易进入，风险较低。

行业成熟期，行业增长速度下降到适度的水平。甚至整个行业的增长可能会完全停止，产出下降。很难较好保持行业的发展与国民生产总值同步增长。因为经济全球化、技术创新、产业政策等，进入成熟期后，某些行业可能会出现新的增长。

4. 衰退期

行业衰退是客观的必然，是行业经济新陈代谢的表现。

行业衰退可以分为：

（1）自然衰退：一种自然状态下到来的衰退。

（2）偶然衰退：在偶然的外部因素作用下，提前或者延后发生的衰退。

行业衰退还可以分为：

（1）绝对衰退：行业本身内在的衰退规律起作用而发生的规模萎缩、功能衰退、产品老化。

（2）相对衰退：行业因结构性原因或者无形原因引起行业地位和功能发生衰减的状况。

衰退期在较长的稳定期之后出现。

出现大量替代品，原行业产品的市场需求开始不断减少，销售量不断下降，并且一些厂商开始向其他更盈利的行业转移资金，厂商数量减少、利润水平停滞不前甚至逐渐下降，萧条景象出现。此时，整个行业进入衰退期。

行业的衰退期一般长于生命周期的其他三个阶段的总和，很多行业衰而不亡，乃至和人类社会长期共存。典型的有纺织业、钢铁业、烟草业。

分析师具体判断一个行业实际的生命周期阶段时，一般考虑：

（1）产出增长率：成长期，产出增长率较高，成熟期以后降低，衰退期，行业低速运行或出现负增长态。

（2）行业规模：行业的市场容量经历“小—大—小”的进程，行业的资产总规模则出现“小—大—萎缩”的阶段。

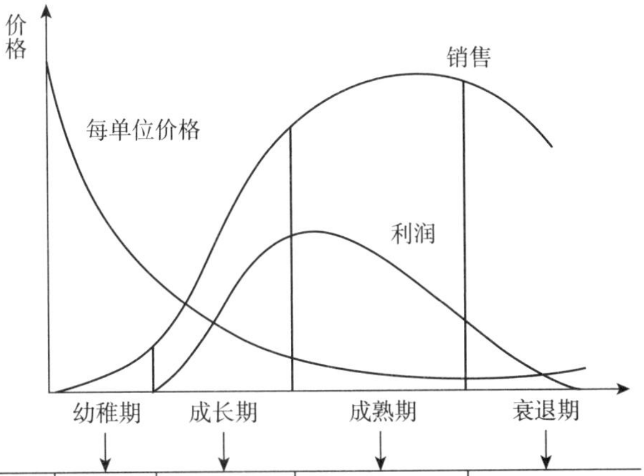

	幼稚期	成长期	成熟期	衰退期
公司数量	少	增加	减少	少
产品价格	高	下降	稳定	
利润	亏损	增加	高	减少→亏损
风险	高	高	降低	增大

（3）技术进步和技术成熟程度：行业的创新能力由强增长到逐步衰减，技术成熟程度经历“低—高—老化”的阶段。

（4）利润率水平：通常经历“低—高—稳定—低—严重亏损”的阶段。

（5）从业人员的职业化水平和工资福利收入水平：通常会经历“低—高—低”的阶段。

（6）开工率：行业处在成长期或成熟期，长时期开工充足体现了景气状态，衰退期一般体现为开工不足。

（7）资本进退：成熟期之前，企业数量及资本量的进入量大于退出量；成熟期，则企业表现为均衡；衰退期，表现为退出量超过进入量，行业规模萎缩，企业转产、倒闭时常发生。

典型行业所处的生命周期阶段：

（1）幼稚期：太阳能。

（2）成长期：电子信息（电子计算机及软件、通信）、生物医药、无线通信、大规模计算机。

（3）成熟期：石油冶炼、超级市场、电力。

（4）衰退期：自行车、钟表。

【例 17】行业生命周期主要包括（　　）。

Ⅰ. 衰退期

Ⅱ. 成熟期

Ⅲ. 幼稚期

Ⅳ. 成长期

A. Ⅰ、Ⅲ　　B. Ⅱ、Ⅳ　　C. Ⅰ、Ⅱ、Ⅲ、Ⅳ　D. Ⅱ、Ⅲ、Ⅳ

【答案】 C

【解析】 行业生命周期的四个阶段：幼稚期、成长期、成熟期、衰退期。

【例 18】 通常认为，现阶段属于行业生命周期中成长期的是（　　）。

A. 电子信息　　B. 钟表　　C. 太阳能　　D. 石油冶炼

【答案】 A

【解析】 钟表、石油冶炼行业属于成熟期；太阳能行业属于幼稚期。

【例 19】 在成长期，影响行业成长能力的主要因素有（　　）。

Ⅰ. 需求弹性

Ⅱ. 生产技术

Ⅲ. 产业关联度

Ⅳ. 市场价格

A. Ⅰ、Ⅱ、Ⅲ　　B. Ⅰ、Ⅱ、Ⅳ　　C. Ⅰ、Ⅲ、Ⅳ　　D. Ⅰ、Ⅱ、Ⅲ、Ⅳ

【答案】 A

【解析】 影响行业成长能力的因素包括：

（1）需求弹性；

（2）生产技术；

（3）产业关联度；

（4）市场容量与潜力；

（5）行业在空间的转移活动；

（6）产业组织变化活动。

【考点八】公司分析【☆☆】

公司分析的主要内容：公司基本分析、公司财务分析、公司重大事项分析。

（一）公司基本分析

1. 公司行业地位分析

（1）目的：判断公司在所处行业中的竞争地位，如是否为领导企业，在价格上是否具有影响力，是否有竞争优势等。

（2）特点：在大多数行业中，无论其行业平均盈利能力如何，总有一些企业比其他企业具有更强的获利能力。

企业的行业地位决定了其盈利能力是高于还是低于行业平均水平，决定了其在行业内的竞争地位。

衡量公司行业竞争地位的主要指标是产品的市场占有率。

2. 公司经济区位分析

（1）区位内的自然条件与基础条件：分析区位内的自然条件和基础条件，有利于分析该区位内上市公司的发展前景。

（2）区位内政府的产业政策：产业政策有利于引导和推动相应产业的发展，相关产业内的公司将因此受益。如果区位内上市公司的主营业务符合当地政府的产业政策，一般会获得诸多政策支持，对上市公司的进一步发展有利。

（3）区位内的经济特色：包括区位的经济发展环境、条件与水平、经济发展现状等有别于其他区位的特色。利用自身的优势发展本区位的经济，无疑在经济发展中找到了很好的切入点。

3. 公司产品竞争能力分析

（1）成本优势：公司的产品依靠低成本获得高于同行业其他企业的盈利能力。在很多行业中，成本优势是决定竞争优势的关键因素，理想的成本优势往往成为同行业价格竞争的抑制力。

（2）技术优势：公司拥有的比同行业其他竞争对手更强的技术实力及其研究与开发新产品的能力。这种能力主要体现在生产的技术水平和产品的技术含量上。

（3）质量优势：公司的产品以高于其他公司同类产品的质量赢得市场，从而取得竞争优势。在与竞争对手成本相等或成本近似的情况下，具有质量优势的公司往往在该行业中占据领先地位。

（4）产品的市场占有情况：

产品的市场占有情况在衡量公司产品竞争力方面占有重要地位。通常可以从两个方面进行考察：

①公司产品销售市场的地域分布情况；②公司产品在同类产品市场上的占有率。

市场占有率是对公司实力和经营能力较精确的估计。

（5）产品的品牌战略：

品牌是一个商品名称和商标的总称，可以用来辨别一个卖者或卖者集团的货物或劳务，以便同竞争者的产品相区别。

品牌具有产品所不具有的开拓市场的功能：创造市场、联合市场、巩固市场。

4. 公司经营能力分析

（1）公司法人治理结构：

健全的公司法人治理机制至少体现在以下方面：

①规范的股权结构；

②有效的股东大会制度；

③董事会权力的合理界定与约束；

④完善的独立董事制度；

⑤监事会的独立性和监督责任；

⑥优秀的职业经理层；

⑦相关利益者的共同治理。

（2）公司经理层的素质：

经理人员的素质是决定企业能否取得成功的一个重要因素。

一般而言，企业的经理人员应该具备如下素质：

①从事管理工作的愿望；

②专业技术能力；

③良好的道德品质修养；

④人际关系协调能力。

（3）公司从业人员的素质和创新能力：

公司业务人员的素质也会对公司的发展起到很重要的作用。

对员工的素质进行分析，可以判断该公司发展的持久力和创新能力。

5. 公司盈利能力和公司成长性分析

（1）公司盈利预测：

对公司盈利进行预测，是判断公司估值水平及投资价值的重要基础。盈利预测的假设主要包括：

①销售收入预测；

②生产成本预测；

③管理和销售费用预测；

④财务费用预测；

⑤其他。

（2）公司经营战略分析：

经营战略具有全局性、长远性和纲领性的特征，它从宏观上规定了公司的成长方向、成长速度及其实现方式。

由于经营战略决策对象是复杂的，所面对的问题常常是突发性的、难以预料的，因此，对公司经营战略的评价比较困难，难以标准化。

（3）公司规模变动特征及扩张潜力分析：

一般与其所处的行业发展阶段、市场结构、经营战略密切相关，它是从微观方面具体考察公司的成长性：

①公司规模的扩张是由供给推动还是由市场需求拉动引致，是通过公司的产品创造市场需求还是生产产品去满足市场需求，是依靠技术进步还是依靠其他生产要素等，以此找出企业发展的内在规律。

②纵向比较公司历年的销售、利润、资产规模等数据，把握公司的发展趋势是加速

发展、稳步扩张，还是停滞不前。

③将公司销售、利润、资产规模等数据及其增长率与行业平均水平及主要竞争对手的数据进行比较，了解其行业地位的变化。

④分析预测公司主要产品的市场前景及公司未来的市场份额，分析公司的投资项目，预计其销售和利润水平。

⑤分析公司的财务状况以及公司的投资和筹资潜力。

6. 公司偿债能力分析

（1）短期偿债能力分析：

短期偿债能力是企业偿还流动负债的能力，短期偿债能力的强弱取决于流动资产的流动性，即资产转换成现金的速度。企业流动资产的流动性强，相应的短期偿债能力也强。因此，通常使用营运资本、流动比率、速动比率和现金比率等衡量短期偿债能力。短期偿债能力受多种因素的影响，包括行业特点、经营环境、生产周期、资产结构、流动资产运用效率等。

（2）长期偿债能力分析：

长期偿债能力是指公司偿还 1 年以上债务的能力。长期负债因为数额较大，其本金的偿还必须有一种积累的过程。

从长期来看，所有真实的报告收益应最终反映为公司的现金净流入，所以长期偿债能力与公司的获利能力是密切相关的。

分析		内容
公司基本分析	公司行业地位分析	产品的市场占有率是衡量公司行业竞争地位的主要指标
	公司经济区位分析	从区位内政府的产业政策、自然条件与基础条件及经济特色的角度进行分析
	公司产品竞争能力分析	对公司产品的市场占有情况、成本优势、技术优势、质量优势、产品的品牌战略进行分析
	公司经营能力分析	从公司法人治理结构的健全性、公司经理层素质的高低、公司从业人员素质和创新能力分析
	公司盈利能力和公司成长性分析	包括公司盈利预测、公司经营战略、公司规模变动特征及扩张潜力
	公司偿债能力分析	包括短期偿债能力分析和长期偿债能力分析

（二）财务分析

1. 公司主要的财务报表分析

（1）资产负债表

资产负债表是反映企业在某一特定日期财务状况的会计报表，它表明权益在某一特定日期所拥有或控制的经济资源、所承担的现有义务和所有者对净资产的要求权。

我国资产负债表按账户式反映，即资产负债表分为左方和右方，左方列示资产各项目，右方列示负债和所有者权益各项目。

总资产 = 负债 + 净资产（资本、股东权益、所有者权益）

即资产各项目的合计等于负债和所有者权益各项目的合计。

通过账户式资产负债表，可以反映资产、负债和所有者权益之间的内在关系，并达到资产负债表左方和右方平衡。同时，资产负债表还提供年初数和期末数的比较资料。

（2）利润表

利润表是反映企业一定期间生产经营成果的会计报表，表明企业运用所拥有的资产进行获利的能力。

利润表把一定期间的营业收入与其同一会计期间相关的营业费用进行配比以计算企业一定时期的净利润（或净亏损）。

我国一般采用多步式利润表格式。

① 营业收入 = 主营业务收入 + 其他业务收入

② 营业利润 = 营业收入 - 营业成本（主营业务成本、其他业务成本） - 营业税金及附加 - 销售费用 - 管理费用 - 财务费用 - 资产减值损失 + 公允价值变动收益 + 投资收益。

③ 利润总额（或亏损总额） = 营业利润 + 营业外收入 - 营业外支出。

④ 净利润（或净亏损） = 利润总额（或亏损总额） - 本期计入损益的所得税费用。

⑤每股收益

普通股或潜在普通股已公开交易的企业以及处于公开发行普通股或潜在普通股过程中的企业，还应在利润表中列示每股收益的信息，包括基本每股收益和稀释每股收益两项指标。

⑥其他综合收益

该项目反映企业根据企业会计准则规定未在损益中确认的各项利得和损失扣除所得税影响后的净额。

⑦综合收益总额

该项目反映企业净利润与其他综合收益的合计金额。

（3）现金流量表

现金流量表反映企业一定期间现金的流入和流出，弥补了因使用权责发生制概念编制资产负债表和利润表而产生的不足。

通过对现金流量表的分析，分析者可以更深入地了解企业当前和未来获得现金和现金等价物的能力及现金组成项目的变化趋势，有助于对诸如融资、股利分配和投资方面做出重要的决策。

现金流量表主要分为三部分：经营活动、投资活动和筹资活动所产生的现金流量。

经营活动产生的现金流量通常可以采用间接法和直接法反映。

（4）所有者权益变动表

所有者权益变动表是反映公司本期（年度或中期）内截至期末所有者权益各组成部分变动情况的报表。

该表全面反映了企业的股东权益在年度内的变化情况，便于会计信息使用者深入分析企业股东权益的增减变化情况，并进而对企业的资本保值增值情况作出正确判断，提供对决策有用的信息。

所有者权益变动表应当全面反映一定时期所有者权益变动的情况，包括所有者权益总量的增减变动、所有者权益增减变动的重要结构性信息、直接计入所有者权益的利得和损失。

股东权益增减变动表的各项内容包括：

①净利润；

②直接计入所有者权益的利得和损失项目及其总额；

③会计政策变更和差错更正的累积影响金额；

④所有者投入资本和向所有者分配利润等；

⑤按照规定提取的盈余公积；

⑥实收资本（或股本）、资本公积、盈余公积、未分配利润的期初和期末余额及其调节情况。

【公司财务报表分析的主要方法】

1. 比较分析法

财务报表分析中最基本的方法，是对两个或几个有关的可比数据进行对比，揭示财务指标的差异和变动关系。最常用的包括三种：

（1）对公司不同时期的财务报表比较分析：可以对公司持续经营能力、财务状况变动趋势和盈利能力作出分析，从一个较长时期来动态地分析公司状况；

（2）单个年度财务比率分析：对公司一个会计年度内的财务报表各项目之间的比较，计算比率，判断年度内偿债能力、资产管理效率、经营效率及盈利能力等情况。

（3）与同行业其他公司之间的财务指标比较分析：可以了解公司各项指标的优劣，在群体中判断个体。

2. 因素分析法

也称因素替换法、连环替换法，是用来确定几个相互联系的因素对分析对象——综合财务指标或经济指标的影响程度的一种分析方法。

采用这种方法的出发点在于，当有若干因素对分析对象产生影响作用时，假定其他各个因素都无变化，顺序确定每一个因素单独变化所产生的影响。

2. 公司财务比率分析

公司财务比率指标归为七大类：

（1）资本结构指标

资产负债率	负债总额/资产总额	反映了在总资产中通过借债筹资的比例，也可以衡量企业在清算时对债权人利益的保护程度。 该指标数值越大，说明企业总资产中仅有小部分是由股东提供的，而大部分是由债权人提供的，债务过多，企业的财务风险将变大。
股东权益比率	股东权益总额/资产总额	反映了所有者提供的资本在总资产中的比重以及企业基本财务结构的稳定性。
长期负债比率	长期负债/资产总额	从总体上判断企业债务状况。 如果长期负债比率过高，必然意味着股东权益比率较低，公司的资本结构风险较大，稳定性较差，在经济衰退时期会给公司带来额外风险。
股东权益与固定资产比率	股东权益总额/固定资产总额	反映购买固定资产所需要的资金有多大比例是来自所有者资本。 该比例越大，说明资本结构越稳定，即使长期负债到期也不必变卖固定资产等来偿还，保证了持续稳定经营的必要基础。 长期负债也可以作为购置固定资产的资金来源，所以并不要求该比率一定大于1。但如果该比率过低，则说明公司资本结构不尽合理，财务风险较大。

（2）偿债能力指标

①短期偿债能力指标

流动比率	流动资产/流动负债	企业能否偿还短期债务，要看有多少债务，以及有多少可变现偿债的资产。 流动资产越多，短期债务越少，则偿债能力越强。一般认为，生产型企业合理的最低流动比率是2。 一般情况下，营业周期、流动资产中的应收账款数额和存货的周转速度是影响流动比率的主要因素。
速动比率	速动资产/流动负债＝（流动资产－存货－预付账款－待摊费用）/流动负债	通常认为正常的速动比率为1，而低于1的速动比率则被认为是短期偿债能力偏低。 影响速动比率可行性的重要因素是应收账款的变现能力。
现金比率（现金资产比率）	（速动资产－应收账款）/流动负债	反映企业即时付现能力。 它将存货与应收款项排除在外，只量度所有资产中相对于当前负债最具流动性的项目，因此是流动性比率中最保守的一个。 反映出公司在不依靠存货销售及应收款的情况下，支付当前债务的能力。 一般认为20%以上为好。

②长期偿债能力指标

资产负债率	负债总额/资产总额	反映在总资产中借债来筹资的比例及公司在清算时保护债权人利益的程度
产权比率	负债总额/股东权益	反映由债权人与股东提供的资本的相对关系、公司基本财务结构的稳定性
有形资产净值债务率	负债总额/（股东权益－无形资产净值）	反映公司清算时债权人投入的资本受到股东权益的保障程度
已获利息倍数	息税前利润/利息费用	反映公司支付利息的能力
长期债务与营运资金比率	长期负债/（流动资产－流动负债）	比率越低，债权人贷款越有安全保障，否则相反

（3）盈利能力指标

营业净利率	净利润/营业收入	反映单位营业收入带来的净利润
营业毛利率	（营业收入－营业成本）/营业收入	反映单位营业收入扣除营业成本后，可以用于各项期间费用和形成盈利的比例
资产净利率	净利润/平均资产总额	反映公司资产利用的综合效果
净资产收益率（净值报酬率、权益报酬率）	净利润/净资产	反映公司所有者权益的投资报酬率

【例 20】某公司某年末利润总额 15000 万元，利息费用为 5000 万元，则该公司已获利息倍数为（　　）。

A. 4　　B. 5　　C. 2　　D. 3

【答案】A

【解析】已获利息倍数＝息税前利润/利息费用。息税前利润即息前税前利润，公司的利润总额属于税前利润，也就是息后利润，息税前利润＝（利润总额＋利息费用）/利息费用＝（15000＋5000）/5000＝4。

【例 21】下列各项中，属于反映企业长期偿债能力的财务指标是（　　）。

Ⅰ. 资产负债率

Ⅱ. 已获利息倍数

Ⅲ. 资产净利率

Ⅳ. 净资产收益率

A. Ⅰ、Ⅳ　　B. Ⅱ、Ⅲ、Ⅳ　　C. Ⅰ、Ⅱ　　D. Ⅱ、Ⅲ

【答案】C

【解析】反映企业长期偿债能力的财务指标有：资产负债率、产权比率、有形资产净值债务率、已获利息倍数、长期债务与营运资金比率。

（4）营运能力指标

存货周转率	营业成本/平均存货	反映存货管理水平，公司的变现能力
存货周转天数	360/存货周转率	
应收账款周转率	营业收入/平均应收账款	反映年度内应收账款转为现金的平均次数，衡量应收账款流动的速度
应收账款周转天数	360/应收账款周转率	反映公司从取得应收账款的权利到收回款项、转换为现金所需要的时间
流动资产周转率	营业收入/平均流动资产	反映流动资产的周转速度
总资产周转率	营业收入/平均总资产	反映资产总额的周转速度

（5）成长能力指标

营业收入增长率	当年营业收入增长额/上年营业收入总额
资本保值增值率	扣除客观因素后的本年末所有者权益总额/年初所有者权益总额
资本积累率	当年所有者权益增长额/年初所有者权益
总资产增长率	当年总资产增长额/年初资产总额
营业利润增长率	当年营业利润增长额/上年营业利润总额
净利润增长率	（当期净利润－上期净利润）/上期净利润
技术投入比率	当年科技支出合计/当年营业收入

（6）现金流量指标

①流动性指标

现金到期债务比	经营现金净流量/本期到期的债务	反映公司偿还债务的能力
现金债务总额比	经营现金净流量/债务总额	比值越高，表明公司承担债务的能力越强，体现了企业最大付息能力
现金流动负债比	经营现金净流量/流动负债	比值越大，表明公司经营活动产生的现金净流量越多，越能保障公司按期偿还到期债务，但也并不是越大越好，该指标过大则表明公司流动资金利用不充分，盈利能力不强

②获取现金能力指标

营业现金比率	经营现金净流量/营业收入	反映单位营业收入得到的净现金，数值越大越好
全部资产现金回收率	经营现金净流量/资产总额	反映公司资产产生现金的能力
每股营业现金净流量	经营现金净流量/普通股股数	反映公司最大的分派股利能力，超过此限度，可能就要借款分红

（7）投资收益指标

每股收益	基本每股收益 = 归属于普通股股东的当期净利润/当期发行在外普通股的加权平均数
市盈率（本益率）	每股市价/每股收益（倍）
股利支付率	每股股利/每股收益 ×100%
每股净资产（每股账面价值或每股权益）	年末净资产/发行在外的年末普通股股数
市净率	每股市价/每股净资产（倍）

【例22】已知某公司某年财务数据如下：年初存货69万元，年初流动资产130万元，年末存货62万元，年末流动资产123万元，营业利润96万元，营业成本304万元，利润总额53万元，净利润37万元。根据上述数据可以计算出（　　）。

Ⅰ. 流动资产周转率为3.2次

Ⅱ. 存货周转天数为77.6天

Ⅲ. 营业净利率为13.25%

Ⅳ. 存货周转率为3次

A. Ⅰ、Ⅱ　　B. Ⅱ、Ⅳ　　C. Ⅰ、Ⅲ　　D. Ⅲ、Ⅳ

【答案】A

【解析】

营业净利润率 = 净利润/营业收入 = 37/（96 + 304） = 9.25%；

存货周转天数 = 360/存货周转率 = 平均存货 ×360 ÷ 营业成本 = ［（69 + 62）/2］ × 360/304 = 77.6（天）；

流动资产周转率 = 营业收入/平均流动资产 = （96 + 304）/［（130 + 123）/2］ = 3.2（次）；

存货周转率 = 360/存货周转天数 = 360/77.6 = 4.6（次）。

【例23】营业毛利率是指（　　）。

A. 毛利润占营业收入的百分比　　B. 反映1元营业收入带来的净利润

C. 毛利润与销售净利的百分比　　D. 营业收入减去成本之后的差

【答案】A

【解析】A项正确，故本题选A项。C、D项错误，营业毛利率是毛利占营业收入的百分比，其中毛利是营业收入与营业成本的差。B项错误，营业毛利率表示每1元营业收入扣除营业成本后，有多少钱可以用于各项期间费用和形成盈利。

（三）公司杜邦财务体系分析

1. 杜邦分析法的含义：利用几种主要的财务比率之间的关系来综合地分析企业的财务状况。最早由美国杜邦公司使用。杜邦分析法是一种用来评价公司盈利能力和股东权益回报水平，从财务角度评价企业绩效的经典方法。基本思想：将企业净资产收益率逐级分解为多项财务比率乘积，有助于深入分析比较企业经营业绩。

杜邦财务体系是将净资产收益率分解为三部分进行分析的方式，分别是利润率、总资产周转率和财务杠杆。这种方式也被称作“杜邦分析法”。

2. 杜邦分析法说明净资产收益率受三类因素影响

（1）盈利能力，用利润率衡量。

（2）营运能力，用资产周转率衡量。

（3）财务杠杆，用权益乘数衡量。

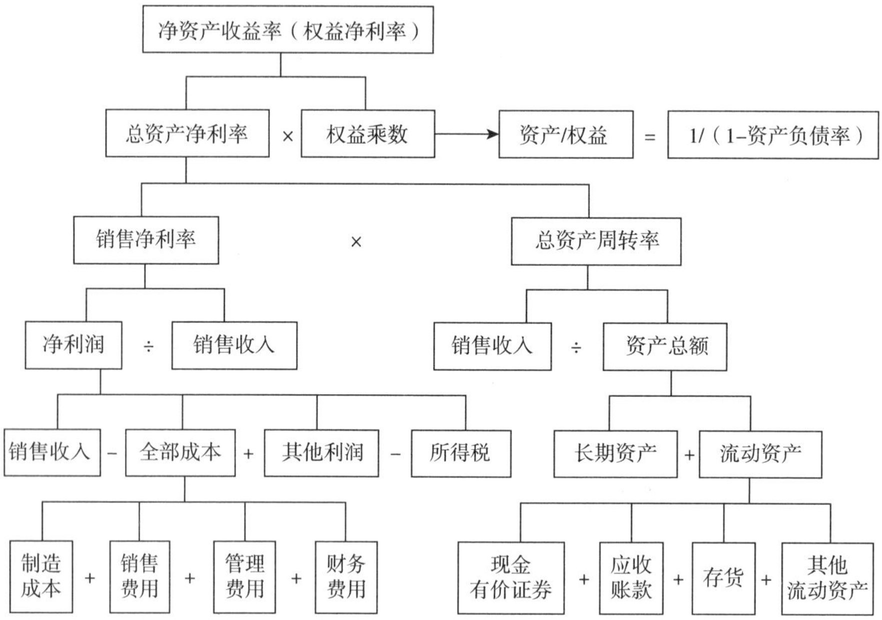

3. 杜邦分析法的指标体系

净资产收益率 = 总资产净利率 × 权益乘数 = 销售净利率 × 总资产周转率 × 权益乘数

销售净利率 = 净利润/销售收入

总资产周转率 = 销售收入/平均资产总额

权益乘数 = 资产总额/所有者权益总额 = 1/（1 − 资产负债率） = 1 + 产权比率

4. 杜邦分析法的基本思路

（1）杜邦体系以净资产收益率为龙头，以总资产利润率为核心，重点揭示企业获利能力及前因后果。

（2）资产净利率是影响权益净利率最重要的指标，具有很强的综合性，而资产净利率又取决于销售净利率和总资产周转率的高低。对资产周转率进行分析，需要对影响资产周转的各因素进行分析，以判断影响公司资产周转的主要问题在哪里。销售净利率反映了销售收入的收益水平。扩大销售收入、降低成本费用是提高企业销售利润率的根本途径，而扩大销售，同时也是提高资产周转率的必要条件和途径。

（3）权益乘数表示企业的负债程度，反映了公司利用财务杠杆进行经营活动的程度。资产负债率高，权益乘数就大，说明公司负债程度高，公司会有较多的杠杆利益，但风险也高；反之，资产负债率低，权益乘数就小，这说明公司负债程度低，公司会有较少的杠杆利益，但相应所承担的风险也低。

5. 杜邦分析法的局限性

（1）对短期财务结果过分重视，有可能助长公司管理层的短期行为，忽略企业长期的价值创造。

（2）财务指标反映的是企业过去的经营业绩，衡量工业时代的企业能够满足要求。但在信息时代，顾客、供应商、雇员、技术创新等因素对企业经营业绩的影响越来越大，而杜邦分析法在这些方面是无能为力的。

（3）在市场环境中，企业的无形知识资产对提高企业长期竞争力至关重要，杜邦分析法却不能解决无形资产的估值问题。

【例 24】 下列关于杜邦分析体系的说法中，正确的有（　　）。

Ⅰ. 权益净利率是杜邦分析体系的核心比率

Ⅱ. 权益净利率 = 资产净利率/权益乘数

Ⅲ. 权益净利率 = 销售净利率 × 总资产周转次数 × 权益乘数

Ⅳ. 权益净利率不受资产负债率高低的影响

A. Ⅰ、Ⅱ　　B. Ⅱ、Ⅳ　　C. Ⅰ、Ⅲ　　D. Ⅲ、Ⅳ

【答案】 C

【解析】 权益净利率是杜邦分析体系的核心比率。权益净利率 = 资产净利率 × 权益乘数 = 销售净利率 × 总资产周转次数 × 权益乘数，权益乘数 = 1/（1 − 资产负债率）。

【例 25】 杜邦分析法说明净资产收益率受到（　　）因素的影响。

Ⅰ. 盈利能力，用利润率衡量

Ⅱ. 盈利能力，用资产周转率衡量

Ⅲ. 营运能力，用资产周转率衡量

Ⅳ. 财务杠杆，用权益乘数衡量

A. Ⅰ、Ⅲ、Ⅳ　　B. Ⅲ、Ⅳ　　C. Ⅰ、Ⅳ　　D. Ⅰ、Ⅱ、Ⅲ

【答案】 A

【解析】 杜邦分析法说明净资产收益率受三类因素影响：

（1）盈利能力，用利润率衡量；

（2）营运能力，用资产周转率衡量；

（3）财务杠杆，用权益乘数衡量。

（四）公司分红派息

1. 分红派息的含义

公司以税后利润，在弥补以前年度亏损、提取法定公积金及任意公积金后，将剩余利润以现金或股票的方式，按股东持股比例或按公司章程规定的办法进行分配的行为。

2. 股利支付的方式

（1）现金股利：最常见、最普通的形式。

（2）财产股利：以现金以外的其他资产支付的股利，如公司债券、公司股票。

（3）负债股利：以负债方式支付的股利，通常以公司的应付票据支付给股东。

（4）股票股利：公司以增发股票的方式所支付的股利，我国也称“红股”。

3. 与股利发放相关的重要日期

（1）预案公布日：上市公司分红派息时，首先要由公司董事会制定分红预案，包括本次分红的数量、分红的方式，股东大会召开的时间、地点及表决方式等，以上内容由公司董事会向社会公开发布。

（2）股息宣布日：公司董事会将分红派息的消息公布于众的时间。

（3）股权登记日：统计确认参加本次股息红利分配的股东的日期，股权登记日当天持有或买进公司股票的股东方能享受股利发放。

（4）除权除息日：通常为股权登记日之后的一个工作日，本日之后（含本日）买入的股票不再享有本期股利。

（5）发放日：即股息正式发放给股东的日期。

4. 股利支付的程序

（1）董事会根据公司的盈利水平和股息政策确定股利分派方案，提交股东大会和主管机关审议；

（2）董事会根据审议的结果向社会公告分红派息方案，并规定股权登记日；

（3）发行公司所在地的股权登记机构按分红派息方案向上市公司收取红股和现金股息。

5. 送红股

送红股是上市公司按比例无偿向股民赠送一定数额的股票。

【例26】公司在发放股利时，在（　　）之后取得股票的股东无权享受已经宣布的股利。

A. 股权登记日　　B. 股息宣布日　　C. 预案公布日　　D. 股利发放日

【答案】A

【解析】股权登记日指统计确认参加本次股息红利分配的股东的日期，股权登记日当天持有或买进公司股票的股东方能享受股利发放。

【考点九】证券估值【☆☆】

（一）证券估值的概念及在公司未来财务预测中的应用

（1）概念：证券估值是指对证券价值的评估。

（2）在公司未来财务预测中的应用：

①证券估值可以成为证券交易的结果，当证券的持有者参考市场上同类或同种证券的价格来给自己持有的证券进行估价时，证券估值成了证券交易的结果。

②有价证券的买卖双方根据各自掌握的信息对证券价值分别进行评估，然后才能以双方接受的价格成交，所以可以认为证券估值是证券交易的前提和基础。

（二）证券估值方法的主要类型

1. 绝对估值

通过对证券基本财务要素的计算和处理得出该证券的绝对金额。各种基于现金流贴现的方法均属此类。

2. 相对估值

相对估值的哲学基础在于，不能孤立地给某个证券进行估值，而是参考可比证券的价格，相对地确定待估证券价值。通常需要运用证券的市场价格与某个财务指标之间存在的比例关系对证券进行估值，如常见的市盈率、市净率、市售率、市值回报增长比等均属相对估值方法。

3. 资产价值

根据企业资产负债表的编制原理，企业的资产价值、负债价值与权益价值三者之间存在下列关系：

权益价值 = 资产价值 - 负债价值

对资产价值进行估值常用的方法：

（1）重置成本法，适用于持续经营的企业。

（2）清算价值法，适用于停止经营的企业。

4. 其他估值方法

（1）无套利定价

理论基础是经济学的一价定律，相同的商品在同一时刻只能以相同的价格出售，否则市场参与者就会低买高卖最终导致价格趋同。据此原理，合理的金融资产价格应该消除套利机会。

（2）风险中性定价

投资者会有不同的风险偏好，从而导致金融资产估值必须选择不同的贴现率。风险中性定价假设投资者不存在不同的风险偏好，对风险均持中性态度从而简化了分析过程，可以采用无风险利率作为贴现率。

【证券绝对估值法】

证券绝对估值法是通过对上市公司历史及当前的基本面的分析和对未来反映公司经营状况的财务数据的预测，获得上市公司证券的绝对内在价值。

贴现现金流估值法基本框架

模型	预期现金流	采用的贴现率
红利贴现模型	预期红利	必要回报率
企业自由现金流贴现模型	企业自由现金流	加权平均资本成本
股东现金流贴现模型	股东自由现金流	必要回报率
经济利润估值模型	经济利润	加权平均资本成本

【证券相对估值法】

相对估值是指运用证券的市场价格与某个财务指标之间存在的比例关系对证券进行估值。包括：

指标	简称	适用行业或企业	不适用行业或企业
市盈率	P/E	周期性较弱企业、一般制造业、服务业	亏损公司、周期性公司
市净率	P/B	周期性公司、重组型公司	重置成本变动较大的公司、固定资产较少的服务行业
市销率	P/S	销售收入和利润率较稳定的公司	销售不稳定的公司
经济增加值与利息折旧摊销前收入比	EV/EBITDA	资本密集、准垄断或具有巨额商誉的收购型公司	固定资产更新变化较快的公司
市值回报增长比	PEG	IT 等成长性行业	成熟行业

【例 27】通过对证券基本财务要素的计算和处理得出该证券的绝对金额，该估值方法是（　　）。

A. 绝对估值　　B. 相对估值　　C. 风险中性定价　　D. 无套利定价

【答案】A

【解析】考察绝对估值法的概念。

【例 28】证券的绝对估值法包括（　　）。

Ⅰ. 现金流贴现模型

Ⅱ. 市盈率法

Ⅲ. 市值回报增长比法

Ⅳ. 经济利润估值模型

A. Ⅱ、Ⅲ　　B. Ⅰ、Ⅱ　　C. Ⅰ、Ⅳ　　D. Ⅲ、Ⅳ

【答案】C

【解析】Ⅱ、Ⅲ项属于相对估值法。

【考点十】股票的绝对估值方法【☆☆】

（一）股息贴现模型（DDM）

1. 含义

是一种最基本的股票内在价值评价模型。

内在价值：股票本身应该具有的价值，而不是它的市场价格。股票内在价值可以用股票每年股利收入的现值之和来评价。

股利：发行股票的股份公司给予股东的回报，按股东的持股比例进行利润分配，每一股股票所分得的利润就是每股股票的股利。

2. 一般公式

$$V=\frac{D_1}{1+k}+\frac{D_2}{(1+k)^2}+\frac{D_3}{(1+k)^3}+\cdots+\frac{D_\infty}{(1+k)^\infty}$$

$$=\sum_{t=1}^{\infty}\frac{D_t}{(1+k)^t}$$

V 表示股票在期初的内在价值；

D_t 表示时期 t 期末以现金形式表示的每股股息；

k 表示一定风险程度下现金流的适合贴现率，即必要收益率。

根据一般公式，可以得到净现值（NPV）的计算公式：

$$NPV=V-P=\sum_{t=1}^{\infty}\frac{D_t}{(1+k)^t}-P$$

式中：P 为在 $t=0$ 时购买股票的成本。

（1）NPV >0：所有预期的现金流入的现值之和大于投资成本，即股票被低估价格，因此购买该股票可行。

（2）NPV <0：所有预期的现金流入的现值之和小于投资成本，即股票被高估价格，因此购买该股票不可行。

3. 内部收益率

内部收益率是指使投资净现值等于零的贴现率。如果用 k^* 代表内部收益率，则有：

$$NPV=V-P=\sum_{t=1}^{\infty}\frac{D_t}{(1+k)^t}-P=0$$

因此：

$$P=\sum_{t=1}^{\infty}\frac{D_t}{(1+k^*)^t}$$

即使未来股息流贴现值恰好等于股票市场价格的贴现率实际上就是内部收益率。

将 k^* 与具有同等风险水平股票的内部收益率 k 相比较：

（1）$k^* > k$，可以考虑购买这种股票。

（2）$k^* < k$，不要购买这种股票。

（二）股息增长模型

1. 零增长模型

假定股息增长率等于零，即未来的股息按一个固定数量支付。

公式为：

$$V = \frac{D_0}{K}$$

V 表示股票的内在价值；

D_0 表示未来每期支付的每股股息；

K 表示必要收益率。

零增长模型的应用似乎受到相当的限制，毕竟假定对某一种股票永远支付固定的股息是不合理的，但在特定的情况下，对于决定普通股股票的价值仍然是有用的。在决定优先股的内在价值时这种模型相当有用，因为大多数优先股支付的股息是固定的。

【例 29】某公司在未来每年支付的股利为 3 元/股，必要收益率为 10%，采用零增长模型计算，则该公司股票的内在价值为（　　）元。

A. 20　　B. 30　　C. 40　　D. 50

【答案】B

【解析】将数据直接代入公式 $V = D_0/K = 3/10\% = 30$（元）。

2. 不变增长模型

不变增长模型有两种形式：

①股息按照不变的增长率增长（更常见）。

②股息以固定不变的绝对值增长。

假定股息永远按不变的增长率增长，就可以建立不变增长模型，不变增长模型的公式为：

$$V = \frac{D_1}{k - g}$$

零增长模型实际上是不变增长模型的一个特例。假定增长率 g 等于零，股息将永远按固定数量支付，这时不变增长模型就是零增长模型。

从这两种模型来看，虽然不变增长的假设比零增长的假设有较小的应用限制，但是在许多情况下仍然被认为是不现实的。

但由于不变增长模型是多元增长模型的基础，因此这种模型是极为重要的。

【例 30】公司今年的年终股息是每股 8 元，市场资本化率为每年 10%，利用股息贴现模型，下列说法正确的是（　　）。

Ⅰ. 如果股息每股每年增长 5%，则当前股价为 559 元

Ⅱ. 如果股息每股每年增长 5%，则当前股价为 168 元

Ⅲ. 如果股息每股每年增长 8%，则当前股价为 570 元

Ⅳ. 如果股息每股每年增长 8%，则当前股价为 432 元

A. Ⅰ、Ⅳ　　B. Ⅰ、Ⅲ　　C. Ⅱ、Ⅳ　　D. Ⅱ、Ⅲ

【答案】 C

【解析】 考查股息不变增长模型。运用公式 $V = D_1/(k-g) = D_0 \times (1+g)/(k-g)$；

如果股息每股每年增长 5%，则当前股价为：V = 8 ×（1 + 5%）/（10% − 5%）= 168 元

如果股息每股每年增长 8%，则当前股价为：V = 8 ×（1 + 8%）/（10% − 8%）= 432 元。

3. 可变增长模型

（1）两阶段增长模型

两阶段增长模型假定在时间 L 以前，股息以一个不变的增长速度 g_1 增长；在时间 L 后，股息以另一个不变的增长速度 g_2 增长。由此可以建立二元可变增长模型：

$$V = \sum_{t=1}^{L} D_0 \frac{(1+g_1)^t}{(1+k)^t} + \sum_{t=L+1}^{\infty} D_L \frac{(1+g_2)^{t-L}}{(1+k)^t}$$

$$= \sum_{t=1}^{L} D_0 \frac{(1+g_1)^t}{(1+k)^t} + \frac{1}{(1+k)^L} \times \sum_{t=L+1}^{\infty} D_L \frac{(1+g_2)^{t-L}}{(1+k)^{t-L}}$$

$$= \sum_{t=1}^{L} D_0 \frac{(1+g_1)^t}{(1+k)^t} + \frac{1}{(1+k)^L} \times \frac{D_{L+1}}{k-g_2}$$

（2）三阶段增长模型

将股息的增长分成了三个不同的阶段：

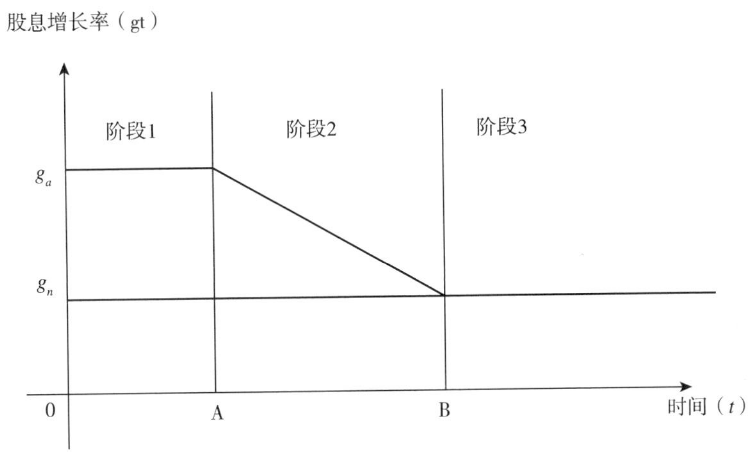

第一阶段（期限为 O 到 A），股息的增长率为一个常数。

第二阶段（期限为 A 到 B）是股息增长的转折期，股息增长率以线性的方式从 g_a 变化为 g_n。

第三阶段的股息增长率。如果 $g_a > g_n$，则在转折期内表现为递减的股息增长率；反之则表现为递增的股息增长率。

第三阶段（期限为 B 之后，一直到永远），股息的增长率也是一个常数（g_n），该增长率是公司长期的正常的增长率。

【内部收益率】

在可变增长模型中，用股票的市场价格 P 代替 V，用 k^* 代替 k，同样可以计算出内部收益率 k^*。

由于可变增长模型相对较为复杂，不容易直接得出内部收益率，因此，主要采取试错法来计算。试错法的主要思路：首先估计一个收益率水平 k^*，将其代入可变增长模型中。

（1）若在此收益率水平下计算出的股票理论价值小于股票的市场价格，则认为估计的收益率水平高于实际的内部收益率 k^*。

（2）若在此收益率水平下计算出的股票理论价值低于股票的市场价格，则认为估计的收益率水平大于实际的内部收益率 k^*。

通过反复试错，估计的收益率水平将逐步逼近实际的内部收益率水平。

从本质上来说，零增长模型和不变增长模型都可以看成是可变增长模型的特例。

在第二阶段增长模型中，当两个阶段的股息增长率都为零时，第二阶段增长模型就是零增长模型；当两个阶段的股息增长率相等且不为零时，第二阶段增长模型就是不变增长模型。

相对于零增长模型和不变增长模型而言，第二阶段增长模型较为接近实际情况。然而，对于股票的增长形态，还可以进行更细的分析，以更贴近实际情况。

（三）现金流贴现模型

自由现金流含义

自由现金流量：企业产生的、在满足了再投资需要之后剩余的现金流量，这部分现金流量是在不影响公司持续发展的前提下可供分配给企业资本供应者（股东和债权人）的最大现金额。

自由现金流可以分为：

1. 企业自由现金流（Free cash flow for the firm，FCFF）

（1）计算公式

与红利贴现模型相似，企业自由现金流的计算也分为零增长、固定增长、多阶段几种情况，区别在于将各期红利改为各期企业自由现金流。企业自由现金流计算公式如下：

$$FCFF = 息税前利润 \times (1 - 所得税税率) + 折旧和摊销 - 净营运资本量 - 资本性投资 + 其他现金来源$$

（2）贴现率

企业自由现金流贴现模型以企业加权平均资本成本（Weighted Average Cost of Capital，WACC）为贴现率。计算公式如下：

$$WACC = \frac{E}{E+D} \times K_E + \frac{D}{E+D} \times K_D \times (1 - T)$$

式中：E——股票市值；

D——负债市值（通常采用账面值）；

T——公司所得税税率；

K_E——公司股本成本；

K_D——公司负债成本。

（3）计算步骤

①根据预期企业自由现金流数值，用加权平均资本成本作为贴现率，计算企业的总价值；

②减去企业的负债价值，得到企业股权价值；

③用企业股权价值除以发行在外的总股数，即可获得每股价格。

2. 股东自由现金流贴现模型

（1）定义与计算

股东自由现金流（Free Cash Flow to Equity，FCFE），是指公司经营活动中产生的现金流量，扣除公司业务发展的投资需求和对其他资本提供者的分配后，可以分配给股东的现金流量。计算公式如下：

$$FCFE = FCFF - 用现金支付的利息费用 + 利息税收抵减 - 优先股股利$$

（2）贴现率

股东自由现金流贴现模型以股东要求的必要回报率作为贴现率。

（3）计算步骤

①计算未来各期期望 FCFE；

②确定股东要求的必要回报率作为贴现率计算企业的权益价值 VE；

③计算出股票的内在价值。

【考点十一】股票的相对估值方法【☆☆】

（一）市盈率估值法

市盈率（P/E）又称价格收益比、本益比，是指每股价格与每股收益之间的比率，其计算公式为：

$$市盈率 = 每股价格 / 每股收益$$

包括：

（1）简单估计法：主要利用历史数据进行估计，包括：

①算术平均数法或中间数法：将股票各年的市盈率历史数据排成序列，剔除异常数据，求取算术平均数或中间数，用来作为对未来市盈率的预测，适用于市盈率比较稳定的股票。

②趋势调整法：根据方法①求得市盈率的一个估计值，再分析市盈率时间序列的变化趋势，以画趋势线的方法求得一个增减趋势的量的关系式，最后对上面的市盈率的估计值进行修正的方法。

③回归调整法：根据方法①求出一个市盈率的估计值，然后对下一年的市盈率作如下预测，市盈率高于估计值，就认为下一年的市盈率值将会向下调整；反之，则认为会向上调整的方法。

（2）市场决定法

①市场预期回报率倒数法

假设条件：在不变增长模型中，公司利润内部保留率为固定不变的 b；再投资利润率为固定不变的 r，股票持有者的预期回报率与再投资利润率相当。

股票持有者预期的回报率恰好是市盈率的倒数，可通过对各种股票市场预期回报率的分析预测市盈率。

②市场归类决定法

在有效市场的假设下，选取风险结构类似的公司求取市盈率的平均数，以此作为市盈率的估计值。

（3）回归分析法

利用回归分析的统计方法，通过考查股票价格、收益、增长、风险、货币的时间价值和股息政策等各种因素变动与市盈率之间的关系，得出能够最好解释市盈率与这些变量间线性关系的方程，进而根据这些变量的给定值对市盈率大小进行预测的分析方法。

（二）资本资产定价模型

在资产估值方面，资本资产定价模型主要被用来判断证券是否被市场错误定价。

根据资本资产定价模型，每一证券的期望收益率应等于无风险利率加上该证券由 β 系数测定的风险溢价：

$$E(r_i) = r_F + [E(r_M) - r_F]\beta_i$$

（1）当我们获得市场组合期望收益率的估计和该证券风险 β 的估计时，我们就能计算市场均衡状态下证券 i 的期望收益率 $E(r_i)$；

（2）市场对证券在未来所产生的收入流（股息加期末价格）有一个预期值，这个预

期值与证券 i 的期初市场价格及其预期收益率 $E(r_i)$ 之间有如下关系：

$$E(r_i)=\frac{E(\text{股息}+\text{期末价格})}{\text{期初价格}}-1$$

在均衡状态下，上述两个 $E(r_i)$ 应有相同的值。因此，均衡期初价格应定为：

$$\text{均衡的期初价格}=\frac{E(\text{股息}+\text{期末价格})}{1+E(r_i)}$$

将现行的实际市场价格与均衡的期初价格进行比较，两者不相等则说明市场价格被误定，被误定的价格应该有回归的要求。利用这一点可获得超额收益：

当实际价格低于均衡价格时，说明该证券是廉价证券，应该购买该证券；

当实际价格高于均衡价格时，则应卖出该证券，而将资金转向购买其他廉价证券。

易混知识点分析

公司财务比率指标归为七大类：

1. 资本结构指标
2. 偿债能力指标
3. 盈利能力指标
4. 营运能力指标
5. 成长能力指标
6. 现金流量指标
7. 投资收益指标

考查角度：

（1）财务比率分门归类；

（2）财务比率的计算；

（3）财务比率经济意义的区分。

【本节学习提示】

考查重点：

①证券分析方法的主要类型【基本分析法、技术分析法、量化分析法】；

②宏观经济分析【宏观经济运行、宏观经济变动】；

③证券市场的供求关系分析；

④行业分析；

⑤公司分析【公司财务比率分析（七大类）】；

⑥证券估值【绝对估值法、相对估值法】。

第二节 技术分析

【考点一】技术分析的含义与基本假设【☆】

（一）技术分析的含义

技术分析是以证券市场过去和现在的市场行为为分析对象，应用数学和逻辑的方法，探索出一些典型变化规律，并据此预测证券市场未来变化趋势的技术方法。

技术分析法不但用于证券市场，还广泛应用于外汇、期货和其他金融市场。

（二）技术分析的基本假设

1. 市场行为涵盖一切信息：任何一个影响证券市场的因素，最终都必然体现在股票价格的变动上。

2. 证券价格沿趋势移动：证券价格的变动是有一定规律的，具有保持原来运动方向的惯性，而证券价格的运动方向是由供求关系决定的。

3. 历史会重演：历史资料概括出来的规律已经包含了未来证券市场的一切变动趋势，即可以根据历史预测未来。

【考点二】技术分析使用的图形【☆☆】

（一）线形图

（1）概念

也称点状图、星状图、停顿图，是最早的绘图方法，是衔接收盘价而形成的图形，以所定的股价频率即交易时间（短期趋势以日、周为时间单位；中期趋势以月、季为时间单位；长期趋势以年为时间单位）作为横坐标，以股价（个股图一般运用收盘价；大势图则采用股价平均数和股价指数）作为纵坐标的坐标图。

（2）操作方式

把个别股票的收盘价或股市的股价平均数、股价指数依次描点在图形上（按时间顺序），然后把各点连成线，即可得到股价趋势线。

（3）优缺点

优点：简单易制，较适合初学投资者理解有关股份过去的走势。

缺点：图形只记录收盘价，缺少开盘价、当日最高价和最低价，难以把握当日最高和最低变动幅度，难以捕捉短线和中线趋势。

（二）棒形图

1. 概念

棒形图是证券行情分析中较为常用的一种技术分析图表，流行于欧美国家，以竖棒来表现股票价格的高低。

2. 特点

以棒体的分布反映证券价格的走势，它不仅能反映一般线形图反映的全部内容，而且还能反映每日证券成交的价格差。

3. 画法

①竖棒的顶部为最高价，底部为最低价，竖棒左边的横线代表开盘价，竖棒右边的横线代表收盘价。

②只画收盘价，不画开盘价。棒体越长，表明当日的股票成交价格起伏越大；反之，则价格起伏小。

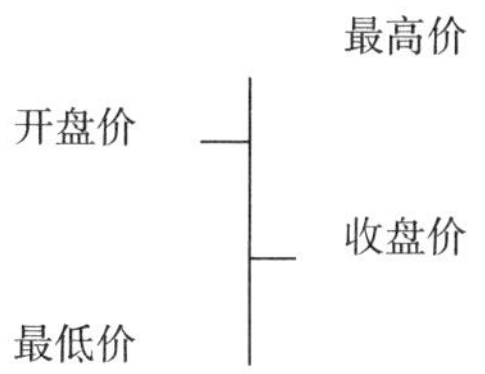

（a）

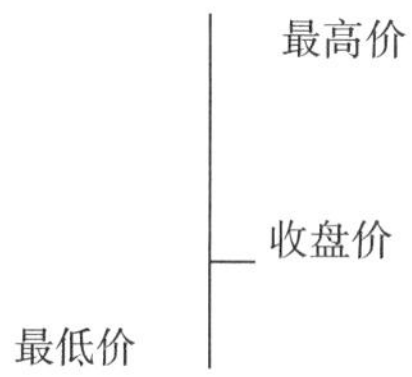

（b）

4. 图形分类

可从形态学角度分为：头肩形、穹窿形、三角形、旗形、长方形等多种。

5. 棒形图的运用

多与成交量相配合，分析图分为上下两个部分，上半部分是棒形图，表示价格变动的情况；下半部分是对应的成交量。

棒形图的横坐标：时间可以用日、周或月来表示。

（三）阴阳矩形图

1. 概述

（1）概念

又叫K 线图，又称为日本线，起源于200 多年前的日本。K 线图记录的是股票在某个交易单元时间内价格的变动情况，是将股市每日、每周或每月的股价变动情形用柱状线图形表示出来，依照图形研判股价未来变动。K 线图表示出买卖双方力量增减与转变过程及实战结果。

（2）绘制方法

K 线是一条柱状的线条，由影线和实体组成。

影线在实体上方的部分叫上影线，下方的部分叫下影线。实体表示一日的开盘价和收盘价。

上影线的上端顶点表示一日的最高价，下影线的下端顶点表示一日的最低价。

如果收盘价格高于开盘价格，则 k 线被称为阳线，用空心的实体表示，反之称为阴线，用黑色实体或白色实体表示。

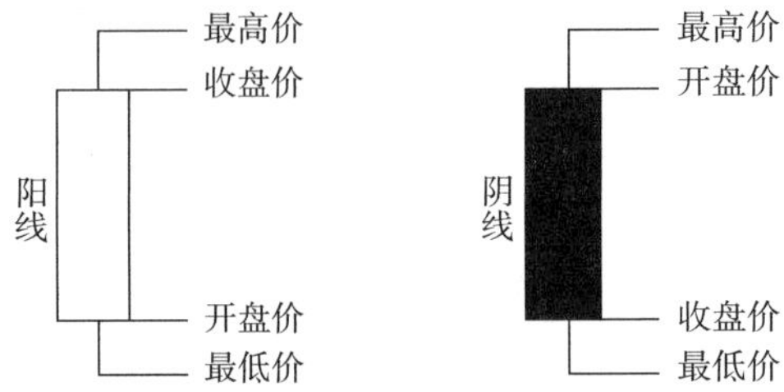

在国内股票和期货市场：通常用红色表示阳线，绿色表示阴线。最高价和实体之间的线被称为上影线，最低价和实体之间的线被称为下影线。

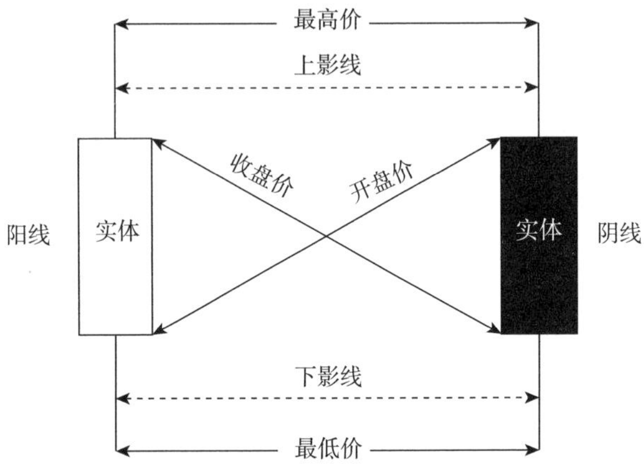

2. 单根 K 线的基本形态

（1）光头光脚的大阳线与大阴线

①光头光脚的大阳线：从开盘买方就积极进攻，中间也可能出现买方与卖方的竞争，买方始终占优势，使价格一路上扬，直至收盘。表现出强烈的涨势，股市呈现高潮，买方疯狂涌进，卖方不愿抛售，出现供不应求的状况。

②光头光脚的大阴线：从一开始，卖方就占优势，股市处于低潮，握有股票者不限价疯狂抛出，造成恐慌心理。市场呈现一面倒，直到收盘，价格始终下跌，表现出强烈的跌势。

出现情形：

当阳线收盘价或阴线开盘价正好与最高价相等时，就会出现这种 K 线。

（2）光脚阳线与光脚阴线

①光脚阳线的特点：

表示上升势头很强，但在高价位处多空双方有分歧，购买时应谨慎。

光脚阳线的出现，如果阳线实体越长，说明多方上攻力度越大；反之，则有见顶的可能。

②光脚阴线的特点：

与光脚阳线的含义相反，表示股价虽有反弹，但上档抛压沉重，空方趁势打压使股价以阴线报收。

光脚阴线的实体越大，则表明空方的势力越强，打压的动能越大。

③出现情形：

当开盘价正好与最低价相等或收盘价正好与最低价相等时，就会出现这种K线。

（3）光头阳线与光头阴线

①光头阳线的特点：

光头阳线是一种带下影线的红实体，最高价与收盘价相同，表示开盘后，出现先跌后涨，总体看来，买方力量较大，但实体部分与下影线长短不同，买方与卖方力量对比不同。

②光头阴线的特点：

光头阴线是一种带下影线的黑实体，属下跌抵抗型的K线。它表示开盘价是最高价，开盘卖方力量就特别大，价位一直下跌，但在低价位上遇到买方的支撑，后市可能会反弹。

③出现情形：

当开盘价与最高价相同或收盘价与最高价相同时，就会出现这种K线。

（4）十字形

特点：表明多空双方力量暂时平衡，使市势暂时失去方向，但却是一个值得警惕、随时可能改变趋势方向的K线图形。当收盘价与开盘价相同时，就会出现这种K线。

（5）T字形与倒T字形

T字形：又称多胜线，开盘价与收盘价相同，当日交易以开盘价以下之价位成交，又以当日最高价（即开盘价）收盘。卖方虽强，但买方实力更大，局势对买方有利，如在低价区，行情将会回升。

倒T字形：又称空胜线，开盘价与收盘价相同，当日交易都在开盘价以上之价位成交，并以当日最低价（开盘价）收盘。表示买方虽强，但卖方更强，买方无力再挺升。总体来看卖方稍占优势，如在高价区，行情可能会下跌。

（6）一字形

这是一种非常特别的形状，它的四个价格都一样，此类情形只出现于交易非常冷清、全日交易只有一档价位成交。

冷门股此类情形较易发生。在发行一个事先定好价格的股票时，会遇到这种情况。

3. K线的组合应用

（1）单根K线的应用

①看实体，分析实体的长短。

阳线的实体越长，表明买方的力量越强；阴线的实体越长，表明卖方的力量越强。

两根或三根 K 线组合在一起时：

①如果同是阳线，且后面的阳线实体与前面的阳线相比，一根比一根长，表明买方占绝对优势，股价涨势还将增强；如果后面的阳线与前面相比，渐次缩短，表明买方气势已开始减弱，股价涨幅有限。

②如果同是阴线：两根或三根阴线，后面比前面的长，表明卖方势强，还会进一步打压股价；当阴线渐次缩短，则表明卖方力量开始衰退，股价下跌势头放缓。

（2）看影线长短，分析上影线和下影线的长短。

上影线长，说明买方将股价推高后遇空方打压，上影线越长，表明空方阻力越大；下影线长，说明买方在低价位有强力支撑，下影线越长，表明支撑力越强。

（3）看阴阳。

（4）看位置：看是在行情的高价区还是低价区产生的。

对多方与空方优势的衡量，主要依靠上下影线和实体的长度来确定：

上影线越长，下影线越短，阳线实体越短或阴线实体越长，越有利于空方占优；上影线越短，下影线越长，阴线实体越短或阳线实体越长，越有利于多方占优。

上影线和下影线相比的结果，可判断多方和空方的努力对比：

上影线长于下影线，利于空方；下影线长于上影线，则利于多方。

应用一根 K 线进行分析时，多空双方力量的对比取决于影线的长短与实体的大小：

①指向一个方向的影线越长，越不利于股价今后朝这个方向变动。

②阴线实体越长，越有利于下跌；阳线实体越长，越有利于上涨。

③当上下影线相对实体较短时，可忽略影线的存在。

（2）由多根 K 线的组合推测行情

无论是两根 K 线、三根 K 线乃至多根 K 线，都是以各根 K 线的相对位置和阴阳线来推测行情的。

将前一天的 K 线画出，然后将这根 K 线按数字划分成五个区域。

对于两根 K 线的组合来说，第二天的 K 线是进行行情判断的关键。

第二天多空双方争斗的区域越高，越有利于上涨；越低，越有利于下跌。

【总结】

无论 K 线的组合多复杂，考虑问题的方式是相同的，都是由最后一根 K 线相对于前面 K 线的位置来判断多空双方的实力大小。

由于三根 K 线组合比两根 K 线组合多了一根 K 线，获得的信息就多些，得出的结论相对于两根 K 线组合来讲要准确些，可信度更大些。即K 线多的组合要比 K 线少的组合得出的结论可靠。

【应用 K 线组合应注意的问题】

无论是一根 K 线，还是两根、三根甚至更多根 K 线，都是对多空双方争斗的一个描述，由它们的组合得到的结论都是相对的，不是绝对的。对股票投资者而言，结论只是起一种建议作用。在应用时，有时会发现运用不同种类的组合会得到不同的结论。有时应用一种组合得到明天会下跌的结论，但是次日股价没有下跌，反而上涨。避免这种情况发生的一个重要原则是尽量使用根数多的K线组合的结论，并将新的K线加进来重新进行分析判断。一般来说，多根K线组合得到的结果不大容易与事实相反。

（四）点数图

1. 概念

又称○X图、点线图、圈叉图，一般绘制在方格纸上，是利用带方格的图表来记录、分析和预测市场交易价格变动趋势的图表。

2. 适用

不仅可以观测股价走势的反转现象，而且也可以用来观测股价，预测实际的价位目标。

3. 特点

点数图只反映股市中显著变动的大行情。

点数图是没有时间坐标的，而是采取小方栏记录股价的变化，每一栏代表一个趋势，只有当趋势反转时，才另画一栏。

4. 应用法则

图形由O变成X时，表示买进；图形由X变成O时，表示卖出。

OX图上可以画趋势线：当O或X向上突破趋势线时，视为买进信号；当O或X向下跌破趋势线时，视为卖出信号，可预测未来涨跌幅。

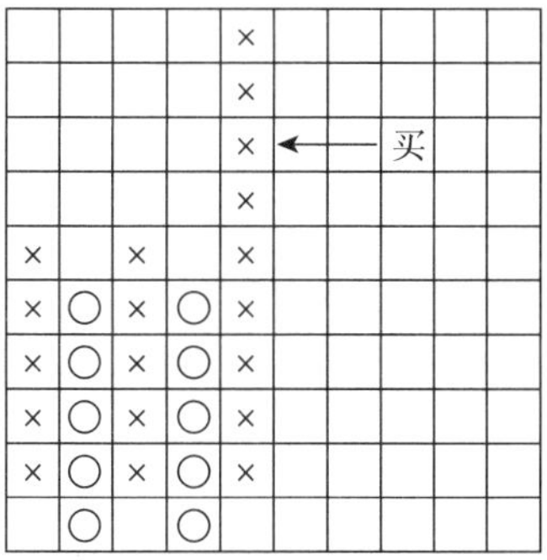

三顶突破（向上）
Triple-top breakout（Up）

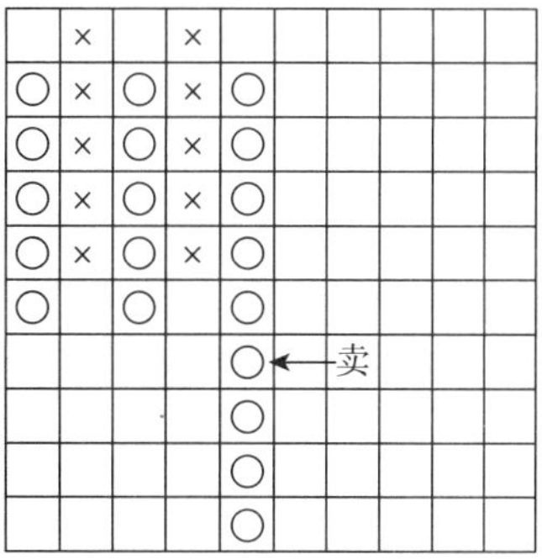

三底突破（向下）
Triple-bottom breakout（Down）

【考点三】技术分析的趋势线【☆☆】

（一）趋势线的含义

趋势线是表示证券价格变化趋势的直线。

（1）反映价格向上波动发展的趋势线称为上升趋势线；反映价格向下波动发展的趋势线称为下降趋势线。

（2）描述价格变动的趋势线也分为三种：长期趋势线、中期趋势线与短期趋势线。

（二）趋势线的画法

在上升趋势中，将两个低点连成一条直线，就得到上升趋势线。

在下降趋势中，将两个高点连成一条直线，就得到下降趋势线。

标准的趋势线必须由两个以上的高点或低点连接而成。

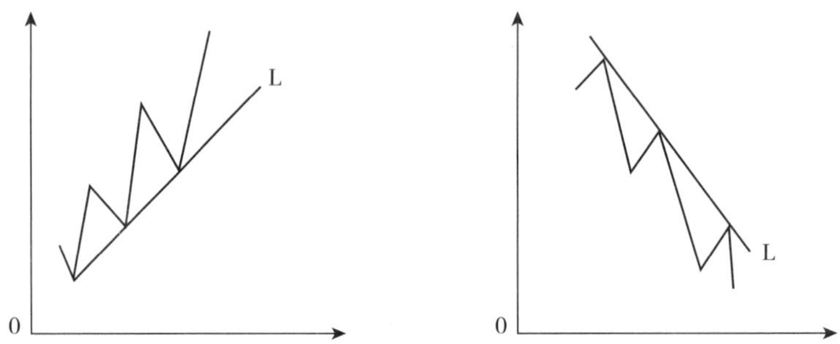

（三）趋势线的确认

1. 必须确实有趋势存在

2. 画出直线后，还应得到第三个点的验证才能确认这条趋势线是有效的

3. 这条直线延续的时间越长，越具有有效性

（四）趋势线的作用

1. 起支撑和压力的作用

2. 趋势线被突破后，说明股价下一步的走势将要反转

（五）趋势线的突破

应用趋势线最为关键的问题是如何确认趋势线突破的有效性。

通常，确认突破趋势线是否有效，要参考以下三个方面：

（1）收盘价突破趋势线比交易日内最高价和最低价突破趋势线更为重要，一般以收盘价的突破为有效突破。

（2）穿越趋势线后，离趋势线越远，突破越有效。

（3）穿越趋势线后，在趋势线的另一方停留的时间越长，突破越有效。

（六）轨道线及作用

1. 轨道线

轨道线又称通道线或管道线，是基于趋势线的一种方法。在得到趋势线后，通过第一个高峰和低谷可以画出这条趋势线的平行线，这条平行线就是轨道线。

两条平行线组成一个轨道，这就是常说的上升和下降轨道。

轨道的作用是限制股价的变动范围，让它不能变得太离谱。一个轨道一旦得到确认，那么价格将在这个通道里变动。如果有对上面或下面的直线的突破，这意味着将有一个大的变化。

与突破趋势线不同，对轨道线的突破并不是趋势反转的开始，而是趋势加速的开始，即原来的趋势线的斜率将会增加，趋势线的方向将会更加陡峭。

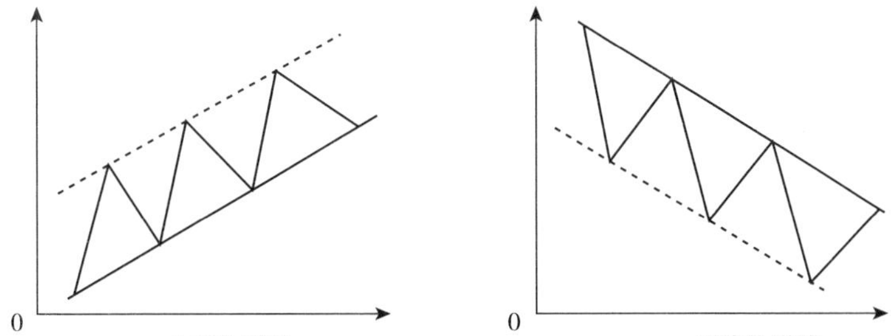

上升轨道线　　　下降轨道线

2. 轨道线的确认

一般而言，轨道线被触及的次数越多，延续的时间越长，其被认可的程度和重要性越高。

3. 趋势线与轨道线的关系

轨道线和趋势线是相互合作的一对。

先有趋势线，后有轨道线。趋势线比轨道线重要。

趋势线可以单独存在，轨道线不能单独存在。

【考点四】技术分析的阻力位与支撑位【☆☆】

（一）支撑位和阻力位

1. 阻力位：在股价上升时，可能遇到压力从而反转下降的价位

2. 支撑位：在股价下跌时，可能遇到支撑从而止跌回稳的价位

（二）支撑线和压力线的含义

（1）支撑线：又称抵抗线，当股价下跌到某个价位附近时，会出现买方增加、卖方减少的情况，从而使股价停止下跌甚至回升。

（2）压力线：又称阻力线，当股价上涨到某个价位附近时，会出现卖方增加、买方减少的情况，使股价停止上涨甚至回落。

（三）支撑线和压力线的应用

支撑线和压力线的作用是阻止或暂时阻止股价朝一个方向继续运动。

（1）支撑线和压力线有被突破的可能，它们不足以长久地阻止股价保持原来的变动方向，只不过是暂时停顿而已。股价的变动是有趋势的，要维持这种趋势，保持原来的

变动方向，就必须冲破阻止其继续向前的障碍；要维持下跌行情，就必须突破支撑线的阻力和干扰，创造出新的低点；要维持上升行情，就必须突破上升压力线的阻力和干扰，创造出新的高点。

（2）支撑线和压力线又有彻底阻止股价按原方向变动的可能。当一个趋势结束了，就不可能创出新低或新高。此时，支撑线和压力线显得异常重要。

（3）在上升趋势中：如果下一次未创新高，即未突破压力线，这个上升趋势就已经处在很关键的位置了，如果往后的股价又向下突破了这个上升趋势的支撑线，这就产生了一个很强烈的趋势有变的警告信号。这通常意味着这一轮上升趋势已经结束，下一步的走向是下跌。

在下降趋势中：如果下一次未创新低，即未突破支撑线，这个下降趋势就已经处于很关键的位置；如果下一步股价向上突破了这次下降趋势的压力线，这就发出了这个下降趋势将要结束的强烈信号，股价的下一步将是上升的趋势。

（四）支撑线和压力线的相互转化

支撑线和压力线之所以能起支撑和压力作用，两者之间之所以能相互转化，很大程度上是由于心理因素方面的原因，这也是支撑线和压力线理论上的依据。

一条支撑线若被跌破，这一支撑线将成为压力线；一条压力线被突破，这一压力线将成为支撑线。

即：支撑线和压力线的地位不是一成不变的，而是可以改变的，条件是它被有效地、足够强大的股价变动突破。

（五）支撑线和压力线的确认和修正

对支撑线和压力线的修正过程是对现有各个支撑线和压力线重要性的确认。一条支撑线或压力线对当前影响的重要性有三个方面的考虑：

（1）股价在这个区域停留时间的长短；

（2）股价在这个区域伴随的成交量大小；

（3）这个支撑区域或压力区域发生的时间距离当前这个时期的远近。

股价停留的时间越长、伴随的成交量越大、离现在越近，则这个支撑或压力区域对当前的影响就越大。

【考点五】常用技术分析指标【☆☆☆】

技术指标法：应用一定的数学公式，对原始数据进行处理，得出指标值，将指标值绘成图表，从定量的角度对证券价格进行预测的方法。

以技术指标的功能为划分依据，划分为：

（一）趋势型指标：如移动平均线（MA）、指数平滑异同移动平均线（MACD）。

（二）超买超卖型指标：如威廉指标（WMS）、随机指标（KDJ）、相对强弱指标

(RSI)、乖离率指标(BIAS)。

(三)人气型指标:如心理线指标(PSY)、能量潮指标(OBV)。

(四)大势型指标:腾落指数(ADL)、涨跌比指标(ADR)、超买超卖指标(OBOS)。

1. 移动平均线(Moving Average,MA)

(1)MA 的含义:用统计分析的方法,将一定时期内的证券价格(指数)加以平均(通常是收盘价的平均值),并把不同时间的平均值连接起来,形成一根 MA,用以观察证券价格变动趋势的一种技术指标。

(2)MA 的分类:

根据对数据处理方法的不同,可分为:

①简单/算术移动平均线(SMA)。

②加权移动平均线(WMA)。

③指数平滑移动平均线(EMA)。

(3)MA 的计算公式:

以简单/算术移动平均线(SMA)为例,其计算公式为:

MA(n) =(第 1 日收盘价 + 第 2 日收盘价 + 第 3 日收盘价 + … + 第 n 日收盘价)/n

n 是 MA 的参数,表示移动平均周期数。

MA(5):5 日的移动平均线,即将第 1 日的至第 5 日的收盘价之和除以 5 得到第一个 5 日平均价,将第 2 日至第 6 日的收盘价之和除以 5,得到第二个 5 日平均价,再将第 3 日至第 7 日的收盘价的和除以 5,得到第三个 5 日移动平均线。以此类推,这些平均价的连线即为 5 日移动平均线。

根据计算期的长短,MA 可分为短期、中期和长期移动平均线:

通常以 5 日、10 日线观察证券市场的短期走势、称为短期移动平均线;以 30 日、60 日线观察中期走势,称为中期移动平均线;以 13 周、26 周研判长期趋势,称为长期移动平均线。

西方投资机构非常看重 200 天移动平均线,并以此作为长期投资的依据:若行情价格在 200 天均线以下,属空头市场;反之,则为多头市场。

由于短期移动平均线较长期移动平均线更易于反映行情价格的涨跌,一般又把短移动平均线称为快速 MA,长期移动平均线则称为慢速 MA。

(4)MA 的特点

①追踪趋势:MA 能够表示股价的趋势方向,并追踪这个趋势。如果能从股价的图表中找出上升或下降趋势,那么 MA 将与趋势方向保持一致。原始数据的股价图表不具备这个追踪趋势的特性。

②滞后性：在股价原有趋势发生反转时，由于 MA 追踪趋势的特征，使其行动往往过于迟缓，掉头速度落后于大趋势。这是 MA 一个极大的弱点。

③稳定性：根据 MA 的计算方法，要想较大地改变移动平均的数值，当天的股价必须有很大变化，因为 MA 是股价几天变动的平均值。这个特点也决定了 MA 对股价反应的滞后性。这种稳定性有优点，也有缺点，在应用时应多加注意，掌握好分寸。

④助涨助跌性：当股价突破移动平均线时，无论是向上还是向下突破，股价都有继续向突破方向发展的愿望。

⑤支撑线和压力线的特性：由于 MA 的前四个特性，使得它在股价走势中起支撑线和压力线的作用。MA 被突破，实际上是支撑线和压力线被突破。

（5）MA 的应用

Ⅰ. 单根 MA 的应用

单根 MA 的应用上，最常见的是葛兰威尔的移动平均线八大买卖法则。

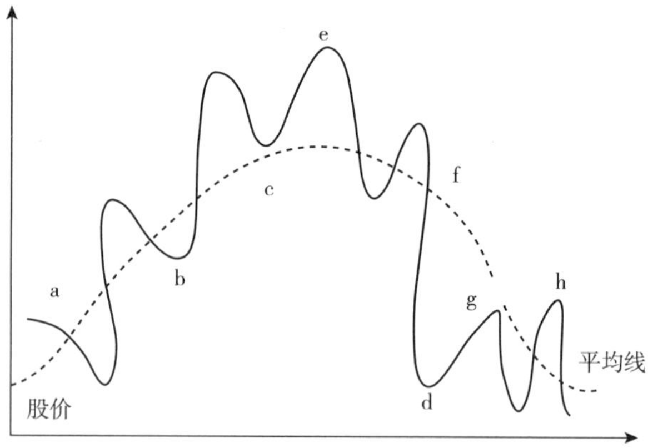

葛兰威尔法则的内容：

以下四种情况均为买入信号：

（1）MA 从下降开始走平，股价从下往上穿过平均线（a 点处）；

（2）股价跌破平均线，但平均线呈上升态势（b 点处）；

（3）股价连续上升远离平均线，突然下跌，但在平均线附近（c 点处）再度上升；

（4）股价跌破平均线，并连续暴跌，远离平均线（d 点处）。

以下四种情况均为卖出信号：

（1）移动平均线呈上升状态，股价突然暴涨且远离平均线（e 点处）；

（2）平均线从上升转为盘局或下跌，而股价向下跌破平均线（f 点处）；

（3）股价位于平均线之下，且朝着平均线方向上升，但未突破平均线又开始下跌（g 点处）；

（4）股价向上突破平均线，但又立刻向平均线回跌，此时平均线仍持续下降（h 点处）。

葛氏法则的不足是没有明确指出投资者在股价距平均线多远时才可以买进卖出，这可用乖离率指标弥补。

Ⅱ. 多根 MA 曲线的组合应用

①黄金交叉和死亡交叉：一般情况下，投资者可利用短期和长期两种移动平均线的交叉情况来定买进和卖出的时机。

当现在价位站稳在长期与短期 MA 之上，短期 MA 又向上突破长期 MA 时，为买进信号，称为黄金交叉。

若现在行情价位于长期与短期 MA 之下，短期 MA 又向下突破长期 MA 时，为卖出信号，称为死亡交叉。

黄金交叉和死亡交叉，实际上就是向上突破压力线或向下突破支撑线。

多头排列和空头排列：

上升行情进入稳定期，短期、中期和长期移动平均线自上而下依次排列，向右上方移动，称为“多头排列”，预示着价格还要上涨。

在下跌行情中，短期、中期和长期移动平均线自下而上依次排列，向右下方移动，称为“空头排列”，预示着价格还要进一步下跌。

助涨作用和助跌作用：

助涨作用：在上升行情中，证券价格位于移动平均线之上，呈多头排列的移动平均线可视为多方的防线，当证券价格回到移动平均线附近时，各条移动平均线依次产生支撑力量，多头入场推动市场再度上升。

助跌作用：在下跌行情中，证券价格在移动平均线的下方，呈空头排列的移动平均线可视为空方的防线，当证券价格反弹到移动平均线附近时，便会遇到阻力，空头势力增强，促使市场进一步下跌。

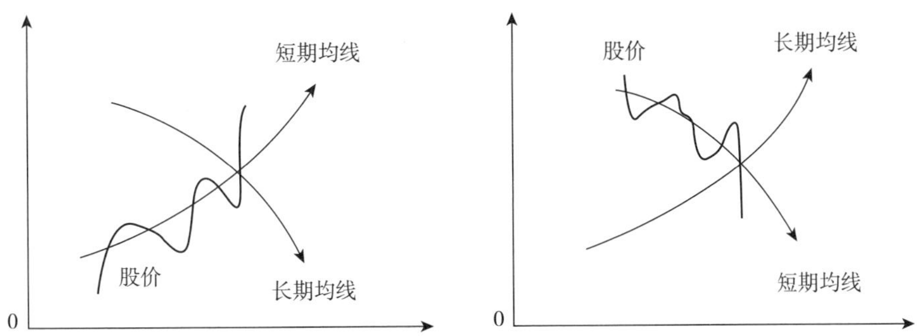

②长、中、短期移动平均线的组合使用。在实际应用中，常将长期 MA（250 日）、中期 MA（50 日）、短期 MA（10 日）结合起来使用，分析它们的相互关系，判断股市趋势。

【例 31】 移动平均线不具有（　　）特点。

A. 助涨助跌性　　B. 支撑线和压力线特性

C. 超前性　　D. 稳定性

【答案】 C

【解析】 移动平均线具有滞后性，即在股价原有趋势发生反转时，由于 MA 追踪趋势的特征，使其行动往往过于迟缓，掉头速度落后于大趋势。故 C 项符合题意。

【例 32】 下列走势中，当出现（　　）时，发出了买入信号。

A. 移动平均线呈上升状态，股价突然暴涨且远离平均线

B. 股价位于平均线之下，且朝着平均线方向上升，但未突破平均线又开始下跌

C. 平均线从上升转为盘局或下跌，而股价向下跌破平均线

D. 股价连续上升远离平均线，突然下跌，但在平均线附近再度上升

【答案】 D

【解析】 考查葛兰威尔法则的买入信号：

（1）MA 从下降开始走平，股价从下往上穿过平均线；

（2）股价跌破平均线，但平均线呈上升态势；

（3）股价连续上升远离平均线，突然下跌，但在平均线附近再度上升；

（4）股价跌破平均线，并连续暴跌，远离平均线。

2. 指数平滑异同移动平均线（MACD）

利用快速移动平均线和慢速移动平均线，在一段上涨或下跌行情中两线之间的差距拉大，而在涨势或跌势趋缓时两线又相互接近或交叉的特征，通过双重平滑运算后研判买卖时机的方法。

（1）MACD 的计算公式

MACD 是由正负差（DIF，也称离差值）和异同平均数（DEA）两部分组成，DIF 是核心，DEA 是辅助。

DIF 是快速平滑移动平均线与慢速平滑移动平均线的差。在实际应用 MACD 时，常以 12 日 EMA 为快速移动平均线，26 日 EMA 为慢速移动平均线，计算出两条移动平均线数值间的离差值（DIF）作为研判行情的基础，然后再求 DIF 的 9 日平滑移动平均线，即 MACD 线，作为买卖时机的判断依据。

$$今日\ EMA(12)=\frac{2}{12+1}\times 今日收盘价+\frac{11}{12+1}\times 昨日\ EMA(12)$$

$$今日\ EMA(26)=\frac{2}{26+1}\times 今日收盘价+\frac{25}{26+1}\times 昨日\ EMA(26)$$

$$今日\ DEA(MACD)=\frac{2}{10}\times 今日\ DIF+\frac{8}{10}\times 昨日\ DEA$$

理论上，在持续的涨势中，12 日 EMA 线在 26 日 EMA 线之上，其间的正离差值

（+DIF）会越来越大；反之，在跌势中，离差值可能变负（-DIF），其绝对值也越来越大。而当行情开始回转时，正或负离差值将会缩小。

MACD 正是利用正负离差值与离差值的 9 日平均线的交叉信号作为买卖行为的依据。

（2）MACD 的应用法则

①以 DIF 和 DEA 的取值和两者之间的相对取值对行情进行预测：

Ⅰ. DIF 和 DEA 均为正值时，属多头市场。DIF 向上突破 DEA 是买入信号；DIF 向下跌破 DEA 只能认为是回落，做获利了结；

Ⅱ. DIF 和 DEA 均为负值时，属空头市场。DIF 向下突破 DEA 是卖出信号；DIF 向上穿破 DEA 只能认为是反弹，做暂时补空；

Ⅲ. 当 DIF 向下跌破零轴线时为卖出信号，即 12 日 EMA 与 26 日 EMA 发生死亡交叉；当 DIF 上穿零轴线时为买入信号，即 12 日 EMA 与 26 日 EMA 发生黄金交叉。

②指标背离原则：如果 DIF 的走向与股价走向相背离，则此时是采取行动的信号。

Ⅰ. 当股价走势出现 2 个或 3 个近期低点时，而 DIF（DEA）并不配合出现新低点，可做买入；

Ⅱ. 当股价走势出现 2 个或 3 个近期高点时，而 DIF（DEA）并不配合出现新高点，可做卖出。

（3）MACD 的优缺点

优点：除掉了移动平均线产生的频繁出现买入与卖出信号，避免一部分假信号的出现，用起来比移动平均线更有把握。

缺点：在股市没有明显趋势而进入盘整时，失误的时候较多。对未来股价的上升和下降的深度不能提供有帮助的建议。

3. 相对强弱指标（RSI）

（1）计算公式

RSI 通常采用某一时期（n 天）内收盘指数的结果作为计算对象，来反映这一时期内多空力量的强弱对比。

RSI 将日内每日收盘价或收盘指数涨数（当日收盘价或指数高于前日收盘价或指数）的总和作为买方总力量 A，而 n 日内每日收盘价或收盘指数跌数（当日收盘价或指数低于前日收盘价或指数）的总和作为卖方总力量 B。

先找出包括当日在内的连续 n+1 日的收盘价，用每日的收盘价减去上日的收盘价，可得到 n 个数字。这 n 个数字中有正有负。

A = n 个数字中正数之和

B = n 个数字中负数之和 ×（-1）

RSI（n）= A/（A+B）×100

A 表示 n 日中股价向上波动的大小；B 表示 n 日中股价向下波动的大小；A+B 表示

股价总的波动大小。

RSI 实际上是表示股价向上波动的幅度占总波动的百分比，如果比例大就是强市，否则就是弱市。

RSI 的参数是天数 n，一般取 5 日、9 日、14 日等。RSI 的取值范围介于 0 ~ 100 之间。

（2）相对强弱指标的应用法则

①根据 RSI 取值的大小判断行情：

将 100 分成四个区域，根据 RSI 的取值落入的区域进行操作。

RSI（n）	市场特征	投资操作
80 ~ 100	极强	卖出
50 ~ 80	强	买入
20 ~ 50	弱	卖出
0 ~ 20	极弱	买入

“极强”与“强”的分界线和“极弱”与“弱”的分界线是不明确的，它们实际上是一个区域。比如，也可以取 30、70 或者 15、85。

分界线位置的确定与 RSI 的参数和选择的股票有关。

一般而言，参数越大，分界线离 50 越近；股票越活跃，RSI 所能达到的高度越高，分界线离 50 应该越远。

②两条或多条 RSI 曲线的联合使用：

参数小的 RSI 为短期 RSI，参数大的 RSI 为长期 RSI。

两条或多条 RSI 曲线的联合使用法则与两条均线的使用法则相同。即：

短期 RSI > 长期 RSI，应属多头市场；短期 RSI < 长期 RSI，则属空头市场。

③从 RSI 的曲线形状判断行情：

当 RSI 在较高或较低的位置形成头肩形和多重顶（底），是采取行动的信号。

这些形态一定要出现在较高位置和较低位置，离 50 越远，结论越可靠。

可以利用 RSI 上升和下降的轨迹画趋势线，此时支撑线和压力线作用的切线理论也适用。

④从 RSI 与股价的背离方面判断行情：

顶背离：当 RSI 处于高位，但在创出 RSI 近期新高后，反而形成一峰比一峰低的走势，而此时 K 线图上的股价却再次创出新高，形成一峰比一峰高的走势，这就是顶背离。顶背离现象一般是股价在高位即将反转的信号，表明股价短期内即将下跌，是卖出信号。

底背离：RSI 的底背离一般是出现在 20 以下的低位区。当 K 线图上的股价一路下跌，形成一波比一波低的走势，而RSI线在低位却率先止跌企稳，并形成一底比一底高的走势，这就是底背离。底背离现象一般预示着股价短期内可能将反弹，是短期买入的信号。

【例33】 RSI的应用法则包括（　　）。

Ⅰ. 根据RSI的取值大小判断行情

Ⅱ. 两条或多条RSI曲线的联合使用

Ⅲ. 从RSI与股价的背离程度方面判断行情

Ⅳ. 从RSI的曲线形状判断行情

A. Ⅰ、Ⅱ、Ⅲ　　B. Ⅰ、Ⅱ、Ⅳ

C. Ⅰ、Ⅲ、Ⅳ　　D. Ⅰ、Ⅱ、Ⅲ、Ⅳ

【答案】 D

【解析】 考查RSI的应用法则，包括：

①根据RSI取值的大小判断行情；

②两条或多条RSI曲线的联合使用；

③从RSI的曲线形状判断行情；

④从RSI与股价的背离方面判断行情。

【考点六】技术分析方法【☆☆】

（一）道氏理论

1. 形成过程

道氏理论是技术分析的基础。

创始人是美国人查尔斯·亨利·道。

为反映市场总体趋势，它与爱德华·琼斯创立了著名的道—琼斯平均指数。

2. 主要原理

①市场平均价格指数可以解释和反映市场的大部分行为。这是道氏理论对证券市场的重大贡献。道氏理论认为收盘价是最重要的价格，并利用收盘价计算平均价格指数。目前，世界上所有的证券交易所计算价格指数的方法大同小异，都源于道氏理论。此外还提出平均价格涵盖一切信息的假设。目前仍是技术分析的一个基本假设。

②市场波动具有某种趋势。道氏理论认为，价格的波动尽管表现形式不同，但最终可以将它们分为三种趋势：

主要趋势（Primary Trend）：那些持续1年或1年以上的趋势，看起来像大潮。

次要趋势（Secondary Trend）：那些持续3周～3个月的趋势，看起来像波浪，是对主要趋势的调整。

短暂趋势（Near Term Trend）：持续时间不超过3周，看起来像波纹，其波动幅度更小。

③主要趋势有三个阶段（上升趋势）：

Ⅰ. 累积阶段：股价处于横向盘整时期。聪明的投资者在得到信息并进行分析的基础上开始买入股票。

Ⅱ. 上涨阶段：更多的投资者根据财经信息并加以分析，开始参与股市。尽管趋势是上升的，但也存在股价修正和回落。

Ⅲ. 市场价格达到顶峰后出现的又一个累积期：市场信息变得更加为众人所知，市场活动更为频繁。第三个阶段结束的标志是下降趋势，并又回到累积期。

④两种平均价格指数必须相互加强。道氏理论认为，工业平均指数和运输业平均指数必须在同一方向上运行才可确认某一市场趋势的形成。

⑤趋势必须得到交易量的确认。在确定趋势时，交易量是重要的附加信息，交易量应在主要趋势的方向上放大。

⑥一个趋势形成后将持续，直到趋势出现明显的反转信号。这是趋势分析的基础。然而，确定趋势的反转却不太容易。

3. 道氏理论的局限性

（1）道氏理论对大形势的判断有较大的作用，但对于每日每时都在发生的小波动则显得无能为力。道氏理论甚至对次要趋势的判断作用也不大；

（2）可操作性较差：结论落后于价格变化，信号太迟；理论本身存在不足。

（二）艾氏波浪理论

1. 形成过程

波浪理论的全称是艾略特波浪理论，是以美国人艾略特的名字命名的一种技术分析理论。

波浪理论的形成经历了一个较为复杂的过程，最初是由艾略特首先发现并应用于证券市场，但是他的这些研究成果没有形成完整的体系。在艾略特在世的时候没有得到社会的广泛承认。

直到20世纪70年代，柯林斯的专著《波浪理论》出版后，波浪理论才正式确立。

2. 基本思想

艾略特最初提出波浪理论是受到股价上涨下跌现象不断重复的启发，力图找出其上升和下降的规律。

艾略特的波浪理论以周期为基础，每个周期无论时间长短，都是以一种模式进行，即每个周期都是由上升（或下降）的5个过程和下降（或上升）的3个过程组成。

与波浪理论密切相关的理论除经济周期以外，还有道氏理论和斐波那奇数列。

艾略特波浪理论中所用到的数字2、3、5、8、13、21、34……都来自斐波那奇数列。这个数列是数学上很著名的数列，它有很多特殊的性质，是艾略特波浪理论的数学基础。

3. 考虑的因素

（1）股价走势所形成的形态（最重要）。

（2）股价走势图中各个高点和低点所处的相对位置。

（3）完成某个走势所经历的时间长短。

4. 价格走势的基本形态结构

通过多年的实践，艾略特发现每一个周期（无论是上升还是下降）可以分成 8 个小的过程，这 8 个小过程一结束，一次大的行动就结束了，紧接着的是另一次大的行动。

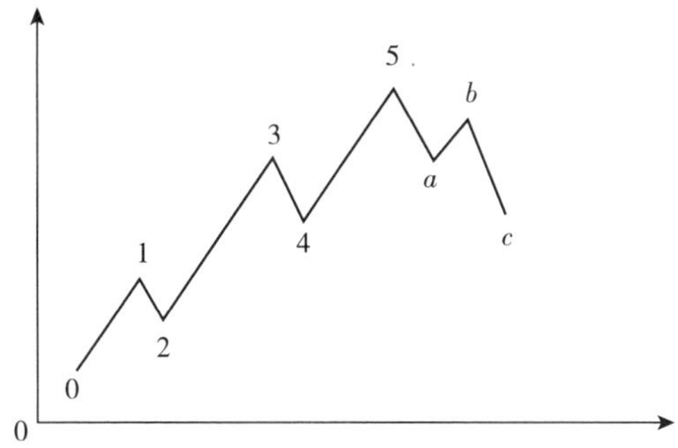

前图是上升阶段的 8 个浪的全过程。

0 ~ 1 是第一浪，1 ~ 2 是第二浪，2 ~ 3 是第三浪，3 ~ 4 是第四浪，4 ~ 5 是第五浪，这 5 浪中，第一浪、第三浪和第五浪称为上升主浪，第二浪和第四浪称为是对第一浪和第三浪的调整浪。

上述 5 浪完成后，紧接着出现一个 3 浪的向下调整，这 3 浪是：从 5 到 a 为 a 浪、从 a 到 b 为 b 浪、从 b 到 c 为 c 浪。

5. 应用

清楚判断目前的位置，最重要的是认真、准确地识别 3 浪结构和 5 浪结构，这两种结构具有不同的预测作用。

6. 应注意的问题

（1）波浪理论最大的不足是应用上的困难，也就是学习和掌握上的困难。

（2）波浪理论是面对同一个形态，不同的人会产生不同的数法，而且都有道理，谁也说服不了谁。

【考点七】技术分析方法的分类及其特点【☆☆】

（一）指标类

指标类是根据价、量的历史资料，通过建立一个数学模型，给出数学上的计算公式，得到一个体现证券市场的某个方面内在实质的指标值。

指标反映的内容大多是无法从行情报表中直接看到的，它可为我们的操作行为提供指导方向。

常见的指标有相对强弱指标（RSI）、随机指标（KDJ）、趋向指标（DMI）、平滑异同移动平均线（MACD）、能量潮（OBV）、心理线（PSY）、乖离率（BIAS）等。

（二）切线类

切线类是按一定方法和原则在由股票价格的数据所绘制的图表中画出一些直线，然后根据这些直线的情况推测股票价格的未来趋势，这些直接就叫切线。

切线的画法最为重要，画得好坏直接影响预测的结果。

常见的切线有趋势线、轨道线、黄金分割线、甘氏线、角度线等。

（三）形态类

形态类是根据价格图表中过去一段时间走过的轨迹形态来预测股票价格未来趋势的方法。

价格走过的形态是市场行为的重要部分，从价格轨迹的形态中，可以推测出证券市场处在一个什么样的大环境之中，由此对今后的投资给予一定的指导。

主要的形态有M头、W底、头肩顶、头肩底等十几种。

（四）K线类

K线类是根据若干天的K线组合情况，推测证券市场中多空双方力量的对比，进而判断证券市场行情的方法。

K线图是进行各种技术分析最重要的图表。

人们经过不断总结经验，发现了一些对股票买卖有意义的K线组合，而且新的研究结果也在不断被发现、被运用。

（五）波浪类

波浪理论是把股价的上下变动和不同时期的持续上涨、下跌看成是波浪的上下起伏，认为股票的价格运动遵循波浪起伏的规律，数清楚了各个浪就能准确地预见到跌势已接近尾声、牛市即将来临，或是牛市已到了强弩之末、熊市即将来到。

波浪理论较之别的技术分析流派，最大的区别就是能提前很长时间预计到行情的底和顶，而别的流派往往要等到新的趋势已经确立之后才能看到。但是，波浪理论又是公认的较难掌握的技术分析方法。

【例34】在证券技术分析方法分类中，指标类常用的指标有（　　）。

Ⅰ. 随机指标

Ⅱ. 趋向指标

Ⅲ. 心理线

Ⅳ. 能量潮

A. Ⅰ、Ⅱ、Ⅲ、Ⅳ　　　　B. Ⅰ、Ⅱ

C. Ⅰ、Ⅲ、Ⅳ　　　　D. Ⅲ、Ⅳ

【答案】A

【解析】常见的指标有相对强弱指标、随机指标、趋向指标、平滑异同移动平均线、能量潮、心理线、乖离率等。

【考点八】技术分析的应用前提、适用范围和局限性【☆】

（一）应用前提

技术分析的应用前提，即为技术分析的三大假设：

1. 市场行为涵盖一切信息

2. 证券价格沿趋势移动

3. 历史会重演

（二）适用范围

（1）应用技术分析最应该注意的问题是，技术分析适用于预测未来一段较短时间的行情，并不适用于进行周期较长的分析。技术分析是经验的总结并不是科学体系，通过技术分析所得到的结论并由此进行的交易操作并非绝对正确，只是以概率的形式为投资者带来收益。

（2）技术分析法直接选取公开的市场数据，采用图表等方法对市场走势作出直观的解释。经济金融理论基础不足，对证券价格行为模式的判断随意性较大，因此受到学术界的批评。

（三）局限性

（1）技术分析是建立在三大假设的基础上的，如“市场行为包含一切”的假设认为市场行为反映了市场上的一切信息，但是被市场反映出来的信息和原始信息毕竟会有一些差异，信息损失是必然的。所以，在进行技术分析的同时还应当结合一些基本面的分析，以弥补不足。

（2）技术分析的基础是历史数据，并且依据以往的历史数据来推断未来的走势。事实上市场走势虽然会有惊人的相似性，但绝不会简单地重复，每一次行情走势都存在独立的特性。

（3）技术分析依据的图形、指标可能出现的结果多种多样，且具有一定的滞后性，使投资者在使用把握上存在一定困难。

（4）宏观调控政策、周期经济波动、行业及公司情况等各种因素，都直接影响证券市场，技术分析对此却无能为力。

（5）技术分析所得到的结论仅仅具有建议的性质，并以概率的形式出现。技术分析的缺点是考虑问题的范围相对较窄，对市场长远的趋势不能进行有益的判断。

基本分析主要适用于周期相对比较长的证券价格预测、相对成熟的证券市场以及预测精确度要求不高的领域。

技术分析适用于短期的行情预测，要进行周期较长的分析必须依靠别的因素，这是应用技术分析最应该注意的问题。

【考点九】统计基本原理【☆】

（一）总体、样本和统计量的含义

（1）总体：统计总体，是指根据一定的目的要求所确定的研究对象的全体。它是由客观存在的、在某一共同性质的基础上集合起来的许多个别事物的整体。

（2）样本：从总体中抽取部分个体组成的集合。常用的样本统计量有样本均值、样本中位数、样本方差等。

（3）统计量：根据样本算出来的用于推断总体的某些量，是对样本特征的某个概括性数字度量。

例如，当研究某地区工业发展水平时，该地区全部工业企业是一个总体，而该地区每一个工业企业是总体单位。

从该地区所有工业企业里选取的部分工业企业作为调查对象形成的集合就是样本，根据抽取出的样本推断出来的工业产值平均值即为统计值。

（二）统计推断

1. 参数估计：用样本统计量去估计总体的参数

（1）点估计【定值估计】

用样本统计量的某个取值直接作为总体参数的估计值。常用方法有矩估计法和极大似然估计法。

（2）区间估计

在点估计的基础上，由样本统计量加减估计误差得到总体参数估计的一个区间范围，同时根据样本统计量的抽样分布计算出样本统计量与总体参数的接近程度。

2. 假设检验

根据样本所提供的信息，对未知总体分布的某些方面的假设做出合理的解释。

（1）假设检验的程序

①根据实际问题的要求提出一个论断，称为统计假设，记为 H_0；

②根据样本的有关信息，对 H_0 的真伪进行判断，作出拒绝 H_0 或接受 H_0 的决策。

（2）假设检验的基本思想：概率性质的反证法，概率性质的反证法的依据是小概率事件原理。

（三）常用统计软件及其应用

1. SAS

目前国际上最为流行的一种大型统计分析系统，被誉为统计分析的标准软件。集数据管理、数据分析和信息处理为一体的应用软件系统。作为一种集成软件，用户可以将各种模块适当组合以满足各自不同的需要。

不仅能完成经典计量经济学模型的估计和检验，还可进行模型诊断。

2. SPSS/PC

凡是有关的统计分析问题，均可以使用该软件包进行各种分析。特别适用于对截面资料或调查资料的数理统计分析。

3. EViews

具有数据处理、作图、统计分析、建模分析、预测和模拟等功能。

在建模分析方面，包括单方程的线性模型和非线性模型，联立方程计量经济学模型，时间序列分析模型，分布滞后模型，向量自回归模型，误差修正模型，离散选择模型等有多种估计方法。

4. Excel

作为数据表格软件，有一定的统计计算功能。

5. S－Plus

S－plus 基于 S 语言，并由 Mathsoft 公司的统计科学部进一步完善。作为统计学家及一般研究人员的通用方法工具箱，S－plus 强调演示图形、探索性数据分析、统计方法、开发新统计工具的计算方法，以及可扩展性。S－plus 有微机版本和工作站版本，可以直接用来进行标准的统计分析，但是它的主要特点是可以交互地从各个方面发现数据中的信息，并可以很容易地实现一个新的统计方法。

6. Minitab

Minitab 是国际上流行的一个统计软件包，其特点是简单易懂。Minitab 提供了对存储在二维工作表中的数据进行分析的多种功能，包括基本统计分析、回归分析、方差分析、多元分析、非参数分析、时间序列分析、试验设计、质量控制、模拟、绘制高质量三维图形等。

7. Stata

具有数据管理软件、统计分析软件、绘图软件、矩阵计算软件和程序语言的特点，在平行数据分析方面具有优势，几乎具有所有计量经济学模型估计和检验的功能。

【本节学习提示】

考查重点：

①技术分析的阴阳矩形图；

②技术分析的趋势线；

③常用技术分析指标【移动平均数、相对强弱指数、移动平均值背离指标】；

④两种技术分析方法【道氏理论和艾氏波浪理论】；

⑤技术分析方法的分类及其特点；

⑥统计推断的基本原理。

同步真题练习

1. 关于证券投资的基本分析法，下列说法错误的是（　　）。

A. 以经济学、金融学、财务管理学及投资学等基本原理为依据

B. 对决定证券价值及价格的基本要素进行分析

C. 是根据证券市场自身变化规律得出结果的分析方法

D. 评估证券的投资价值，判断证券的合理价位，提出相应的投资建议

2. 关于周期型行业的特征的说法，正确的是（　　）。

A. 在大多数年份中该行业的年增长率都低于国民经济综合指标的年增长率

B. 如果在国民经济繁荣阶段，行业的销售额也逐年同步增长；或是在国民经济处于衰退阶段时，行业的销售额也下降

C. 如果在国民经济繁荣阶段，行业的销售额逐年下降；或是在国民经济处于衰退阶段时，行业的销售额逐年上升

D. 在大多数年份中该行业的年增长率都高于国民经济综合指标的年增长率

3. 利用统计、数值模拟和其他定量模型进行证券市场相关研究的方法是（　　）。

A. 量化分析法　　B. 技术分析法　　C. 基本分析法　　D. 统计分析法

4. 下列技术分析方法中，被认为能提前很长时间对行情的底和顶进行预测的是（　　）。

A. 形态类　　B. 切线类　　C. 波浪类　　D. 指标类

5. 某公司某年末的资产总额 5000 万元，负债总额 2000 万元，则其产权比率为（　　）。

A. 66.67%　　B. 60%　　C. 40%　　D. 71.43%

6. 下列各项中，属于证券投资基本分析方法优点的是（　　）。

A. 对证券价格预测精度较高　　B. 能够把握证券市场短期走势

C. 应用图形直观表示　　D. 能够把握证券市场长期走势

7. 在货币政策传导中，货币政策的操作目标（　　）。

A. 介于货币政策中介目标与最终目标之间

B. 是货币政策实施的远期操作目标

C. 是货币政策工具操作的远期目标

D. 介于货币政策工具与中介目标之间

8. 在垄断竞争市场上，造成竞争现象的是（　　）。

A. 生产者多　　B. 一个企业能有效影响其他企业的行为

C. 产品差别　　D. 产品同种

9. 高增长行业的股票价格与经济周期的关系是（　　）。

A. 同经济周期及其振幅密切相关　　B. 同经济周期及其振幅并不紧密相关

C. 大致上与经济周期的波动同步　　D. 有时候相关，有时候不相关

10. 随着行业生产技术的成熟、生产成本的降低和市场需求的扩大，新行业从幼稚期迈入成长期，其变化是（　　）。

A. 由低风险、低收益变为高风险、高收益

B. 由高风险、低收益变为高风险、高收益

C. 由低风险、高收益变为高风险、高收益

D. 由高风险、低收益变为低风险、高收益

11. 下列说法中错误的是（　　）。

A. 分析师通过自身分析研究得出的有关上市公司经营状况的判断属于内幕信息

B. 公司调研是基本分析的重要环节

C. 公司调研的对象并不限于上市公司本身

D. 上市公司在接受调研的过程中不得披露任何未公开披露的信息

12. 下列各项中，（　　）是对公司当前经营能力的较精确估计。

A. 产品市场占有率　　B. 企业文化特征

C. 质量水平　　D. 技术水平

13. 关于有形资产净值债务率，下列说法中不正确的有（　　）。

A. 有形资产净值债务率能反映债权人投资受到股东权益的保障程度

B. 有形资产净值债务率是负债总额与有形资产净值的百分比

C. 有形资产值是股东具有所有权的有形资产的净值

D. 对于债权人而言，有形资产净值债务率越高越好

14. 在股价既定的条件下，公司市盈率的高低，主要取决于（　　）。

A. 每股收益　　B. 投资项目的优劣

C. 资本结构是否合理　　D. 市场风险大小

15. 以下指标，不宜对固定资产更新变化较快的公司进行估值的是（　　）。

A. 市盈率　　B. 市净率

C. 经济增加值与利息折旧摊销前收入比　D. 股价/销售额比率

16. 一般而言，当（　　）时，股价形态不构成反转形态。

A. 股价形成头肩底后突破颈线位并上涨一定形态高度

B. 股价完成旗形形态

C. 股价形成双重顶后突破颈线位并下降一定形态高度

D. 股价形成双重底后突破颈线位并上涨一定形态高度

17. 在应用移动平均线时，下列操作或说法错误的是（　　）。

A. 当股价突破 MA 时，无论是向上突破还是向下突破，股价将逐渐回归

B. MA 在股价走势中起支撑线和压力线的作用

C. MA 的行动往往过于迟缓，掉头速度落后于大趋势

D. 在盘整阶段或趋势形成后中途休整阶段，MA 极易发出错误的信号

18. 使用技术分析方法应注意（　　）。

A. 结合多种技术分析方法综合研判

B. 不要与基本面分析同时使用，避免产生不必要的干扰

C. 不同时期选择不同的理论

D. 资本资产定价模型产生的历史背景

19. 证券投资技术分析方法的要素包括（　　）。

Ⅰ. 证券的交易量

Ⅱ. 证券市场价格的波动幅度

Ⅲ. 证券市场的交易制度

Ⅳ. 证券的市场价格

A. Ⅰ、Ⅱ、Ⅳ　　B. Ⅰ、Ⅲ　　C. Ⅱ、Ⅲ、Ⅳ　　D. Ⅰ、Ⅱ、Ⅲ、Ⅳ

20. 某公司某年度净利润 10000 万元并已知年初与年末发行在外的普通股股数均为 50000 万股，每股面值 1 元，每股市场价格为 6 元，应付普通股利 7500 万元，下列财务指标正确的是（　　）。

Ⅰ. 每股收益为 0.2 元

Ⅱ. 市盈率为 30 倍

Ⅲ. 每股股利为 0.15 元

Ⅳ. 股利支付率为 60%

A. Ⅰ、Ⅱ、Ⅲ　　B. Ⅱ、Ⅲ

C. Ⅰ、Ⅱ、Ⅲ、Ⅳ　　D. Ⅰ、Ⅳ

21. 证券投资技术分析的特点包括（　　）。

Ⅰ. 能够比较全面地把握证券市场的基本走势，应用起来相对简单

Ⅱ. 预测时间跨度比较长

Ⅲ. 与市场接近，考虑问题直观

Ⅳ. 考虑问题的范围相对较窄，对市场长远趋势不能进行有益的判断

A. Ⅰ、Ⅳ　　B. Ⅰ、Ⅲ、Ⅳ　　C. Ⅲ、Ⅳ　　D. Ⅰ、Ⅱ、Ⅲ

22. 绝对估值是通过对证券基本财务要素的计算和处理得出该证券的绝对金额，各种基于（　　）的方法不属于此类。

Ⅰ. 套利定价模型

Ⅱ. 资本资产定价模型

Ⅲ. 均值方差模型

Ⅳ. 现金流贴现模型

A. Ⅰ、Ⅳ　B. Ⅱ、Ⅲ　C. Ⅲ、Ⅳ　D. Ⅰ、Ⅱ、Ⅲ

23. 下列各项中，某行业（　　）的出现一般表明该行业进入了衰退期。

Ⅰ. 产品价格不断下降

Ⅱ. 公司经营风险加大

Ⅲ. 公司的利润减少并出现亏损

Ⅳ. 公司数量不断减少

A. Ⅰ、Ⅱ、Ⅲ　B. Ⅰ、Ⅱ、Ⅳ　C. Ⅱ、Ⅲ、Ⅳ　D. Ⅰ、Ⅱ、Ⅲ、Ⅳ

24. 确认一条支撑线和压力线的重要识别手段包括（　　）。

Ⅰ. 股价在这个区域停留时间的长短

Ⅱ. 股价在这个区域伴随的成交量大小

Ⅲ. 这个支撑区域或压力区域发生的时间距离当前这个时期的远近

Ⅳ. 市场因素影响的大小

A. Ⅰ、Ⅱ、Ⅲ　B. Ⅰ、Ⅱ、Ⅳ　C. Ⅱ、Ⅲ、Ⅳ　D. Ⅰ、Ⅱ、Ⅲ、Ⅳ

25. 行业分析方法包括（　　）。

Ⅰ. 历史资料研究法

Ⅱ. 调查研究法

Ⅲ. 归纳与演绎法

Ⅳ. 比较分析法

A. Ⅰ、Ⅱ、Ⅲ　B. Ⅱ、Ⅳ　C. Ⅱ、Ⅲ、Ⅳ　D. Ⅰ、Ⅱ、Ⅲ、Ⅳ

26. 不同行业受经济周期影响的程度会有差异，受经济周期影响较为明显的行业有（　　）。

Ⅰ. 公用事业

Ⅱ. 钢铁

Ⅲ. 生活必需品

Ⅳ. 耐用消费品

A. Ⅰ、Ⅱ　B. Ⅰ、Ⅲ　C. Ⅱ、Ⅲ　D. Ⅱ、Ⅳ

27. 下列有关波浪理论的表述中，正确的有（　　）。

Ⅰ. 波浪理论的全称是艾略特波浪理论

Ⅱ. 波浪理论考虑的因素中，股价走势所形成的形态是最重要的

Ⅲ. 波浪理论以周期为基础

Ⅳ. 波浪理论与道氏理论有关，但与斐波那奇数列无关

A. Ⅰ、Ⅳ　B. Ⅱ、Ⅲ　C. Ⅰ、Ⅱ、Ⅳ　D. Ⅰ、Ⅱ、Ⅲ

28. 反映公司投资收益的指标有（　　）。

Ⅰ. 资本化率

Ⅱ. 每股收益率

Ⅲ. 市盈率

Ⅳ. 存货周转率

A. Ⅰ、Ⅱ、Ⅲ、Ⅳ　　B. Ⅲ、Ⅳ

C. Ⅰ、Ⅱ、Ⅳ　　D. Ⅱ、Ⅲ

答案与解析

1. 【答案】C

【解析】技术分析法是根据证券市场自身变化规律得出结果的分析方法。仅从证券的市场行为分析证券价格未来变化趋势的方法。

2. 【答案】B

【解析】周期型行业的运行状态与经济周期紧密相关。当经济处于上升时期，这些行业会紧随其扩张；当经济衰退时，这些行业也相应衰落，且该类型行业收益的变化幅度往往会在一定程度上夸大经济的周期性。

3. 【答案】A

【解析】量化分析法是利用统计、数值模拟和其他定量模型进行证券市场相关研究的一种方法。量化分析法具有使用大量数据、模型和电脑的显著特点，广泛应用于解决证券估值、组合构造与优化、策略制定、绩效评估、风险计量与风险管理等投资相关问题。

4. 【答案】C

【解析】波浪理论是把股价的上下变动和不同时期的持续上涨、下跌看成是波浪的上下起伏，认为股票的价格运动遵循波浪起伏的规律，数清楚了各个浪就能准确地预见到跌势已接近尾声、牛市即将来临，或是牛市已到了强弩之末、熊市即将来到。

波浪理论较之别的技术分析流派，最大的区别就是能提前很长时间预计到行情的底和顶，而别的流派往往要等到新的趋势已经确立之后才能看到。

5. 【答案】A

【解析】根据计算公式，可知：产权比率 = 负债总额/股东权益 × 100% = 2000/（5000 − 2000）× 100% = 66.67%。

6. 【答案】D

【解析】基本分析法的优点主要是能够从经济和金融层面揭示证券价格决定的基本因素及这些因素对价格的影响方式和影响程度。缺点主要是对基本面数据的真实性、完整性具有较强依赖，短期价格走势的预测能力较弱。

7. 【答案】D

【解析】货币政策的操作目标又称近期目标，介于货币政策工具和中介目标之间。

8. 【答案】D

【解析】垄断竞争型市场中有大量企业，但没有一个企业能有效影响其他企业的行为。该市场结构中，造成垄断现象的原因是产品差别，造成竞争现象的是产品同种，即产品的可替代性。

9. 【答案】B

【解析】增长型行业的运动状态与经济活动总水平的周期及其振幅并不紧密相关，因为它们主要依靠技术的进步、新产品推出及更优质的服务，从而使其经常呈现出增长形态，因此这类行业的股票价格也不会随着经济周期的变化而变化。

10. 【答案】B

【解析】在幼稚期后期，随着行业生产技术的成熟、生产成本的降低和市场需求的扩大，新行业便逐步由高风险、低收益的幼稚期迈入高风险、高收益的成长期。

11. 【答案】A

【解析】分析师通过自身分析研究而得出的有关上市公司经营状况的判断不属内幕信息，可以向客户披露。内幕消息是指所有非公开的公司消息，如未来的投资项目、公司政策等，一般只有公司内部高层人员能获得。

12. 【答案】A

【解析】市场占有率是指公司某产品销售量占该类产品整个市场销售总量的比例，是对公司实力和经营能力较精确的估计。

13. 【答案】D

【解析】从长期偿债能力来讲，对于债权人而言的有形资产净值债务率越低越好。

14. 【答案】A

【解析】市盈率 = 每股市价/每股收益。

在市价确定的情况下，每股收益越高，市盈率越低，投资风险越小；反之亦然。

在每股收益确定的情况下，市价越高，市盈率越高，风险越大；反之亦然。

15. 【答案】C

【解析】经济增加值与利息折旧摊销前收入比指标，简称 EV/EBITDA，适用于资本密集、准垄断或具有巨额商誉的收购型公司，不适用于固定资产更新变化较快的公司。

16. 【答案】B

【解析】B 项，股价完成旗形形态时，标志着旗形完成，而旗形是著名的持续整理形态之一，所以不构成反转形态。

17. 【答案】A

【解析】当股价突破移动平均线时，无论是向上还是向下突破，股价都有继续向突破方向发展的愿望。

18.【答案】A

【解析】技术分析作为一种证券投资分析工具，在应用时应该注意以下问题：①技术分析必须与基本分析结合起来使用；②多种技术分析方法综合研判；③理论与实践相结合。

19.【答案】A

【解析】证券市场中，价格、成交量、时间和空间是技术分析的要素。

20.【答案】A

【解析】考查投资收益指标：

每股收益 = 当期净利润/当期发行在外普通股的加权平均数 = 10000/50000 = 0.2（元）

市盈率 = 每股市价/每股收益 = 6/0.2 = 30（倍）

每股股利 = 7500/50000 = 0.15（元）

股利支付率 = 每股股利/每股收益 = 0.15/0.2 = 75%

21.【答案】C

【解析】Ⅰ、Ⅱ两项是基本分析法的特点。证券投资分析的特点：①同市场接近，考虑问题比较直接；②技术分析指导证券交易见效快，获得利益的周期短；③对市场的反应比较直接，分析结果更接近市场的局部现象；④考虑问题的范围比较狭窄。

22.【答案】D

【解析】绝对估值是指通过对证券基本财务要素的计算和处理得出该证券的绝对金额，各种基于现金流贴现的方法均属此类，包括：①红利贴现模型；②企业自由现金流贴现模型；③股东现金流贴现模型；④经济利润估值模型。

23.【答案】C

【解析】衰退期出现在较长的稳定期之后，由于大量替代品的出现，原行业产品的市场需求开始逐渐减少，产品的销售量也开始下降，某些厂商开始向其他更有利可图的行业转移资金，因而原行业出现了厂商数目减少、利润水平停滞不前或不断下降的萧条景象。至此，整个行业便进入了衰退期。

24.【答案】A

【解析】一条支撑线或压力线对当前影响的重要性有三个方面的考虑：①股价在这个区域停留时间的长短；②股价在这个区域伴随的成交量大小；③这个支撑区域或压力区域发生的时间距离当前这个时期的远近。

25.【答案】D

【解析】行业分析的方法包括：历史资料研究法、调查研究法、归纳与演绎法、比较分析法和数理统计法。

26. 【答案】D

【解析】钢铁、耐用消费品属于周期型行业，其运动状态与经济周期紧密相关。

27. 【答案】D

【解析】波浪理论的全称是艾略特波浪理论，是以美国人艾略特的名字命名的一种技术分析理论。

艾略特波浪理论以周期为基础，每个周期无论时间长短，都是以一种模式进行，即每个周期都是由上升（或下降）的 5 个过程和下降（或上升）的 3 个过程组成。与波浪理论密切相关的理论除经济周期以外，还有道氏理论和斐波那奇数列。

28. 【答案】D

【解析】反映公司投资收益指标的主要有每股收益、市盈率、股利支付率、每股净资产、市净率等。

本章总结

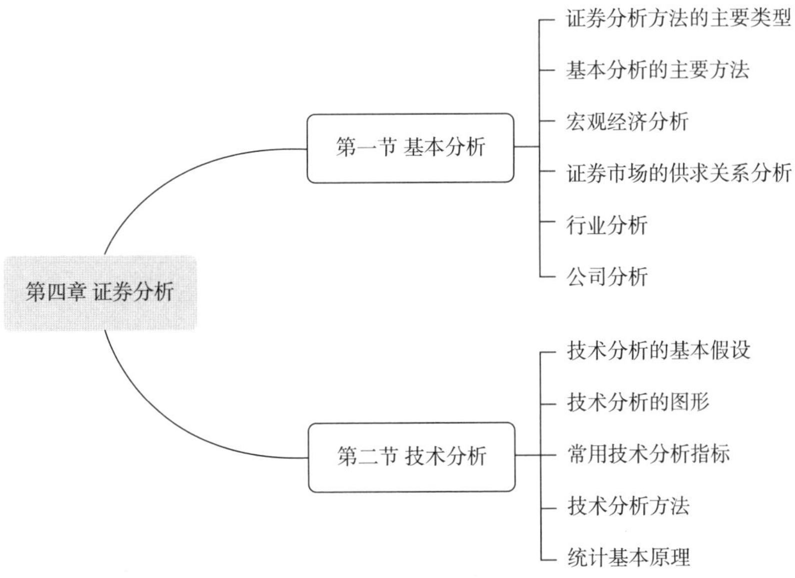

第五章　风险分析

【考情早知道】

本章在证券投资顾问考试中，属于难点章节，考核难度较高，主要介绍证券投资顾问业务的风险管理，理论内容较多，专业性较强，分值占比在10%左右。

本章内容和银行从业资格考试风险管理专业课交叉较多，对考生要求较高。

【本章知识概览】

小节	考点	备考指数
第一节　风险管理概述	证券投资顾问业务的主要风险类别	☆☆
	证券投资顾问业务风险管理流程	☆☆☆
	证券投资顾问业务风险管理的主要策略	☆☆☆
第二节　信用风险管理	信用风险类别	☆☆
	信用风险识别的内容和方法	☆☆☆
	计量证券信用风险的客户评级和债项评级的内容和计量方法	☆☆☆
	监测信用风险的主要指标和计算方法	☆☆
	预警信用风险的程序和主要方法	☆☆
	控制信用风险的限额管理方法	☆☆☆
	信用风险缓释技术的主要内容及处理方法	☆☆☆
第三节　市场风险管理	市场风险的四种类型	☆
	久期分析、风险价值、压力测试、情景分析的基本原理和适用范围	☆☆☆
	市场风险管理流程	☆☆☆
	控制市场风险的限额管理、风险对冲等方法	☆☆☆
第四节　流动性风险管理	资产负债期限结构、分布结构影响流动性的途径和机制	☆
	流动性比率法、现金流分析法、缺口分析法和久期分析法等流动性风险评估方法	☆☆☆
	流动性风险的监测指标和预警信号	☆
	利用压力测试、情景分析预测流动性	☆☆☆
	控制流动性风险的主要做法	☆☆

【考点详解】

第一节　风险管理概述

【考点一】证券投资顾问业务的主要风险类别【☆☆】

（一）系统风险：又称为不可分散风险或不可多样化风险，由于全局性事件引起的投资收益变动的不确定性。

系统风险对所有公司、企业、证券投资者和证券种类均产生影响，因而通过多样化投资不能抵消此类风险。

比如市场风险、经济周期风险、国家风险、法律风险等。

（二）非系统风险：又被称为可分散的风险或可多样化风险，由非全局性事件引起的投资收益率变动的不确定性。

在现实生活中，各个公司的经营状况会受其自身因素（如决策失误、新产品研制的失败）的影响，这些因素跟其他企业没有什么关系，只会造成该家公司证券收益率的变动，不会影响其他公司的证券收益率，它是某个行业或公司遭受的风险，因而可通过证券多样化方式来消除这类风险。

如经营风险、信用风险、操作风险、合规风险等。

【考点二】证券投资顾问业务风险管理流程【☆☆☆】

（一）风险识别/分析

1. 风险识别及分类

风险识别是指证券投资顾问业务管理部门结合自身发展战略、经营状况和风险变化趋势，识别出可能影响其战略目标实施的潜在事项的过程，目的在于能够帮助相关机构了解自身面临的风险及风险的严重程度，为下一步的风险计量和防控打好基础。

风险识别包括两个环节：

（1）感知风险：通过系统化的方法发现证券投资业务所面临的风险种类和性质。

（2）分析风险：深入理解各种风险的成因及变化规律。

2. 风险识别的原则

（1）全面性：风险识别应尽可能多地识别证券投资业务所面临的风险类别，确保覆盖证券投资顾问业务面临的所有实质性风险。

（2）前瞻性：风险识别不仅是对已知风险的分析，更重要的是要前瞻性地考查风险的变化趋势以及可能出现的新的风险类别和性质。

3. 风险识别的方法

（1）制作风险清单。这是识别和分析风险最基本、最常用的方法，是指采用类似于备忘录的形式，根据不同的风险类别，将其所面临的风险逐一列举，并联系相关业务活动对这些风险进行深入理解和分析。

（2）资产财务状况分析法。风险管理人员通过实际调查研究以及对客户的资产负债表、损益表、财产目录、财务资料进行分析从而发现潜在的风险。

（3）失误树分析方法。失误树分析是一种将各种不希望出现的故障情况（如反应失控等），通过图解来识别和分析风险事件发生前存在的各种风险因素，由此判断和总结哪些风险因素最可能引发风险事件。

（4）分解分析法。风险管理人员将复杂的风险分解为多个相对简单的风险因素，从中识别可能造成严重风险损失的风险因素。

（二）风险计量/评估

风险计量：在风险识别的基础上，对风险发生的可能性、风险将导致的后果及严重程度进行充分的分析和评估，从而确定风险水平的过程。风险计量可以基于历史记录以及专家经验、并根据风险类型、风险分析的目的以及信息数据的可获得性，采取定性、定量或者定性与定量相结合的方式。

准确的风险计量结果是建立在卓越的风险模型基础上的。

1. 评估原则

（1）风险评估的结果只能是一个大致的参考值。

（2）风险评估的结果很可能会发生变化。

（3）风险评估的方法通常是根据风险变动的一般规律或计量经济学的定理设计的。

2. 评估方法

（1）专家调查法（德尔菲法）

①以问卷形式向众多的专家分别征求对某事的看法，在此基础之上做出决策。

②专家调查法的对象范围广泛，可以保证所收集的信息具有权威性和普遍性；同时，它所进行的调查是分别进行【背靠背】的，可以避免专家的立场相互干扰，保证信息的代表性和客观性。

（2）经济计量评估法

①将计量经济学原理运用到股票投资风险评估中。

②运用资本资产价格模型、资产多样化模型等多种数学模型进行测算，创立了以 β 系数测算单项金融资产的系统风险，进而测算出其非系统风险的方法。

（3）财务指标评估法

①对于大多数股票投资者来说，是比较直观、容易掌握的风险评估方法，它主要用来评估股票的非系统风险。

②基本原则是利用企业财务报表和市场价格提供的信息，编制或挑选一套指标体系，反映企业的经营实绩和企业发行股票的质量，在此基础之上，通过比较和动态的分析，加入评估者的主观判断，确定股票的风险度。

③财务指标可以是绝对指标，也可以是相对指标。

④常用财务指标包括：股票盈利能力指标、企业偿债能力指标、市场价格趋向指标。

（三）风险监测/报告

风险监测包含两层含义：

1. 监测各种可量化的关键风险指标，以及不可量化的风险因素的变化和发展趋势，确保可以将风险在进一步加大之前识别出来。

2. 报告证券投资业务中面临的所有风险的定性、定量评估结果，以及所采取的风险管理和控制措施的实施质量与效果。

（四）风险控制/缓释

风险控制：风险管理部门对经过识别和计量的风险，采取风险规避、分散、对冲、转移和补偿等措施，进行有效管理和控制风险的过程。

1. 目标

①确定风险控制的具体对象（基本因素风险、行业风险、企业风险、市场风险等）。

②确定风险控制的程度。

2. 原则

（1）回避风险原则：一种比较消极和保守的控制风险的原则。

具体做法是：放弃对风险性较大的证券的投资，转而投资其他金融资产或不动产，或改变直接参与证券投资的做法，求助于共同基金，间接进入市场等。

（2）减少风险原则：人们在从事经济活动的过程中，不因风险的存在而放弃既定的目标而是采取各种措施和手段设法降低风险发生的概率，减轻可能承受的经济损失。

在证券投资过程中，投资者在已经了解到投资于证券有风险的前提下，不放弃证券投资动机的同时，运用各种技术手段，努力抑制风险发生的可能性，削弱风险带来的消极影响，从而获得较丰厚的风险投资收益。对于大多数投资者来说，这是一种进取性的、积极的风险控制原则。

（3）留置风险原则：在风险已经发生或已经知道风险无法避免和转移的情况下，正视现实，从长远利益和总体利益出发，将风险承受下来，并设法把风险损失降到最低程度。

（4）共担（分散）风险原则：在证券投资中，投资者借助于各种形式的投资群体合伙参与证券投资，以共同分担投资风险。这是一种比较保守的风险控制原则。它使投资者承受风险的压力减弱了，但获得高收益的机会也少了，遵循这种原则的投资者一般只能得到平均收益。

3. 风险控制计划

（1）趋势投资计划：这是一种长期的投资计划，适用于长期投资者。

这种投资计划主要以道氏理论为基础，认为投资者在一种市场趋势形成时，应保持自己的投资地位，待主要趋势逆转的信号出现时，再改变投资地位，市场主要趋势不断变动，投资者可以顺势而动，以取得长期投资收益。

（2）公式投资计划：这是一种按照定式投资的计划。它遵循减少风险、分散风险和转移风险等风险控制原则，利用不同种类股票的短期市场价格波动控制风险，获取收益。具体包括：等级投资计划、平均成本投资计划、固定金额投资计划、固定比率投资计划、可变比率投资计划等。

（3）保本或停损投资计划：投资者在股市前途莫测、股价动荡不定时，为了避免或减轻投资本金损失，遵循留置风险的原则所采取的一类投资计划。主要具体形式：保本投资计划；摊平投资计划。

4. 风险控制的技巧

（1）技术分析法：

技术分析是指投资者根据证券的市场价格和交易量变动的趋势及两者之间的联系，对市场未来行情做出预测，择机买卖股票以免受价格下跌造成的损失并谋取投资收益。这种技能主要依据统计数据和图表。

（2）投资组合法：这是最能体现分散风险原则的投资技巧。投资组合又称资产组合或资产搭配，是指投资者将资金同时投入收益、风险、期限都不相同的若干种资产上，借助资产多样化效应，分散单个资产风险进而减少所承受的投资总风险。

有效的投资组合应当具备以下条件：

所选择的各类资产，其风险可以部分地互相冲抵；在投资总额一定的前提下，其预期收益与其他组合相同，但可能承受的风险比其他投资组合小，或其风险程度与其他投资组合相同，但预期的收益较其他投资组合高。

【例 1】证券投资顾问业务风险管理流程主要包括（　　）。

Ⅰ. 风险计量

Ⅱ. 风险监测

Ⅲ. 风险控制

Ⅳ. 风险识别

A. Ⅰ、Ⅱ、Ⅲ　　B. Ⅰ、Ⅱ、Ⅳ

C. Ⅰ、Ⅱ、Ⅲ、Ⅳ　　D. Ⅰ、Ⅱ

【答案】C

【解析】证券投资顾问业务风险管理流程主要包括：①风险识别；②风险计量；③风险监测；④风险控制。

【考点三】证券投资顾问业务风险管理的主要策略【☆☆☆】

（一）风险分散

风险分散：通过多样化的投资来分散和降低风险的策略性选择。

哈里·马科维茨的投资组合理论认为：只要两种资产收益率的相关系数不等于 1，分散投资于两种资产就具有降低风险的作用。而对于由相互独立的多种资产组成的投资组合，只要组合中的资产个数足够多，该投资组合的非系统性风险就可以通过这种分散策略完全消除。

（二）风险对冲

风险对冲：通过投资或购买与标的资产收益波动负相关的某种资产或衍生产品，来冲销标的资产潜在损失的一种策略性选择。

风险对冲对于管理市场风险（利率风险、汇率风险、股票价格风险和商品价格风险）非常有效，可以分为两种情况：

（1）自我对冲：投资顾问对利用客户资产负债表或某些具有收益负相关性质的业务组合本身所具有的对冲特性进行风险对冲。

（2）市场对冲：对于无法通过资产负债表和相关业务调整进行自我对冲的风险，通过衍生品市场进行对冲。

（三）风险转移

风险转移：通过购买某种金融产品或采取其他合法的经济措施将风险转移给其他经济主体的一种策略性选择。风险转移可分为：

（1）保险转移：是指客户通过购买保险，以缴纳保险费为代价，将风险转移给承保人。

（2）非保险转移：是指通过担保、备用信用证等形式能够将信用风险转移给第三方。在金融市场中，某些衍生产品（如期权合约）可看作特殊形式的保单，为投资者提供了转移利率、汇率、股票和商品价格风险的工具。

（四）风险规避

风险规避是指开展证券投资相关业务时拒绝或退出某一业务或市场，以避免承担该业务或市场风险的策略性选择。既不做业务，也不承担风险。

（五）风险补偿

风险补偿：在所从事的业务活动造成实质性损失之前，对所承担的风险进行价格补偿的策略性选择。

风险是有价值的，承担风险就是要获得回报，转移或降低风险也同样需要付出成本，因此证券投资业务对需要承担的风险可以采取在交易价格上附加风险溢价，获得承担风险的价格补偿。

【策略的比较与选择】在风险管理中，有些策略只适用于某一特定场合的风险防范，或者只能为某一特定经济主体所用。但是也有一些策略可同时适用于多种不同场合的风险防范研究，也可为多种经济主体所用。因此，在证券投资顾问业务的风险防范研究中，人们必须对各种可供选择的管理策略作出比较分析，在这种基础上，选择最恰当的策略，以尽可能少的代价达到最有效的目的。

【本节学习提示】

考查重点：

①证券投资顾问业务的主要风险类别【系统风险、非系统风险】；

②证券投资顾问业务风险管理流程【四步走】；

③证券投资顾问业务风险管理的主要策略【五策略】。

第二节　信用风险管理

【考点一】信用风险类别【☆☆】

信用风险是指债务人或交易对手未能履行合同所规定的义务或信用质量发生变化，影响金融产品价值，从而给债权人或金融产品持有人造成经济损失的风险。

（一）按照风险能否分散分类

（1）系统性信用风险：对各种金融工具都会产生影响的信用风险，不能够通过分散而相互抵消或削弱。

（2）非系统性信用风险：和特定对象相关的信用风险，这种信用风险可以采取分散的策略进行控制。

（二）按照风险发生的形式分类

（1）结算前风险：交易对手在合约规定的结算日之前违约带来的风险。

（2）结算风险：交易双方在结算过程中一方支付了合同资金但另一方发生违约的风险。

（三）按照风险暴露特征和引起风险主体不同分类

1. 主权信用风险暴露

2. 金融机构信用风险暴露

3. 零售信用风险暴露

4. 公司信用风险暴露

5. 股权信用风险暴露

6. 其他信用风险暴露

【考点二】信用风险识别【☆☆】

（一）信用风险识别的原则

1. 全面周详原则

风险识别是风险管理的第一步，其作用极为关键。由于金融机构自身的性质所决定，其周围的风险是多种多样、错综复杂的，因而应该全面系统地考察、了解各种风险因素、风险事故存在和可能发生的概率、损失的严重程度，以及风险可能导致的其他连带问题。

2. 综合考察原则

金融机构涉及银行、保险、证券、基金等诸多金融领域，而金融领域是一个极其复杂的系统，其中包含不同类型、不同性质、不同程度的各种风险，各种风险间又存在一定的相关性。因此，信用风险绝不是孤立地存在于金融机构中，而是存在于复杂的风险系统中，与其他风险有着千丝万缕的关系。鉴于以上原因，独立的分析信用风险的方法往往难以取得预期的效果，必须综合使用多种分析手段，采用多种相关的风险识别方法。

3. 科学计算原则

风险识别过程可以结合风险衡量的方法，以严密的数学理论作为分析工具，在普遍估计的基础上，进行核算和统计，对识别客体及其所处环境进行具体的量化核算，以得出比较科学合理的分析结果。

4. 系统化、制度化、经常化原则

风险识别是风险管理的前提和基础，全面、准确地识别在很大程度上决定着风险管理的效果。在全面周详原则、综合考察原则、科学计算原则的基础上，还要以系统化、制度化、经常化作为其基本的原则。

（二）信用风险识别的方法

1. 失误树分析法

2. 幕景分析法

在风险识别过程中，用幕景描绘能引起风险的关键因素及其影响程度的方法。幕景分析的结果大致分两类：

一类是对未来某种状态的描述，另一类是描述一个发展过程，及未来若干年某种情况一系列的变化。它可以向决策者提供未来某种机会带来最好的，最可能发生的和最坏的前景，还可能详细给出三种不同情况下可能发生的事件和风险。

幕景分析法研究的重点：当引发风险的条件和因素发生变化时，会产生什么样的风险，导致什么样的后果等。幕景分析法既注意描述未来的状态，又注重描述未来某种情况发展变化的过程。

幕景分析法是一种动态分析的方法，其功能主要在于考察风险范围及事态的发展，并对各种情况做对比研究，以选择最佳的效果。

3. 财务状况分析法

狭义地讲，财务状况分析法就是对企业或个人的财务状况加以分析而识别风险的方法。它是按照企业的资产负债表、损益表、现金流量表等财务资料，通过风险管理人员的实际调查，根据企业的金融资产和非金融资产的构成和分布进行分析和研究，发现并找出其中的潜在风险。

4. 专家调查列举法

5. 分解分析法

（三）信用风险识别的内容

1. 单一法人客户信用风险识别

（1）基本信息分析

对单一法人客户进行信用风险识别和分析时，必须对客户的基本情况和证券投资顾问业务相关的信息进行全面了解，以判断客户的类型、基本经营情况、信用状况等。

（2）财务状况分析

财务状况分析是通过对企业的经营成果、财务状况以及现金流量的分析，达到评价企业经营管理者的管理业绩、经营效率，进而识别企业信用风险的目的。对法人客户的财务状况主要采取财务报表分析、财务比率分析以及现金流量分析三种方法。

（3）非财务因素分析

非财务因素分析是信用风险分析过程中的重要组成部分，与财务分析相互印证、互为补充。

考察和分析企业的非财务因素，主要从管理层风险，行业风险，生产与经营风险，宏观经济、社会及自然环境等方面进行分析和判断。

（4）担保分析

担保是指为维护债权人和其他当事人的合法权益、提高贷款偿还的可能性、降低资金损失的风险，由借款人或第三方对贷款本息的偿还或其他授信产品提供的一种附加保障，为商业银行提供一个可以影响或控制的潜在还款来源。

投资机构与借款人及第三方签订担保协议后，当借款人财务状况恶化、违反借款合同或无法偿还贷款本息时，商业银行可以通过执行担保来争取贷款本息的最终偿还或减少损失。

担保方式：保证、抵押、质押、留置与定金。

2. 集团法人客户信用风险识别

（1）整体状况分析

投资机构：

①应当参照单一法人客户信用风险识别和分析方法，对集团法人客户的基本信息、经营状况、财务状况、非财务因素及担保状况等进行逐项分析，以识别其潜在的信用风险。

②集团法人客户通常更为复杂，因此需要更加全面、深入地分析和了解，特别是对集团内各关联方之间的关联交易进行正确的分析和判断至关重要。

（2）信用风险特征

①内部关联交易频繁；

②连环担保十分普遍；

③真实财务状况难以掌握；

④系统性风险较高；

⑤风险识别和贷后管理难度大。

3. 个人信用风险识别

（1）基本信息分析

投资机构在对个人客户的信用风险进行识别和分析时，同样需要个人客户提供各种能够证明个人年龄、职业、收入、财产、信用记录、教育背景等的相关资料，还应通过与借款人面谈、电话访谈、实地考察等方式，了解、核实借款人及保证人、出质人、抵押人的身份证件是否真实、有效，担保资料是否符合监管部门和投资机构内部的有关规定，借款人提供的居住情况、婚姻状况、家庭情况、联系电话等是否真实，借款人提供的职业情况、所在单位的任职情况等是否真实，尽可能地从多种渠道调查、识别个人客户潜在的信用风险。

（2）个人信贷产品分类及风险分析

目前，我国个人信贷产品可基本划分为两大类：

①个人住房按揭贷款：

a. 经销商风险；

b. “假按揭”风险；

c. 由于房产价值下跌而导致超额押值不足的风险；

d. 借款人的经济状况变动风险。

②个人零售贷款：

a. 借款人的真实收入状况难以掌握，尤其是无固定职业者和自由职业者；

b. 借款人的偿债能力有可能不稳定（如职业不稳定的借款人、面临就业困难的大学生等）；

c. 贷款购买的商品质量有问题或价格下跌导致消费者不愿履约；

d. 抵押权益实现困难；

e. 个人生产或者销售活动失败，资金周转发生困难。

4. 贷款组合的信用风险识别

（1）宏观经济因素：系统性风险对贷款组合的信用风险的影响，主要是由宏观经济因素的变动反映出来。

（2）行业风险：当某些行业出现产业结构调整或原材料价格上升或竞争加剧等不利变化时，贷款组合中处于这些行业的借款人可能因履约能力整体下降而给投资机构造成系统性的信用风险损失。

（3）区域风险：当某个特定区域的政治、经济、社会等方面出现不利变化时，贷款组合中处于该区域的借款人可能因履约能力整体下降而给投资机构造成系统性的信用风险损失。

【考点三】计量证券信用风险的客户评级和债项评级的内容和计量方法【☆☆☆】

（一）客户评级的内容和计量方法

客户评级是商业银行对客户偿债能力和偿债意愿的计量和评价，反映客户违约风险的大小。

客户评级的评价主体是商业银行，评价目标是客户违约风险，评价结果是信用等级和违约概率。

1. 客户评级的内容

（1）违约

估计违约概率、违约损失率、违约风险暴露等信用风险参数的基础。

（2）违约概率

违约概率是指借款人在未来一定时期内发生违约的可能性。在《巴塞尔新资本协议》中，违约概率被具体定义为借款人内部评级1年期违约概率与0.03%中的较高者。

2. 客户评级的计量方法

（1）专家判断法

专家判断法即专家系统，是依赖信贷人员和信贷专家自身的专业知识、技能和丰富经验，运用各种专业分析工具，在分析评价各种关键要素的基础上依据主观判断来综合评定信用风险的分析系统。

目前所使用的专家系统所选择的关键要素以对企业信用分析的5Cs系统使用最为广泛。

5Cs 系统：

①品格（Character）：是对借款人声誉的衡量。

②资本（Capital）：借款人的财务杠杆状况及资本金情况。

③偿付能力（Capacity）：主要从借款人未来现金流量的变动趋势及波动性以及借款

人的管理水平这两个方面进行分析。

④抵押（Collateral）：借款人抵押品的相关情况。

⑤经营环境（Condition）：主要包括商业周期所处阶段、借款人所在行业状况、利率水平等因素。商业周期是决定信用风险水平的重要因素，尤其是在周期敏感性的产业；借款人处于行业周期的不同阶段以及行业的竞争激烈程度，对借款人的偿债能力也具有重大影响；利率水平也是影响信用风险水平的重要环境因素。

除5Cs系统外，使用较为广泛的专家系统还有针对企业信用分析的5Ps系统：

①个人因素（Personal Factor）。

②资金用途因素（Purpose Factor）。

③还款来源因素（Payment Factor）。

④保障因素（Protection Factor）。

⑤企业前景因素（Perspective Factor）。

（2）信用评分模型：利用可观察到的借款人特征变量计算出一个数值（得分）来代表债务人的信用风险，并将借款人归类于不同的风险等级。

对个人客户而言，可观察到的特征变量包括收入、资产、年龄、职业以及居住地等；对法人客户而言，包括现金流量、各种财务比率等。

信用评分模型的关键在于特征变量的选择和各自权重的确定。

应用最广泛的信用评分模型：

①线性概率模型：使用诸如会计比率之类的历史数据作为模型的输入数据，来解释以前的贷款偿还情况。

②Logit模型：也称评定模型、分类评定模型、逻辑回归，是最早的离散选择模型，也是目前应用最广的模型。

③Probit模型：一种广义的线性模型，服从正态分布。

④线性辨别模型：通过使用借款者的各种财务比率和这些比率的权重来对违约风险进行总体的计算。

（3）违约概率模型：能直接估计客户的违约概率，需积累至少五年的数据。

常用的违约概率模型包括：

①RiskCalc模型：在传统信用评分技术基础上发展起来的一种适用于非上市公司的违约概率模型，其核心是通过严格的步骤从客户信息中选择出最能预测违约的一组变量，经过适当变换后运用logit/Probit回归技术预测客户的违约概率。

②KMV的Credit Monitor模型。

③KPMG风险中性定价模型。

④死亡率模型：根据贷款或债券的历史违约数据，计算在未来一定持有期内不同信用等级的贷款或债券的违约概率，即死亡率。

（二）债项评级的内容和计量方法

债项评级是对交易本身的特定风险进行计量和评价，反映客户违约后估计的债项损失大小。

特定风险因素包括抵押、优先性、产品类别、地区、行业等。

1. 违约风险暴露（Exposure at Default，EAD）

债务人违约时预期表内项目和表外项目的风险暴露总额，包括已使用的授信余额、应收未收利息、未使用授信额度的预期提取数量以及可能发生的相关费用。

若客户已经违约，则违约风险暴露为其违约时的债务账面价值；若客户尚未违约，则违约风险暴露对于表内项目为债务账面价值，对于表外项目为：已提取金额 + 信用转换系数 × 已承诺未提取金额

2. 违约损失率（LossGiven Default，LGD）：

（1）概念：估计的某一债项违约后损失的金额占该违约债项风险暴露的比例，即损失占风险暴露总额的百分比。

（2）特点：

违约损失率应反映经济衰退时期违约债项的损失严重程度，保证银行的违约损失估计值在所有可预见的经济条件下都保持稳健和可靠。

违约损失率估计应以历史清偿率为基础，不能仅依据对抵（质）押品市值的估计，同时应考虑到银行可能没有能力迅速控制和清算抵押品。

（3）影响因素：

①项目因素。这类因素直接与债项的具体设计相关，反映了违约损失率的产品特性，也反映了商业银行在具体交易中通过交易方式的设计来管理和降低信用风险的努力，包括清偿优先性、抵押品等。

②公司因素。这是指与特定的借款企业相关的因素，但不包括其行业特征。

③行业因素。

④地区因素。

⑤宏观经济周期因素。

（4）计量方法：

①市场价值法：主要适用于已经在市场上发行并且可交易的大企业、政府、银行债券。根据所采用的信息中是否包含违约债项，可进一步细分为市场法（采用违约债项计量非违约债项 LGD）和隐含市场法（不采用违约债项，直接根据信用价差计量 LGD）。

②回收现金流法。根据违约历史清收情况，预测违约贷款在清收过程中的现金流，并计算出 LGD，即：

LGD = 1 − 回收率 = 1 − （回收金额 − 回收成本）/违约风险暴露

3. 有效期限：

商业银行采用初级内部评级法，非零售风险暴露的有效期限为2.5年。回购类交易的有效期限为0.5年。

商业银行采用高级内部评级法，有效期限为1年和内部估计的有效期限两者之间的较大值，但最大不超过5年。中小企业风险暴露的有效期限可以采用2.5年。

对于下列短期风险暴露，有效期限为内部估计的有效期限与1天中的较大值：

①原始期限1年以内全额抵押的场外衍生品交易、保证金贷款、回购交易和证券借贷交易。

②原始期限1年以内自我清偿性的贸易融资，包括开立的和保兑的信用证。

③原始期限3个月以内的其他短期风险暴露，包括：场外衍生品交易、保证金贷款、回购交易、证券借贷，短期贷款和存款，证券和外汇清算而产生的风险暴露，以电汇方式进行现金清算产生的风险暴露等。

4. 专业贷款风险参数的估计

按照《商业银行资本管理办法（试行）》的要求，专业贷款的风险加权资产计量可以有两种选择：

（1）采用内部评级法，即分别估计其PD（Probability of Default，违约概率）、LGD（Loss Given Default，违约损失率）等风险参数，进而按照公司风险暴露的资本计算公式计算RWA；

（2）采用监管映射法，对于不能满足自行估计PD要求的银行，要对专业贷款采用一维评级，同时考虑债务人的特征和债项特征以及两者之间的相关性，直接反映预期损失。

【例2】客户评级是对客户（　　）的计量和评价，反映客户违约风险的大小。

Ⅰ. 偿债能力

Ⅱ. 公司治理水平

Ⅲ. 高管团队稳定性

Ⅳ. 偿债意愿

A. Ⅰ、Ⅱ、Ⅲ、Ⅳ　　B. Ⅱ、Ⅲ、Ⅳ

C. Ⅰ、Ⅱ、Ⅲ　　D. Ⅰ、Ⅳ

【答案】D

【解析】客户评级是对客户偿债能力和偿债意愿的计量和评价，反映客户违约风险的大小。

【例3】信用评分模型，对个人客户而言，可观察到的特征变量主要包括（　　）。

Ⅰ. 收入

Ⅱ. 现金流量

Ⅲ. 资产

Ⅳ. 财务比率

A. Ⅰ、Ⅲ　B. Ⅱ、Ⅲ、Ⅳ　C. Ⅰ、Ⅳ　D. Ⅰ、Ⅱ、Ⅲ

【答案】A

【解析】信用评分模型：对个人客户而言，可观察到的特征变量包括收入、资产、年龄、职业以及居住地等；对法人客户而言，包括现金流量、各种财务比率。

【考点四】监测信用风险的主要指标和计算方法【☆☆】

信用风险监测：风险管理人员通过各种监控技术，动态捕捉信用风险指标的异常变动，判断其是否已达到引起关注的水平或已经超过阈值。

有效的信用风险监测体系应实现以下目标：

①确保业务人员了解借款人或交易对方当前的财务状况及其变动趋势；

②监测对合同条款的遵守情况；

③评估抵（质）押物相对债务人当前状况的抵补程度以及抵（质）押物价值的变动趋势；

④识别借款人违约情况，并及时对风险上升的授信进行分类；

⑤对已造成信用风险损失的授信对象或项目，迅速进入补救和管理程序。

显现指标：主要用于显现因素或现状信息的定量化。

潜在指标：主要用于对潜在因素或征兆信息的定量化。

1. 不良资产/贷款率

不良贷款率 =（次级类贷款 + 可疑类贷款 + 损失类贷款）/各项贷款 ×100%

2. 预期损失率

预期损失率 = 预期损失/资产风险暴露 ×100%

3. 单一（集团）客户授信集中度

单一（集团）客户贷款集中度 = 最大一家（集团）客户贷款总额/资本净额 ×100%

4. 关联授信比例

关联授信比例 = 全部关联方授信总额/资本净额 ×100%

5. 贷款风险迁徙率

风险迁徙类指标表示为资产质量从前期到本期变化的比率，属于动态监测指标。具体有：

（1）正常贷款迁徙率

正常贷款迁徙率 =（期初正常类贷款中转为不良贷款的金额 + 期初关注类贷款中转为不良贷款的金额）/（期初正常类贷款余额 − 期初正常类贷款期间减少金额 + 期初关注类贷款余额 − 期初关注类贷款期间减少金额）×100%

（2）正常类贷款迁徙率

正常类贷款迁徙率＝期初正常类贷款向下迁徙金额/（期初正常类贷款余额－期初正常类贷款期间减少金额）×100%

（3）关注类贷款迁徙率

关注类贷款迁徙率＝期初关注类贷款向下迁徙金额/（期初关注类贷款余额－期初关注类贷款期间减少金额）×100%

（4）次级类贷款迁徙率

次级类贷款迁徙率＝期初次级类贷款向下迁徙金额/（期初次级类贷款余额－期初次级类贷款期间减少金额）×100%

（5）可疑类贷款迁徙率

可疑类贷款迁徙率＝期初可疑类贷款向下迁徙金额/（期初可疑类贷款余额－期初可疑类贷款期间减少金额）×100%

6. 逾期贷款率

逾期贷款率＝逾期贷款余额/贷款总余额×100%

7. 不良贷款拨备覆盖率

不良贷款拨备覆盖率＝（一般准备＋专项准备＋特种准备）/（次级类贷款＋可疑类贷款＋损失类贷款）

8. 贷款损失准备充足率

贷款损失准备充足率＝贷款实际计提准备/贷款应提准备×100%

【例4】下列监测信用风险指标的计算方法，正确的是（　　）。

Ⅰ. 不良贷款率＝（次级类贷款＋可疑类贷款）/各项贷款×100%

Ⅱ. 预期损失率＝预期损失/资产风险暴露×100%

Ⅲ. 贷款损失准备充足率＝贷款实际计提准备/贷款应提准备×100%

Ⅳ. 逾期贷款率＝逾期贷款余额/贷款总余额×100%

A. Ⅰ、Ⅲ、Ⅳ　　B. Ⅰ、Ⅱ、Ⅳ　　C. Ⅱ、Ⅲ、Ⅳ　　D. Ⅰ、Ⅱ、Ⅲ、Ⅳ

【答案】C

【解析】

Ⅰ项：不良贷款率＝（次级类贷款＋可疑类贷款＋损失类贷款）/各项贷款×100%

【考点五】预警信用风险的程序和主要方法【☆☆】

（一）风险预警程序

1. 信用信息的收集和传递

收集与商业银行有关的内外部信息，包括信贷人员提供的信息和外部渠道得到的信息，并通过商业银行信用风险系统进行储存。

2. 风险分析

预测系统运用预测方法对未来内外部环境进行预测，预警指标经过运算估计出未来市场和客户的风险状况，所输出的结果与预警参数进行比较，判断是否发出警报。

3. 风险处置

风险处置是指在风险警报的基础上，为控制和最大限度地降低风险而采取的一系列措施，可分为两种：

①预控性处置：在风险预警报告已经作出，而决策部门尚未采取相应措施之前，由风险预警部门或决策部门对尚未爆发的潜在风险提前采取控制措施。

②全面性处置：对风险的类型、性质和程度进行系统详尽的分析后，从内部组织管理、业务经营活动等方面采取措施来分散、转移和规避风险，使风险预警信号回到正常范围。

4. 后评价

经过风险预警及风险处置过程后，对风险预警的结果进行科学的评价，以发现其中存在的问题并对预警系统和风险管理行为进行修正或调整。

风险预警在运行过程中要不断通过时间序列分析等技术来检验其有效性，同时改进预警指标和模型。

（二）风险预警的主要方法

1. 黑色预警法

这种预警方法不引进警兆自变量，只考察警兆指标的时间序列变化规律，即循环波动特征。

各种商情指数、预期合成指数、商业循环指数、经济扩散指数、经济波动图等都可以看作是黑色预警法的应用。

2. 蓝色预警法

这种预警方法侧重定量分析，根据风险征兆等级预报整体风险的严重程度，具体分为两种模式：

（1）指数预警法：利用警兆指标合成的风险指数进行预警。其中，应用范围最广的是扩散指数，是指全部警兆指数中个数处于上升的警兆指数所占比重。当指数大于0.5时，表示警兆指标中有半数处于上升，即风险呈上升趋势；若小于0.5，则风险呈下降趋势。

（2）统计预警法：对警兆与警素之间的关系进行相关性分析，确定其先导长度和先导强度，再根据警兆变动情况，确定各警兆的警级，结合警兆的重要性进行警级综合，最后预报警度。

3. 红色预警法

该方法重视定量分析与定性分析相结合。其流程是：

（1）对影响警素变动的有利因素与不利因素进行全面分析；

（2）进行不同时期的对比分析；

（3）结合风险分析专家的直觉和经验进行预警。

【考点六】控制信用风险的限额管理方法【☆☆☆】

风险限额管理：对关键风险指标设置限额，并据此对业务进行监测和控制的过程。

（一）单一客户授信限额管理

1. 客户的债务承受能力

商业银行对客户进行信用评级后，首要工作就是判断该客户的债务承受能力，即确定客户的最高债务承受额（Maximum Borrowing Capacity，MBC）。

一般来说，决定客户债务承受能力的主要因素是客户信用等级和所有者权益，由此可得：

$$MBC = EQ \times LM$$

$$LM = f(CCR)$$

MBC（Maximum Borrowing Capacity）是指最高债务承受额；EQ 是指所有者权益；LM 是指杠杆系数；CCR 是指客户资信等级；f（CCR）是指客户资信等级与杠杆系数对应的函数关系。

2. 银行的损失承受能力

银行对某一客户的损失承受能力用客户损失限额（Customer Maximum Loss Quota，CMLQ）表示，代表了商业银行愿意为某一具体客户所承担的损失限额。

当客户的授信总额超过上述两个限额中的任一限额时，商业银行都不能再向该客户提供任何形式的授信业务。

（二）集团客户授信限额管理

集团客户授信限额管理的步骤：

（1）根据总行关于行业的总体指导方针和集团客户与授信行的密切关系，初步确定对该集团整体的授信限额。

（2）根据单一客户的授信限额，初步测算关联企业各成员单位（含集团公司本部）最高授信限额的参考值。

（3）分析各授信单位的具体情况，调整各成员单位的授信限额。

（三）国家风险限额管理

国家风险限额是用来对某一国家的信用风险暴露进行管理的额度框架。

国家风险限额管理基于对一个国家的综合评级，至少一年重新检查一次。

（四）区域风险限额管理

区域风险限额经常作为指导性的弹性限额，但当某一地区受某些因素的影响，导致区域内经营环境恶化、区域内部经营管理水平下降、区域信贷资产质量恶化时，区域风险限额将被严格地加以控制。

（五）组合限额管理

1. 授信集中度限额

授信集中：商业银行资本金，总资产或总体风险水平过于集中在下列某一类组合中：单一的交易对象；关联的交易对象团体；特定的产业或经济部门；某一区域；某一国家或经济联系紧密的一组国家；某一类产品；某一类交易对方类型（如商业银行、教育机构或政府部门）；同一类（高）风险/低信用质量级别的客户；同一类授信安排；同一类抵押担保；相同的授信期限。

授信集中度限额可以按上述不同维度进行设定。行业、产品、风险等级和担保是最常用的组合限额设定维度。

2. 总体组合限额

总体组合限额是在分别计量贷款、投资、交易和表外风险等不同大类组合限额的基础上计算得出的。设定组合限额可分为五步：

（1）按某组合维度确定资本分配权重；

（2）对预期组合进行压力测试，估算组合的损失；

（3）将压力测试估算出的预计组合损失与商业银行的资本相对比；

（4）根据资本分配权重，确定各组合；

（5）根据资本转换因子，将以资本表示的该组合的组合限额转换为以计划授信额表示的组合限额。

【例5】在单一客户限额管理中，客户所有者权益为6亿元，杠杆系数为0.8，则该客户最高债务承受额为（　　）亿元。

A. 5.0　　B. 4.8　　C. 6.25　　D. 4.0

【答案】B

【解析】单一客户授信限额的计算公式是：$MBC = EQ \times LM = 6 \times 0.8 = 4.8$。

【考点七】信用风险缓释技术的内容及处理方法【☆☆☆】

信用风险缓释是指以某种手段，如运用合格的抵（质）押品、净额结算、保证和信用衍生工具等方式转移或降低信用风险。

（一）合格抵（质）押品

合格抵（质）押品包括金融质押品、实物抵押品（应收账款、商用房地产和居住用房地产）以及其他抵（质）押品。合格抵（质）押品的信用风险缓释作用体现为违约损失率的下降，同时也可能降低违约概率。

【合格抵（质）押品的认定要求】

①抵（质）押品应是《民法典》规定可以接受的财产或权利。

②权属清晰，且抵（质）押品设定具有相应的法律文件。

③满足抵（质）押品可执行的必要条件，须经国家有关主管部门批准或者办理登记的，应按规定办理相应手续。

④存在有效处置抵（质）押品的流动性强的市场，且可以得到合理的抵（质）押品的市场价格。

⑤在债务人违约、无力偿还、破产或发生其他借款合同约定的信用事件时，银行能够及时地对债务人的抵（质）押品进行清算或处置。

【内部评级法】

2001 年年初，巴塞尔银行监管委员会公布了《巴塞尔新资本协议草案》，拟于 2006 年后实施。推出了对信用风险估值的内部评级法（IRB）。

根据对商业银行内部评级法依赖程度的不同，内部评级法分为：

1. 初级法：要估计的风险要素是违约概率。

2. 高级法：要估计的风险要素有违约概率、违约损失率、违约风险暴露、期限。

内部评级法初级法下，当借款人利用多种形式的抵（质）押品共同担保时，需要将风险暴露拆分为由不同抵（质）押品覆盖的部分，分别计算风险加权资产。

拆分进行的顺序：金融质押品→应收账款→商用房地产和居住用房地产→其他抵（质）押品。

（二）合格净额结算

1. 内容

内部评级法下，表内净额结算的风险缓释作用体现为违约风险暴露的下降。

内部评级法初级法下，合格净额结算包括：

（1）表内净额结算。

（2）回购交易净额结算。

（3）场外衍生工具及交易账户信用衍生工具净额结算。

【合格净额结算的认定要求】

①可执行性：具有法律上可执行的净额结算协议，无论交易对象是无力偿还或破产，均可实施。

②法律确定性：在任何情况下，能确定同一交易对象在净额结算合同下的资产和负债。

③风险监控：在净头寸的基础上监测和控制相关风险暴露。

采用内部评级法高级法的银行，应建立估计表外项目违约风险暴露的程序，规定每笔表外项目采用的违约风险暴露估计值。

（三）合格保证和信用衍生工具

内部评级法初级法下，合格保证的范围包括：

1. 主权、公共企业、多边开发银行和其他银行。

2. 外部评级在 A - 级及以上的法人、其他组织或自然人。

3. 虽然没有相应的外部评级，但内部评级的违约概率相当于外部评级 A - 级及以上水平的法人、其他组织或自然人。

采用内部评级法高级法的机构，可以按要求自行认定合格保证，但应有历史数据证明保证的风险缓释作用。

（四）信用风险缓释工具池

对单独一项风险暴露存在多个信用风险缓释工具时：

1. 采用内部评级法初级法的机构，应将风险暴露细分为每一信用风险缓释工具覆盖的部分，每一部分分别计算加权风险资产。如信用保护由一个信用保护者提供，但有不同的期限，也应细分为几个独立的信用保护。细分的规则应使信用风险缓释发挥最大作用。

2. 采用内部评级法高级法的机构，如果通过增加风险缓释技术可以提高对风险暴露的回收率，则鼓励对同一风险暴露增加风险缓释技术来降低违约损失率。采用此种方法处理的机构应证明此种方式对风险抵补的有效性，并建立合理的多重信用风险缓释工具处理的相关程序和方法。

【例 6】 在内部评级法初级法下，借款人利用多种形式的抵（质）押品共同担保时，需要将风险暴露进行拆分，拆分按照（　　）以及其他抵（质）押品的顺序进行。

A. 商用房地产和居住用房地产、金融质押品、应收账款

B. 金融质押品、商用房地产和居住用房地产、应收账款

C. 应收账款、金融质押品、商用房地产和居住用房地产

D. 金融质押品、应收账款、商用房地产和居住用房地产

【答案】 D

【解析】 拆分进行的顺序：金融质押品→应收账款→商用房地产和居住用房地产→其他抵（质）押品。

【本节学习提示】

考查重点：

①信用风险识别的内容【单一法人客户、集团法人客户、个人、贷款组合】；

②计量证券信用风险的客户评级和债项评级的内容和计量方法；

③监测信用风险的主要指标和计算方法【显现指标】；

④预警信用风险的程序和主要方法【红色、蓝色、黑色】；

⑤信用风险缓释技术的主要内容及处理方法【合格的抵（质）押品、净额结算、保证和信用衍生工具】。

第三节　市场风险管理

【考点一】市场风险的四种类型【☆】

（一）利率风险

市场利率变动的不确定性造成损失的可能性，具体有：

（1）重新定价风险：即期限错配风险，最主要和最常见的利率风险形式。源于到期期限（就固定利率而言）或重新定价期限（就浮动利率而言）间的差异。

（2）收益率曲线风险：由不同期限但具有相同风险、流动性和税收的收益率连接而形成的曲线，用于描述收益率与到期期限之间的关系的曲线。

（3）基准风险：在利息收入和利息支出所依据的基准利率变动不一致的情况下，虽然资产、负债和表外业务的重新定价特征相似，但因其利息收入和利息支出发生了变化，也会对收益或内在经济价值产生不利的影响。

（4）期权性风险：由于期权性工具具有的不对称的支付特征而给期权出售方带来的风险。

（二）汇率风险

由于汇率的不利变动而导致发生损失的风险。

（三）股票价格风险

由于股票价格发生不利变动而带来损失的风险。

（四）商品价格风险

所持有的各类商品及其衍生头寸由于商品价格发生不利变动而造成经济损失的风险。

商品价格波动取决于国家的经济形势、商品市场的供求状况和国际炒家的投机行为等。

【例 7】按照风险来源的不同，利率风险可以分为（　　）。

Ⅰ. 重新定价风险

Ⅱ. 股票价格风险

Ⅲ. 基准风险

Ⅳ. 收益率曲线风险

A. Ⅰ、Ⅲ　　B. Ⅲ、Ⅳ　　C. Ⅰ、Ⅲ、Ⅳ　　D. Ⅰ、Ⅱ、Ⅲ、Ⅳ

【答案】C

【解析】按照风险来源的不同，利率风险可以分为：①重新定价风险；②收益率曲线风险；③基准风险；④期权性风险。

【考点二】久期分析、风险价值、压力测试、情景分析的基本原理和适用范围【☆☆☆】

（一）缺口分析

缺口分析用来衡量利率变动对当期收益的影响。

将所有生息资产和付息负债按照重新定价的期限划分到不同的时间段，在每个时间段内，将利率敏感性资产减去利率敏感性负债，再加上表外业务头寸，就得到该时间段内的重新定价“缺口”。

以该缺口乘以假定的利率变动，即得出这一利率变动对净利息收入变动的大致影响。

当某一时段内的资产（包括表外业务头寸）大于负债时，就产生了正缺口，即资产敏感型缺口，此时市场利率下降会导致净利息收入下降。

当某一时段内的负债大于资产（包括表外业务头寸）时，就产生了负缺口，即负债敏感型缺口，此时市场利率上升会导致净利息收入下降。

缺口分析中的假定利率变动可以通过多种方式来确定，如根据历史经验、管理层的判断以及模拟可能的未来利率变动等。

缺口分析是对资产负债利率敏感度进行分析的重要方法之一，是较早采用的利率风险计量方法。因其计算简便、清晰易懂，目前仍广泛应用于利率风险管理领域。

（二）久期分析

久期（Duration）：也称持续期，是1938年由麦考利提出，是以未来时间发生的现金流，按照目前的收益率折现成现值，再用每笔现值乘以现在距离该笔现金流发生时间点的时间年限，然后进行求和，以这个总和除以债券目前的价格得到的数值就是久期。即：债券各期现金流支付所需时间的加权平均值。

久期分析：也称持续期分析或期限弹性分析，主要用于衡量利率变动对整体经济价值的影响。

即对各时段的缺口赋予相应的敏感性权重，得到加权缺口，然后对所有时段的加权缺口进行汇总，从而估算某一给定的小幅（通常小于1%）利率变动可能会对整体经济价值产生的影响。

收益率变化会导致债券价格变化，可以利用久期来衡量债券价格的收益率敏感性。

久期就是价格变化的百分比除以收益率变化的百分比。

久期计算公式：

$$\Delta P/P = -D \times \Delta y/(1+y)$$

P 为债券的初始价格，ΔP 为债券价格变化值，y 为初始收益率，Δy 为收益率变化值。

【例 8】 某三年期债券麦考利久期为 2.3 年，债券目前价格为 105.00 元，市场利率为 9%。假设市场利率突然上升 1%，则按照久期公式计算，该债券价格（　　）。

Ⅰ. 下降 2.11%

Ⅱ. 下降 2.50%

Ⅲ. 下降 2.22 元

Ⅳ. 下降 2.625 元

A. Ⅰ、Ⅳ　　B. Ⅰ、Ⅲ　　C. Ⅱ、Ⅳ　　D. Ⅱ、Ⅲ

【答案】 B

【解析】 根据久期计算公式：

$\Delta P/P = -D \times \Delta y/(1+y) = -2.3 \times 1\%/(1+9\%) = -2.11\%$，则 $\Delta P = -2.11\% \times 105 \approx -2.22$（元）。

【久期缺口】

久期缺口是资产加权平均久期与负债加权平均久期和资产负债率乘积的差额，银行可以使用久期缺口来测量其资产负债的利率风险。

久期缺口 = 资产加权平均久期 -（总负债/总资产）× 负债加权平均久期。

当久期缺口为正值时，资产的加权平均久期大于负债的加权平均久期与资产负债率的乘积。

当久期缺口为负值时，市场利率上升，银行净值将增加；市场利率下降，银行净值将减少。

当缺口为零时，银行净值的市场价值不受利率风险影响。

【总结】 久期缺口的绝对值越大，银行对利率的变化就越敏感，银行的利率风险暴露量也就越大，因而，银行最终面临的利率风险也越高。

1. 久期分析的基本原理

（1）久期的概念最早由麦考利在 1938 年提出，他提出要通过衡量债券的平均到期期限来研究债券的时间结构。当被运用于不可赎回债券时，麦考利久期就是以年数表示的可用于弥补证券初始成本的货币加权平均时间价值。对于在到期日所有本息一笔付清的零息债券，麦考利久期等于期限。

（2）久期对于财务经理的主要价值在于它是衡量利率风险的直接方法，久期越长，利率风险越大。

（3）票面利率、到期时间、初始收益率与久期的关系：

①保持其他因素不变，票面利率越低，息票债券的久期越长。票面利率越高时，早期的现金流现值越大，占债券价格的权重越高，使时间的加权平均值越低，即久期越短。

②保持其他因素不变，到期收益率越低，息票债券的久期越长。到期收益率越低时，后期的现金流现值越大，在债券价格中所占的比重也越高，时间的加权平均值越

高，久期越长。

③在其他因素不变的情况下，到期时间越长，久期越长。债券的到期时间越长，价格的利率敏感性越强，这与债券的到期时间越长，久期越长是一致的。但是，久期并不一定总随着到期时间的增长而增长。

2. 久期分析的适用范围

（1）对于利率的大幅变动（大于1%），由于头寸价格的变化与利率的变动无法近似为线性关系，久期分析的结果就不再准确，需要进行更为复杂的技术调整。

（2）如果在计算敏感性权重时对每一时段使用平均久期，即采用标准久期分析法，久期分析仍然只能反映重新定价风险，不能反映基准风险，以及因利率和支付时间的不同而导致的头寸的实际利率敏感性差异，也不能很好地反映期权性风险。

【例9】 能够估算利率变动对所有头寸的未来现金流现值的潜在影响，从而能够对利率变动的长期影响进行评估的分析方法是（　　）。

A. 缺口分析　　B. 敞口分析　　C. 敏感分析　　D. 久期分析

【答案】 D

【解析】 久期分析是计量利率风险对银行经济价值的影响，即估算利率变动对所有头寸的未来现金流现值的潜在影响，从而能够对利率变动的长期影响进行评估。

（三）风险价值分析

1. 概念

风险价值（Value at Risk，VaR）是指在一定的持有期和给定的置信水平下，利率、汇率、股票价格和商品价格等市场风险要素发生变化时可能对产品头寸或组合造成的潜在最大损失。

2. 基本原理

VaR值是对未来损失风险的事前预测，考虑不同的风险因素、不同投资组合（产品）之间风险分散化效应，具有传统计量方法不具备的特性和优势，已经成为业界和监管部门计量监控市场风险的主要手段。

VaR值的局限性包括：无法预测尾部极端损失情况、单边市场走势极端情况、市场非流动性因素。

风险价值（VaR）的两类描述：

①在某一特定的时期内，在给定的置信度下，某一金融资产或其组合可能遭受的最大潜在损失值。

②在一个给定的时期内，某一金融资产或其组合价值的下跌以一定的概率不会超过的水平是多少。

用公式表达为：$Prob\ (\Delta P > VaR) = 1 - C$

ΔP 表示证券组合在持有期内的损失；VaR 表示置信水平 C 下处于风险中的价值。

【例】 时间为 1 天，置信水平为 95%（概率），所持股票组合的 VaR = 10000 元。

含义：明天该股票组合可有 95% 的把握保证，其最大损失不会超过 10000 元，或是明天该股票组合最大损失超过 10000 元的可能性只有 5%。

3. VaR 的计算方法：

（1）方差—协方差法

方差—协方差法假定投资组合中各种风险因素的变化服从特定的分布（通常为正态分布），然后通过历史数据分析和估计该风险因素收益分布方差—协方差、相关系数等。

该方法是所有计算 VaR 值的方法中最简单的，只反映了风险因素对整个组合的一阶线性和二阶线性影响，无法反映高阶非线性特征，该方法是局部估值法。

（2）历史模拟法

假定历史可以在未来重复，通过收集一定历史期限内全部的风险因素收益信息，模拟风险因素收益未来的变化。

特点：（1）透明度高、直观，对系统要求相对较低；（2）对数据样本选择区间较为敏感；（3）反映了风险因素统计规律，因此不需要任何分布假设，也无须计算波动率、相关系数等模型参数；（4）可以全面反映风险因素和组合价值的各种关系，是基于全定价估值的模拟方法。

（3）蒙特卡罗模拟法

蒙特卡罗模拟法是一种结构化模拟的方法，通过产生一系列同模拟对象具有相同统计特性的随机数据来模拟未来风险因素的变动情况。

蒙特卡罗模型在测算风险时比解析模型能得出更可靠、更综合的结论，同时体现了非线性资产的凸性，考虑到了波动性随时间变化的情形。但是该方法需要功能强大的计算设备，运算耗时过长。

4. 风险价值的应用

（1）风险管理与控制。

（2）基于 VaR 的资产配置与投资决策。

（3）基于 VaR 的业绩评估。

（4）风险监管。

【例 10】 在持有期为 10 天、置信水平为 99% 的情况下，若所计算的风险价值为 10 万元，则表明该金融机构的资产组合（　　）。

A. 在 10 天中的收益有 99% 的可能性不会超过 10 万元

B. 在 10 天中的收益有 99% 的可能性会超过 10 万元

C. 在 10 天中的损失有 99% 的可能性不会超过 10 万元

D. 在 10 天中的损失有 99% 的可能性会超过 10 万元

【答案】 C

【解析】风险价值是指在一定的持有期和给定的置信水平下，利率、汇率等市场风险要素变化时可能对资产价值造成的最大损失。由于该资产组合的持有期为 10 天，置信水平为99%，风险价值为10 万元意味着在10 天中的损失有99%的可能性不会超过10 万元。

（四）压力测试的基本原理和适用范围

1. 压力测试的基本原理

市场风险压力测试是一种定性与定量相结合，以定量为主的风险分析方法，通过测算面临市场风险的投资组合在特定小概率事件等极端不利情况下可能发生的损失，分析这些损失对盈利能力和资本金带来的负面影响，进而对所持投资组合的脆弱性作出评估和判断，并采取必要的措施，以规避市场风险。

2. 适用范围

压力测试是弥补 VaR 值计量方法无法反映置信水平之外的极端损失的有效补充手段，市场风险量化分析要结合使用 VaR 计量和压力测试分析。

（五）情景分析的基本原理和适用范围

1. 情景分析的基本原理

（1）概念

情景分析法（脚本法或前景描述法），是指在假定某种现象或某种趋势将持续到未来的前提下，对预测对象可能出现的情况或引起的后果作出预测的方法。

（2）执行步骤

（1）主题的确定；

（2）主要影响因素的选择；

（3）方案的描述与筛选：将关键影响因素的具体描述进行组合，形成多个初步的未来情景描述方案；

（4）模拟演习：邀请公司的管理人员进入描述的情景，面对情景中出现的状况或问题做出对应策略；

（5）制定战略；

（6）早期预警系统的建立。

2. 情景分析的适用范围

（1）资金密集、产品/技术开发的前导期长、战略调整所需投入大、风险高的产业，如钢铁、石油等产业；

（2）不确定因素太多，无法进行唯一准确预测的情况，如金融业、制药业，以及相关的股市等。

【例 11】假设金融机构根据过去 100 天的历史数据计算持有交易头寸的 VaR 值为1000 万元人民币，置信区间为99%，持有期为 1 天，则该机构在未来 100 个交易日内，预期所持有的交易头寸最多会有（　　）天的损失超过 1000 万元。

A. 2　　B. 1　　C. 10　　D. 3

【答案】 B

【解析】 根据风险价值的概念，可知该机构在未来 100 个交易日内将有 $100 \times 1\% = 1$ 天的概率超过 1000 万元。

【考点三】市场风险管理的流程【☆☆☆】

1. 开展新产品和开展新业务之前，充分识别和评估其中包含的市场风险

2. 经董事会或其授权的专门委员会批准，建立相应的内部审批、操作和风险管理流程

3. 相关部门审核、认可其内部审批程序的操作及风险管理程序

【考点四】控制市场风险的限额管理、风险对冲等方法【☆☆☆】

（一）限额管理

1. 市场风险限额管理体系

包括交易组合定义、限额结构和限额指标设定与审批、限额监控与报告、限额调整、超限额管理等。

2. 市场风险限额指标

（1）头寸限额：对总交易头寸或净交易头寸设定的限额。

总头寸限额：对特定交易工具的多头头寸或空头头寸分别加以限制。

净头寸限额：对多头头寸和空头头寸相抵后的净额加以限制。

（2）风险价值限额：对基于量化方法计算出的市场风险计量结果来设定限额。

（3）止损限额：所允许的最大损失额，止损限额适用于一日、一周或一个月等一段时间内的累计损失。

（4）敏感度限额：保持其他条件不变的前提下，对单个市场风险要素（利率、汇率、股票价格和商品价格）的微小变化对金融工具或资产组合收益或经济价值影响程度所设定的限额。

（二）风险对冲

风险对冲是指通过投资或购买与管理基础资产收益波动负相关或完全负相关的某种资产或金融衍生产品来冲销风险的一种风险管理策略。

当原风险敞口出现亏损时，新风险敞口能够盈利，并且使盈利能够尽量全部抵补亏损。

【例】 使用利率掉期对处于利率风险之中的资产负债进行套期保值。

【例 12】 投资或者购买与管理基础资产收益波动负相关或完全负相关的某种资产或金融衍生产品的风险管理策略是（　　）。

A. 风险规避　　B. 风险对冲　　C. 风险分散　　D. 风险转移

【答案】B

【解析】风险对冲是指通过投资或购买与管理基础资产收益波动负相关或完全负相关的某种资产或金融衍生产品来冲销风险的一种风险管理策略。

【本节学习提示】

考查重点：

①久期分析、风险价值、压力测试、情景分析的基本原理和适用范围；

②市场风险管理流程；

③控制市场风险的限额管理、风险对冲等方法。

第四节　流动性风险管理

【考点一】资产负债期限结构、分布结构影响流动性的途径和机制【☆】

（一）资产负债期限结构

1. 概念

在未来特定的时段内，到期资产（现金流入）与到期负债（现金流出）的构成状况。理想情况下，到期资产与到期负债的到期日和规模都应当匹配；如果未能匹配，则形成了资产负债的期限错配，并可能因此造成流动性风险。

2. 影响流动性的途径和机制

商业银行最常见的资产负债期限错配情况是将大量短期借款（负债）用于长期贷款（资产），即“借短贷长”。

商业银行在正常范围内建立的“借短贷长”的资产负债期限结构（或持有期缺口），被认为是一种正常的、可控性较强的流动性风险。

优点：可以提高资金使用效率、利用存贷款利差增加收益。

缺点：如果这种期限错配严重失衡，则有可能因到期资产所产生的现金流入严重不足造成支付困难，从而面临较高的流动性风险。

借入流动性是商业银行降低流动性风险的“最具风险”的方法，因为商业银行在借入资金时，不得不在资金成本和可获得性之间作出艰难的选择。

商业银行通常选择在真正需要资金的时候借入资金。

（二）资产负债分布结构

1. 概述

商业银行应当尽可能降低其资金来源（负债）和使用（资产）的同质性，形成合理的资产负债分布结构、以获得稳定的、多样化的现金流量，最大限度地降低流动性风险。

2. 影响流动性的途径和机制

（1）应根据自身情况、控制各类资金来源的合理比例，并适度分散客户种类和资金到期日；

（2）在日常经营中应持有足够水平的流动资金，并根据业务特点持有合理的流动资产组合，作为应付紧急融资的储备；

（3）制定适当的债务组合以及与主要资金提供者建立稳健持久的关系；

（4）制定风险集中限额，并监测日常遵守的情况。

【考点二】流动性评估方法【☆☆☆】

（一）流动性比率/指标法

各国监管当局和商业银行广泛使用的流动性风险评估方法：

（1）同类金融机构之间横向比较各项流动性外汇率/指标

首先选取行业中具备良好流动性状况的同类金融机构并计算其各项资产、负债及错配期限的比率/指标，然后计算自身所对应的各项比率/指标，最后将自身指标与行业良好标准进行横向比较，并据此对自身的流动性风险水平作出客观评价。

（2）内部纵向比较不同历史时期的各项流动性比率/指标

有助于正确认识流动性风险状况的发展和变化趋势，理解金融机构风险管理水平以及风险偏好的变化情况。

（二）现金流分析法

现金流分析法是通过对一定时期内现金流入（资金来源）和现金流出（资金使用）的分析和预测，评估金融机构短期内的流动性状况。用“剩余”或“赤字”来表示金融机构现金流入和现金流出的差异。

当资金来源大于资金使用时，出现资金“剩余”，表明投资机构流动性相对充足，拥有一个“流动性缓冲器”。

当资金来源小于资金使用时，出现流动性“赤字”，此时必须考虑这种资金匮乏可能造成的支付困难以及由此产生的流动性风险。

根据历史经验，当资金剩余额与总资产之比小于3%至5%，甚至为负数时，金融机构应当对其流动性状况高度重视。

为合理预测投资机构在未来不同时段内的流动性需求，应当尽可能准确预测未来特定时段内（如未来7天、15天、30天）的新贷款净增值（新贷款额－到期贷款－贷款出售）、存款净流量（流入量－流出量），以及其他资产和负债的净流量，将上述各项资金净流量加总，再与期初的“剩余”或“赤字”相加，即可获得未来特定时段内的流动性头寸。

证券公司现金流测算和分析应涵盖资产和负债的未来现金流以及或有资产和或有负债的潜在现金流，并充分考虑支付结算等对现金流的影响。

（三）缺口分析法

缺口分析法针对未来特定时段，计算到期资产（现金流入）和到期负债（现金流出）之间的差额，以判断不同时段内的流动性是否充足。

在特定时段内虽没到期，但可以不受损失或承担较少损失就能出售的资产应当被计入到期资产。

当某一时段内的资产（包括表外业务头寸）大于负债时，就产生了正缺口，即资产敏感型缺口，此时，市场利率下降会导致银行的净利息收入下降。

当某一时段内的负债大于资产（包括表外业务头寸）时，就产生了负缺口，即负债敏感型缺口，此时，市场利率上升会导致银行的净利息收入下降。

金融机构在未来特定时段内的贷款平均额和核心存款平均额之间的差额构成了融资缺口，即：

融资缺口 = 贷款平均额 - 核心存款平均额

若缺口为正，金融机构通常需出售流动性资产或在资金市场进行融资，即：

融资缺口 = - 流动性资产 + 借入资金

合并上述两个公式可得：

借入资金（流动性需求） = 融资缺口 + 流动性资产 = （贷款平均额 - 核心存款平均额） + 流动性资产

（四）久期分析法

市场风险管理中的久期缺口可用来评估利率变化对金融机构某个时期的流动性状况的影响。

（1）当久期缺口为正值时：如果市场利率下降，则资产价值增加的幅度比负债价值增加的幅度大，流动性也随之增强；如果市场利率上升，则资产价值减少的幅度比负债价值减少的幅度大，流动性也随之减弱。

（2）当久期缺口为负值时：如果市场利率下降，流动性也随之减弱；如果市场利率上升，流动性也随之增强。

（3）当久期缺口为零时：利率变动对投资机构的流动性没有影响。这种情况极少发生。

【总结】久期缺口的绝对值越大，利率变化对金融机构的资产和负债价值影响越大，对其流动性的影响越明显。

【例 13】常用的评估流动性风险的方法包括（　　）。

Ⅰ. 现金流分析法

Ⅱ. 流动性缺口分析法

Ⅲ. 流动性比率法

Ⅳ. 久期分析法

A. Ⅰ、Ⅱ、Ⅲ　　B. Ⅰ、Ⅱ、Ⅳ　　C. Ⅲ、Ⅳ　　D. Ⅰ、Ⅱ、Ⅲ、Ⅳ

【答案】 D

【解析】 流动性风险评估方法包括：①流动性比率/指标法；②现金流分析法；③缺口分析法；④久期分析法。

【考点三】流动性风险的监测指标和预警信号【☆】

（一）流动性风险的监测指标

商业银行应当定期对自身的资产负债期限错配情况、负债的多元化和稳定程度、优质流动性资产储备、重要币种流动性风险状况以及市场流动性等方面，适时地进行分析和监测。

1. 流动性覆盖率

流动性覆盖率 = 合格优质流动性资产/未来 30 天现金净流出量 ×100%

证券公司的流动性覆盖率应不低于 100%。

2. 净稳定资金率

净稳定资金率 = 可用稳定资金/所需的稳定资金 ×100%

证券公司的净稳定资金率应不低于 100%。

（二）流动性风险的预警信号

1. 内部预警信号

内部预警信号主要包括金融机构内部有关风险水平、盈利能力、资产质量，以及其他可能对流动性产生中长期影响的指标变化。

【例如】 ①某项或多项业务/产品的风险水平增加；

②资产或负债过于集中；

③资产质量下降；

④盈利水平下降；

⑤快速增长的资产的主要资金来源为市场大宗融资等。

2. 外部预警信号

外部预警信号主要包括第三方评级、所发行的有价证券的市场表现等指标的变化。

【例如】 ①市场上的负面传言；

②外部评级下降；

③所发行的股票价格下降；

④所发行的可流通债券（包括次级债）的交易量上升且买卖价差扩大；

⑤交易/经纪商不愿买卖债券而迫使投资者寻求熟悉的交易/经纪商支持。

3. 融资预警信号

融资预警信号主要包括负债稳定性和融资能力的变化等。

【例如】①债权人提前要求兑付造成支付能力出现不足；

②融资成本上升；

③融资交易对手开始要求抵（质）押物且不愿提供中长期融资；

④愿意提供融资的对手数量减少且单笔融资的金额显著上升；

⑤被迫从市场上购回已发行的债券。

【考点四】利用压力测试、情景分析预测流动性【☆☆☆】

（一）压力测试

将整个金融机构或资产组合置于某一特定的（主观想象的）极端市场情况下，测试该金融机构或资产组合在这些关键市场变量突变的压力下的表现状况，看是否能经受得起这种市场的突变。

证券公司应至少每半年开展一次流动性风险压力测试，在压力情景下证券公司满足流动性需求并持续经营的最短期限不少于30天。

商业银行可根据自身业务特色和需要，对诸如以下风险因素的变化可能对各类资产、负债，以及表外项目价值造成的影响进行压力测试：

（1）存贷款基准利率连续累计上调/下调250个基点；

（2）市场收益率提高/降低50%；

（3）持有主要外币相对于本币升值/贬值20%；

（4）重要行业的原材料/销售价格上下波幅超过50%；

（5）GDP、CPI、失业率等重要宏观经济指标上下波幅超过20%。

（二）情景分析

商业银行通常将可能面临的市场条件分为正常、最好和最坏三种情景，尽可能考虑到每种情景下可能出现的有利或不利的重大流动性变化。

在流动性风险情景分析中，分析商业银行正常状况下的现金流量变化最为重要。虽然最好情景和最坏情景发生概率较低，但深入分析最坏情景（面临流动性危机）意义重大，通常可分为两种情况：商业银行自身问题所造成的流动性危机和整体市场危机。

商业银行应定期就以下情景对自身的流动性状况进行情景分析：流动性资产价值的侵蚀；零售存款的大量流失；批发性融资来源的可获得性下降；融资期限缩短和融资成本提高；交易对手要求追加保证金或担保；交易对手的可交易额减少或总交易对手减少；主要交易对手违约或破产；表外业务、复杂产品和交易、超出合约义务的隐性支持对流动性的损耗；信用评级下调或声誉风险上升；母行或子行、分行出现流动性危机的影响；多个市场突然出现流动性枯竭；外汇可兑换性以及进入外汇市场融资的限制；中央银行融资渠道的变化；银行支付结算系统突然崩溃。

【考点五】控制流动性风险的主要做法【☆☆☆】

控制流动性风险的主要做法包括：

1. 确定流动性风险偏好；
2. 计量、监测和报告流动性风险状况；
3. 制定流动性风险监控指标；
4. 限额管理及压力测试；
5. 制订有效的流动性风险应急计划。

【例 14】下列各项中，（　　）不是银行等金融机构的流动性风险预警的内部预警指标或信号。

A. 所发行的股票价格下跌　　B. 某项业务风险水平增加

C. 盈利能力上升　　D. 资产过于集中

【答案】C

【解析】流动性风险预警的内部预警指标或信号包括：①某项或多项业务/产品的风险水平增加；②资产或负债过于集中；③资产质量下降；④盈利水平下降；⑤快速增长的资产的主要资金来源为市场大宗融资等。

【易混知识点分析】

【久期分析法与缺口分析法】把握公式，对比记忆

1. 概念
2. 计算方法
3. 经济学含义

【本节学习提示】

考查重难点：

①流动性风险评估方法【流动性比率法、现金流分析法、缺口分析法和久期分析法】；

②流动性风险的监测指标和预警信号。

同步真题练习

1. 关于久期缺口正负值的叙述，不正确的是（　　）。

A. 久期缺口为正值时，市场利率下降，则资产与负债的价值都会增加

B. 久期缺口为正值时，市场利率上升，则金融机构最终的市场价值将增加

C. 当久期缺口为负值时，如果市场利率下降，则流动性会减弱

D. 久期缺口为正值时，资产的加权久期大于负债的加权平均久期与资产负债率的乘积

2. 关于久期缺口的描述，错误的是（　　）。

A. 久期缺口的绝对值越大，利率风险越高

B. 久期缺口的绝对值越小，利率风险越小

C. 久期缺口的绝对值大小与利率风险呈正向关系

D. 久期缺口大小与利率风险大小的影响不确定，需要做具体分析

3. 下列属于流动性风险监测指标的是（　　）。

A. 资产负债率　　B. 净资产利润率　　C. 流动性比率　　D. 净稳定资金率

4. 缺口分析法针对未来特定时段，（　　），以判断不同时段内的流动性是否充足。

A. 计算到期资产（现金流入）和到期负债（现金流出）之间的差额

B. 计算到期资产（现金流入）和到期负债（现金流出）之间的总和

C. 计算到期净资产（现金流入）和到期负债（现金流出）之间的总和

D. 计算到期净资产和到期流动负债之间的差额

5. （　　）是指保持其他条件不变的前提下，对单个市场风险要素（利率、汇率、股票价格和商品价格）的微小变化对金融工具或资产组合收益或经济价值影响程度所设定的限额。

A. 头寸限额　　B. 风险价值限额　　C. 止损限额　　D. 敏感性限额

6. 某金融机构的贷款平均额为 800 亿元，存款平均额为 1000 亿元，核心存款平均额为 200 亿元，流动性资产为 100 亿元，那该机构的融资需求是（　　）亿元。

A. 900　　B. 600　　C. 700　　D. 500

7. 客户信用评级方法的“5Cs”方法属于（　　）评级方法。

A. 情景分析法　　B. 定性分析方法　　C. 历史模型法　　D. 压力测试法

8. 最常见的资产负债的期限错配情况指（　　）。

A. 将大量短期借款用于长期贷款，即借短贷长

B. 将大量长期借款用于短期贷款，即借长贷短

C. 全部资产与全部负债在持有时间上不一致

D. 部分资产与全部负债在到期时间上不一致

9. VaR 的计算方法一般包括（　　）、方差—协方差法、蒙特卡洛模拟法。

A. 历史模拟法　　B. 历史数据法　　C. 直接比较法　　D. 情景综合分析法

10. 在流动性风险的预警信号中，（　　）主要包括负债稳定性和融资能力的变化。

A. 内部预警信号　B. 外部预警信号　C. 融资预警信号　D. 投资预警信号

11. 关于 VaR 值的计量方法，下列论述正确的是（　　）。

A. 方差—协方差法能预测突发事件的风险

B. 方差—协方差法易高估实际的风险值

C. 历史模拟法可计量非线性金融工具的风险

D. 蒙特卡洛模拟法不需要依赖历史数据

12. 下列关于风险管理策略的说法，正确的是（　　）。

A. 对于由相互独立的多种资产组成的资产组合，只要组成的资产个数足够多，其系统性风险就可以通过分散化的投资完全消除

B. 风险补偿是指事前（损失发生以前）以风险承担的价格补偿

C. 风险转移只能降低非系统性风险

D. 风险规避可以分为保险规避和非保险规避

13. 债项评级是对（　　）的特定风险进行计量和评价，以反映客户违约后的债项损失大小。

A. 偿债能力　B. 公司评级　C. 信用状况　D. 交易本身

14. 对特定交易工具的多头头寸或空头头寸给予限制的市场风险控制措施是(　　)。

A. 币种限额　B. 风险价值限额　C. 止损限额　D. 头寸限额

15. 某 2 年期债券，每年付息一次，到期还本，面值为 100 元，票面利率为 10%，市场利率为 10%，则该债券的麦考利久期为（　　）年。

A. 1.35　B. 1.73　C. 1.91　D. 2.56

16. 用于表示在一定时间水平、一定概率下所发生最大损失的要素是（　　）。

A. 违约概率　B. 非预期损失　C. 预期损失　D. 风险价值

17. 在现金流分析中，如果金融机构的资金来源小于资金使用，则表明（　　）。

A. 可能造成支付困难以及由此产生流动性风险

B. 该机构流动性相对充足

C. 该机构的流动性供给大于流动性需求

D. 该机构可以把差额通过其他途径投资

18. 信用评分模型在分析借款人信用风险过程中，存在的突出问题有（　　）。

Ⅰ. 是一种向后看的模型，无法及时反映企业信用状况的变化

Ⅱ. 对于多数新兴商业银行而言，所收集的历史数据极为有限

Ⅲ. 无法全面地反映借款人的信用状况

Ⅳ. 无法提供客户违约概率的准确数值

A. Ⅰ、Ⅱ　B. Ⅱ、Ⅳ　C. Ⅰ、Ⅳ　D. Ⅰ、Ⅱ、Ⅳ

19. 下列关于蒙特卡洛模拟法的说法，正确的有（　　）。

Ⅰ. 是一种全值估计方法，可以处理非线性、大幅波动及“肥尾”问题

Ⅱ. 如果产生的数据序列是伪随机数，可能导致错误结果

Ⅲ. 可以通过设置削减因子，使得模拟结果对近期市场的变化更快地作出反应

Ⅳ. 不存在模型风险

A. Ⅰ、Ⅲ　　B. Ⅰ、Ⅱ、Ⅲ　　C. Ⅱ、Ⅲ、Ⅳ　　D. Ⅰ、Ⅱ、Ⅲ、Ⅳ

20. 下列关于久期分析，说法正确的有（　　）。

Ⅰ. 久期分析也称为持续期分析或期限弹性分析

Ⅱ. 对各时段的缺口赋予相应的敏感性权重，得到加权缺口，然后对所有时段的加权缺口进行汇总，以此估算某一给定的小幅（通常小于0.1%）利率变动可能会对整体经济价值产生的影响

Ⅲ. 若采用标准久期分析法，久期分析只能反映重新定价风险，不能反映基准风险，以及因利率和支付时间的不同而导致的头寸的实际利率敏感性差异，也不能很好地反映期权性风险

Ⅳ. 对于利率的大幅变动（大于1%），久期分析的结果不再准确，需进行更复杂的技术调整

A. Ⅰ、Ⅱ　　B. Ⅲ、Ⅳ　　C. Ⅰ、Ⅲ、Ⅳ　　D. Ⅰ、Ⅱ、Ⅲ、Ⅳ

21. 在信用风险客户评级中，违约概率的估计包括（　　）。

Ⅰ. 某一信用等级所有借款人的违约概率

Ⅱ. 单一借款人的违约概率

Ⅲ. 统计违约模型

Ⅳ. 现金回收率

A. Ⅰ、Ⅱ　　B. Ⅰ、Ⅱ、Ⅲ、Ⅳ

C. Ⅰ、Ⅱ、Ⅲ　　D. Ⅱ、Ⅲ、Ⅳ

22. 采用信用衍生工具缓释信用风险需满足的要求有（　　）。

Ⅰ. 法律确定性

Ⅱ. 信用事件的规定

Ⅲ. 风险监控

Ⅳ. 评估

A. Ⅱ、Ⅲ　　B. Ⅰ、Ⅲ、Ⅳ　　C. Ⅰ、Ⅱ、Ⅳ　　D. Ⅰ、Ⅱ、Ⅲ

23. 下列关于违约风险暴露的说法中，正确的有（　　）。

Ⅰ. 是债务人违约时预期表内项目和表外项目的风险暴露总额

Ⅱ. 若客户已经违约，违约风险暴露为其违约时的债务账面价值

Ⅲ. 若客户尚未违约，违约风险暴露的表内项目为债务账面价值

Ⅳ. 若客户尚未违约，违约风险暴露的表外项目为已提取金额 + 信用转换系数 × 已

承诺未提取金额

A. Ⅰ、Ⅱ、Ⅲ、Ⅳ　　B. Ⅰ、Ⅱ、Ⅲ

C. Ⅰ、Ⅳ　　D. Ⅱ、Ⅲ、Ⅳ

24. 证券公司流动性风险管理应遵循的原则有（　　）。

Ⅰ. 全面性原则

Ⅱ. 审慎性原则

Ⅲ. 利益最大化原则

Ⅳ. 预见性原则

A. Ⅰ、Ⅱ、Ⅲ　　B. Ⅱ、Ⅲ、Ⅳ　　C. Ⅰ、Ⅲ、Ⅳ　　D. Ⅰ、Ⅱ、Ⅳ

答案与解析

1. **【答案】** B

【解析】 B 项说法错误，久期缺口为正值时，市场利率上升，则金融机构最终的市场价值将减少。

2. **【答案】** D

【解析】 久期缺口的绝对值越大，金融机构对利率的变化就越敏感，金融机构的利率风险暴露量也就越大，因而，金融机构最终面临的利率风险越高。

3. **【答案】** D

【解析】 流动性风险监测指标包括净稳定资金率和流动性覆盖率。

4. **【答案】** A

【解析】 缺口分析法针对未来特定时段，计算到期资产（现金流入）和到期负债（现金流出）之间的差额，以判断不同时段内的流动性是否充足。

5. **【答案】** D

【解析】 敏感性限额是指保持其他条件不变的前提下，对单个市场风险要素（利率、汇率、股票价格和商品价格）的微小变化对金融工具或资产组合收益或经济价值影响程度所设定的限额。

6. **【答案】** C

【解析】 由融资需求 = 融资缺口 + 流动性资产，融资缺口 = 贷款平均额 - 核心存款平均额，可以得出：融资需求 = 贷款平均额 - 核心存款平均额 + 流动性资产。代入数据可得：融资需求 = 800 - 200 + 100 = 700（亿元）。

7. **【答案】** B

【解析】 客户信用评级方法分为定性和定量分析方法。定性分析方法主要指专家判断法，目前所使用的定性分析方法，虽然有各种各样的架构设计，但其选择的关键要素都基本相似，其中，对企业信用分析的5Cs系统使用最为广泛。

8.【答案】A

【解析】最常见的资产负债的期限错配情况就是“借短贷长”，即将大量短期借款用于长期贷款。

9.【答案】A

【解析】VaR的计算方法一般有历史模拟法、方差—协方差法、蒙特卡洛模拟法三种方法。

10.【答案】C

【解析】流动性风险的预警信号主要包括内部预警信号、外部预警信号和融资预警信号，其中融资预警信号主要包括负债稳定性和融资能力的变化等。

11.【答案】C

【解析】

A项说法错误，方差—协方差法不能预测突发事件的风险。

B项说法错误，方差—协方差法易低估实际的风险值。

C项说法正确，历史模拟法可计量非线性金融工具的风险。

D项说法错误，蒙特卡洛模拟法需要依赖历史数据，方差—协方差法、历史模拟法也需要依赖历史数据。

12.【答案】B

【解析】

A项错误，系统性风险不可完全消除。

C项错误，风险转移既可以降低非系统性风险，也可以转移部分系统风险，只能降低非系统风险的策略是风险分散。

D项错误，风险规避就是不做业务，不承担风险，并没有保险规避或非保险规避的说法，只有保险转移和非保险转移的说法。

13.【答案】D

【解析】债项评级是对交易本身的特定风险进行计量和评价，以反映客户违约后的债项损失大小。

14.【答案】D

【解析】限额管理是对商业银行市场风险进行有效控制的一项重要手段。市场风险限额指标主要包括：头寸限额、风险价值限额、止损限额、敏感度限额等。其中头寸限额是指对总交易头寸或净交易头寸设定的限额，总头寸限额对特定交易工具的多头头寸或空头头寸给予限制，净头寸限额对多头头寸和空头头寸相抵后的净额加以限制。

15.【答案】C

【解析】市场利率=票面利率，则该债券的现值=面值=100（元），第一年现金流

现值 = 100 × 10%/（1 + 10%） = 9.09（元），第二年现金流现值 = （100 × 10% + 100）/（1 + 10%）2 = 90.91（元），因此，麦考利久期 D = 1 × 9.09/100 + 2 × 90.91/100 = 1.91（年）。

16. **【答案】** D

【解析】 风险价值（VaR）是指在一定的持有期和给定的置信水平下，利率、汇率等市场风险要素变化时可能对资产价值造成的最大损失。

17. **【答案】** A

【解析】 当资金来源小于资金使用时，出现流动性“赤字”，此时必须考虑这种资金匮乏可能造成的支付困难以及由此产生的流动性风险。

18. **【答案】** D

【解析】 信用评分模型是金融机构分析借款人信用风险的主要方法之一，但在使用过程中存在一些突出问题：

①信用评分模型是建立在对历史数据（而非当前市场数据）模拟的基础上，因此是一种向后看的模型。

②信用评分模型对借款人历史数据的要求相当高，商业银行需要相当长的时间才能建立起一个包括大多数企业历史数据的数据库，此外，对新兴企业而言，由于其成立时间不长，历史数据则更为有限，这使得信用评分模型的适用性和有效性受到影响。

③信用评分模型虽然可以给出客户信用风险水平的分数，却无法提供客户违约概率的准确数值，而后者往往是信用风险管理最为关注的。

19. **【答案】** B

【解析】 第Ⅳ项，蒙特卡洛模拟法对于基础风险因素仍然有一定的假设，存在一定的模型风险。

20. **【答案】** C

【解析】 第Ⅱ项，对各时段的缺口赋予相应的敏感性权重，得到加权缺口，然后对所有时段的加权缺口进行汇总，以此估算某一给定的小幅（通常小于1%）利率变动可能会对整体经济价值产生的影响。

21. **【答案】** A

【解析】 违约概率的估计包括两个层面：（1）单一借款人的违约概率；（2）某一信用等级所有借款人的违约概率。故Ⅰ、Ⅱ项正确。

22. **【答案】** C

【解析】 采用信用衍生工具缓释信用风险需满足的要求：①法律确定性；②可执行性；③评估；④信用事件的规定。

23. **【答案】** A

【解析】 债务人违约时预期表内项目和表外项目的风险暴露总额，包括已使用的授信余额、应收未收利息、未使用授信额度的预期提取数量以及可能发生的相关费用。

若客户已经违约，则违约风险暴露为其违约时的债务账面价值；若客户尚未违约，则违约风险暴露对于表内项目为债务账面价值，对于表外项目为：已提取金额＋信用转换系数×已承诺未提取金额

24. **【答案】**D

【解析】根据《证券公司流动性风险管理指引》第五条的规定，证券公司流动性风险管理应遵循全面性、审慎性和预见性原则。

本章总结

- 第五章 风险管理
  - 第一节 风险管理概述
    - 证券投资顾问业务的主要风险类别
    - 证券投资顾问业务风险管理流程
    - 证券投资顾问业务风险管理的主要策略
  - 第二节 信用风险管理
    - 信用风险类别
    - 信用风险识别的内容和方法
    - 计量证券信用风险的客户评级和债项评级的内容和计量方法
    - 监测信用风险的主要指标和计算方法
    - 预警信用风险的程序和主要方法
    - 信用风险的限额管理方法
    - 信用风险缓释技术的主要内容及处理方法
  - 第三节 市场风险管理
    - 市场风险的四种类型
    - 久期分析、风险价值、压力测试、情景分析的基本原理和适用范围
    - 市场风险管理流程
    - 控制市场风险的限额管理、风险对冲等方法
  - 第四节 流动性风险管理
    - 资产负债期限结构、分布结构影响流动性的途径和机制
    - 流动性比率法、现金流分析法、缺口分析法和久期分析法等流动性风险评估方法
    - 流动性风险的检测指标和预警信号
    - 利用压力测试、情景分析预测流动性
    - 控制流动性风险的主要做法

第六章　品种选择

【考情早知道】

本章在证券投资顾问考试中，属于非重点章节，主要介绍证券投资顾问业务的品种选择内容，考纲要求比较简单，分值占比在2%左右。

【本章知识概览】

小节	考点	备考指数
第一节 产品选择	证券产品选择的目标	☆☆
	证券产品选择的基本原则	☆☆☆
	证券产品选择的步骤	☆☆☆
	现金类、债券类、股票类和衍生产品类证券产品的组成及基本特征	☆☆
	产品与客户适配的相关要求	☆☆☆
第二节 时机选择	买卖证券产品时机的一般原则	☆☆☆
	证券产品进场时机选择的要求	☆☆
	证券产品买进时机选择的策略	☆☆
	证券产品卖出时机选择的策略	☆☆
第三节 行业轮动	行业轮动的特征	☆
	行业轮动的驱动因素	☆
	行业轮动的主要策略及配置	☆
	不同行业轮动的关联性和介入时点的选择	☆

【考点详解】

第一节　产品选择

【考点一】证券产品选择的目标【☆☆】

（一）本金保障

最常见的投资目的是本金保障，即投资者通过投资达到保存资本或保持资金购买力的目的。当持有富余现金，社会发展又处于通货膨胀状态时，如果不进行有效益的投资，则会侵蚀现金的购买力。

（二）资本增值

投资者通过投资一些产品或其他金融工具，期望所投资产品能够增值，从而获得财富的增加。

（三）降低风险

证券投资的灵活性和多样性可以降低投资的风险。

（四）投资收益

投资者往往期待在保障本金的前提下，同时也能获得一些收益，其中债券投资最为常见。

【考点二】证券产品选择的基本原则【☆☆☆】

（一）收益性原则

收益性是选择证券产品最基本的要求。收益一般包含直接收益与资本增值两部分，但有些产品可能只有其中一种。例如债券一般只有利息，不存在增值；股票的股利（分红）主要看公司的分红安排，资本增值看市场表现。

（二）安全性原则

要保证证券投资的本金不受损失。证券投资安全性原则要求投资者进行分散投资，或者根据自己的投资风格选择适当的投资产品。

（三）流动性原则

产品的赎回速度。是否存在可交易市场且能快速在无损失或微小损失的情况下迅速变现的能力。

【考点三】证券产品选择的步骤【☆☆☆】

（一）确定证券产品选择的策略

根据投资者对风险的态度，衡量其风险承受能力，决定投入的资金量，确定最终的证券产品种类。

（二）了解证券产品的特性

投资者要广泛了解各种证券产品的期限、有无担保、收益高低、支付情况、风险大小等。

（三）分析证券产品

运用基本分析、技术分析和组合理论对具体证券的真实价值、市场价格及价格涨跌趋势进行深入分析。

（四）构建投资组合

把风险大、股价高的证券产品和风险小、股价低的证券产品组合在一起，可以分散风险。

【考点四】各类证券产品的组成及基本特征【☆☆】

（一）现金类证券产品【货币型理财产品】

1. 分类

（1）银行产品：活期存款、通知存款、一年以内的银行理财产品。

（2）基金管理公司产品：货币型基金、短期理财基金。

（3）证券公司产品：债券逆回购、货币型集合资产管理计划。

（4）信托公司产品：货币型的信托中信托。

2. 特征

（1）风险较低；

（2）安全性较高；

（3）收益稳定；

（4）流动性较强。

（二）债券类证券产品

债券是一种金融契约，是政府、金融机构、工商企业等机构直接向社会借债筹措资金时，向投资者发行，同时承诺按一定利率支付利息并按约定条件偿还本金的债权债务凭证。

1. 债券的分类

（1）按发行主体分类：

①政府债券：政府为筹集资金而向投资者出具并承诺在一定时期支付利息和到期偿还本金的债务凭证。我国政府债券包括国债和地方政府债。

②金融债券：由银行和非银行金融机构经特别批准而发行的债券。金融债券包括政策性金融债、商业银行债券、特种金融债券、非银行金融机构债券、证券公司债、证券公司短期融资券等。

③公司债券：公司依法定程序发行、约定在一定期限还本付息的有价证券。

（2）按付息方式分类：

①零息债券：也被称为零息票债券，指债券合约未规定利息支付的债券。通常这类债券以低于面值的价格发行和交易，债券持有人实际上是以买卖（到期赎回）价差的方式取得债券利息。

②附息债券：附息债券的合约中明确规定，在债券存续期内，对持有人定期支付利息（通常每半年或每年支付一次）。按照计息方式的不同，这类债券还可细分为固定利率债券和浮动利率债券两大类。有些附息债券可以根据合约条款推迟支付定期利率，故被称为缓息债券。

③息票累积债券：这类债券也规定了票面利率，但是债券持有人必须在债券到期时一次性获得本息，存续期间没有利息支付。

（3）按债券形态分类

①实物债券：一种具有标准格式实物券面的债券。在标准格式的债券券面上，一般印有债券面额、债券利率、债券期限、债券发行人全称、还本付息方式等各种债券票面要素。

②凭证式债券：形式是债权人认购债券的一种收款凭证，而不是债券发行人制定的标准格式的债券。

③记账式债券：没有实物形态的票券，利用证券账户通过电脑系统完成债券发行、交易及兑付的全过程。

（4）按利率是否固定分类

①固定利率债券：在发行时规定了整个偿还期内利率不变的债券，其筹资成本和投资收益可以事先预计，不确定性较小，但债券发行人和投资者仍然必须承担市场利率波动的风险。

②浮动利率债券：发行时规定债券随市场利率定期浮动的债券。由于与市场利率挂钩，市场利率又考虑了通货膨胀的影响，浮动利率债券可以较好地抵御通货膨胀风险。

③可调利率债券：也称可变利率债券，是指在债券存续期内允许根据一些事先选定的参考利率指数的变化，对利率进行定期调整的债券。调整间隔往往事先设定，包括1个月、6个月、1年、2年、3年或5年。可调利率债券的基本特征是利率可变，只是变的基础、幅度、条件不一致。

（5）按期限长短分类

①长期债券：偿还期限在10年以上；

②短期债券：偿还期限在1年以下；

③中期债券：期限在1年或1年以上、10年以下（包括10年）。

（6）按发行方式分类

①公募债券：按法定手续，经证券主管机构批准在市场上公开发行的债券。这种债券的认购者可以是社会上的任何人。发行者一般有较高的信誉，而发行公募债券有助于

提高发行者的信用度。除政府机构、地方公共团体外，一般私营企业必须符合规定的条件才能发行公募债券。

②私募债券：向与发行者有特定关系的少数投资者募集的债券，私募债券的发行和转让均有一定的局限性。

募集对象为有限数量的专业投资机构，如银行、信托公司、保险公司和各种基金会等。这些专业投资的投资机构一般都拥有经验丰富的专家，对债券及其发行者具有充分调查研究的能力，加上发行人与投资者相互都比较熟悉，即私募发行不采取公开制度。购买私募债券的目的一般不是为了买卖，只是作为金融资产而保留。在我国私募公司债券的发行对象为合格投资者，每次发行对象不得超过200人。

2. 债券的特征

（1）偿还性：债券规定有偿还期限，债务人必须按期支付利息和偿还本金。

（2）流动性：债券持有人可按需要和市场的实际状况，灵活地转让债券，以提前收回本金和实现投资收益。

（3）安全性：债券持有人的收益相对稳定，不随发行者经营收益的变动而变动，且可按期收回本金。

（4）收益性：投资债券可以给投资者定期或不定期带来利息收入；投资者可以利用债券价格的变动，买卖债券赚取差额。

【债券不能收回投资的风险情况】

①债务人不履行债务，即债务人不能按时、足额、按约定的利率支付利息或偿还本金。

②流通市场风险，即债券在市场上转让时，因价格下跌而承受损失。

【债券能为投资者带来一定收入的表现形式】

①利息收入：债权人在持有债券期间按约定的条件分期、分次取得利息或者到期一次取得利息。

②资本损益：债权人到期收回的本金与买入债券或者中途卖出债券与买入债券之间的价差收入。

③再投资收益：投资债券所获现金流量再投资的利息收入。

（三）股票类证券产品

1. 定义

股票是一种有价证券，它是股份有限公司签发的，用以证明股东所持股份的，并据以获得股息和红利的凭证。

2. 分类

（1）按股东享有权利的不同可分为：普通股票和优先股票。

（2）按是否记载股东姓名可分为：记名股票和不记名股票。

（3）按是否在股票票面上标明金额可分为：有面额股票和无面额股票。

3. 股票的特征

①收益性：它是股票最基本的特征。投资股票的收益主要来源于以下两方面：

一是来自股份公司，公司派发的股息、红利，取决于经营状况和盈利水平。

二是来自股票流通，当股票的市场价格高于买入价格时，卖出股票就可赚取差价收益，即资本利得。

②价格波动性和风险性：实际收益与预期收益之间的偏离。

③流动性：在本金保持相对稳定、变现的交易成本很小的条件下，股票很容易变现的特性。

④永久性：股票所载有权利的有效性是始终不变的。

⑤参与性：股票持有人有权参与公司重大决策、出席股东大会、行使对公司经营决策的参与权的特性。

（四）衍生产品类证券产品

1. 定义

与基础金融产品相对应的一种产品，指建立在基础产品或基础变量之上，其价格取决于基础金融产品价格（或数值）变动的派生金融产品。

2. 分类

（1）从基础产品分类角度，可分为：股权类产品的衍生产品、货币衍生产品、利率衍生产品、信用衍生产品、其他衍生产品。

（2）从其自身交易的方法和特点，可分为：金融远期合约、金融期货、金融期权、金融互换、结构化金融衍生产品。

【衍生产品类证券产品】

①金融远期合约：交易双方在场外市场上通过协商，按约定价格（远期价格）在约定的未来日期（交割日）买卖某种标的金融资产（或金融变量）的合约，主要包括远期利率协议、远期外汇合约和远期股票合约。

②金融期货：交易双方在集中的交易场所，以公开竞价方式进行的标准化金融期货合约的交易，主要包括货币期货、利率期货、股票指数期货和股票期货。

③金融期权：合约买方向卖方支付一定费用（“期权费”或“期权价格”），在约定日期内享有按事先确定的价格向合约卖方买卖某种金融工具的权利的契约，包括现货期权和期货期权两类。

④金融互换：两个或两个以上的当事人按共同商定的条件，在约定的时间内定期交换现金流的金融交易，包括货币互换、利率互换、股权互换、信用违约互换。

⑤结构化金融衍生工具：利用基础金融衍生工具的结构化特性，通过相互结合开发设计出更多具有复杂特性的金融衍生产品。

3. 特征

（1）跨期性：会影响交易者在未来一段时间内或未来某时点上的现金流。

（2）杠杆性：交易一般只需支付少量的保证金或权利金就可签订远期大额合约或互换不同的金融工具。

（3）联动性：价值与基础产品或基础变量紧密联系、规则变动。

（4）不确定性或高风险性：其交易后果取决于交易者对基础工具（或变量）未来价格（数值）。

【例1】金融衍生产品从其自身交易的方法和特点进行的分类不包括（　　）。

A. 金融期货　　B. 金融远期合约　　C. 金融期权　　D. 利率期货

【答案】D

【解析】金融衍生产品从自身交易的方法和特点可分为：金融远期合约、金融期货、金融期权、金融互换、结构化金融衍生产品。

【例2】对投资者而言，优先股是一种比较安全的投资对象，这是因为（　　）。

Ⅰ. 在公司财产清偿时先于普通股票

Ⅱ. 股息收益稳定

Ⅲ. 在公司财产清偿时后于普通股票

Ⅳ. 风险相对较小

A. Ⅰ、Ⅱ、Ⅲ　　B. Ⅰ、Ⅱ、Ⅳ　　C. Ⅱ、Ⅲ、Ⅳ　　D. Ⅰ、Ⅱ、Ⅲ、Ⅳ

【答案】B

【解析】优先股的股息率是固定的，其持有者的股东权利也受到一定限制，但在公司盈利和剩余财产的分配顺序上比普通股股东享有优先权，风险相对较小。

【例3】一般而言，下列债券按其信用风险依次从低到高排列的是（　　）。

A. 政府债券、公司债券、金融债券　　B. 金融债券、公司债券、政府债券

C. 金融债券、政府债券、公司债券　　D. 政府债券、金融债券、公司债券

【答案】D

【解析】信用风险又称违约风险，是指证券发行人在证券到期时无法还本付息而使投资者遭受损失的风险。政府债券的信用风险最小，一般认为中央政府债券几乎没有信用风险，其他债券的信用风险依次从低到高排列为地方政府债券、金融债券、公司债券。

【考点五】产品与客户适配的相关要求【☆☆☆】

（一）适当性的定义

（1）适当性：金融机构在销售金融产品的过程中应当遵守的标准和规定，并据此评估所出售的产品是否符合客户的财务状况和需求。销售行为包括向客户提供投资建议、管理个人投资组合和推荐公开发行的证券，评估项目既包括客户的投资知识、投资经验、投资目标、风险承受能力、投资期限等，也包括客户定期追加投资、提供额外抵押以及理解复杂金融产品的能力。

（2）投资者适当性：中间人（金融中介机构）所提供的金融产品或服务与客户的财务状况、投资目标、风险承受水平、财务需求、知识和经验之间的契合程度。

（3）投资者适当性管理：通过一系列措施，让“适合的投资者购买恰当的产品”，避免在金融产品销售过程中，将金融产品提供给风险并不匹配的投资群体，导致投资者由于误解而发生较大风险。

（4）投资者适当性管理工作主要是以经营机构适当性义务为主线展开的，应当包括三类：

①以判断投资者风险承受能力为目标的投资者分类义务。

②以判断产品风险等级为目标的产品分级义务。

③以“将适当的产品销售给适当的投资者”为目标的销售匹配义务。

（二）我国法律法规对适当性原则的规定

2016 年 12 月 12 日，中国证监会发布《证券期货投资者适当性管理办法》，这是中国资本市场首部专门规范适当性管理的行政规章，是投资者保护领域的基础性制度，其核心理念就是“将适当的产品销售给适当的投资者”。《证券期货投资者适当性管理办法》于 2017 年 7 月 1 日正式实施。

《证券期货投资者适当性管理办法》构建了一整套适当性管理的制度框架，标志着我国投资者适当性管理制度体系的基本成形。

中国证券业、期货业与证券投资基金业三大协会分别公布了各行业的投资者适当性管理实施指引，即：

《证券经营机构投资者适当性管理实施指引（试行）》

《期货经营机构投资者适当性管理实施指引（试行）》

《基金募集机构投资者适当性管理实施指引（试行）》

适当性管理工作：向投资者销售证券期货产品或提供证券期货服务的机构应当遵守法律、行政法规、本办法及其他有关规定，在销售产品或提供服务的过程中，勤勉尽责，审慎履职，全面了解投资者情况，深入调查分析产品或服务信息，科学有效评估，充分揭示风险，基于投资者的不同风险承受能力以及产品或服务的不同风险等级等因素，提出明确的适当性匹配意见，将适当的产品或者服务销售或提供给适合的投资者，并对违法违规行为承担法律责任。

【本节学习提示】

考查重点：

①证券产品选择的目标【本金保障、资本增值、投资收益】；

②证券产品选择的基本原则【收益性、安全性、流动性】；

③各类证券产品的组成及基本特征【现金类、债券类、股票类和衍生产品类】。

第二节　时机选择

【考点一】买卖证券产品时机选择的一般原则【☆☆】

（一）股价上涨转为下跌期间都是股票卖出时机。

（二）股价下跌转为上涨期间都是股票买进时机。

下列情况应立即买进股票：

（1）股价经长期下跌后，由股价指数显示的最后一次反弹后跌落的低点比反弹前的最低点高时。

（2）上证、深证两种股价平均数互相证实多头市场已来临时。

（3）股价经长期下跌后，计算市盈率已接近或低于股价最低点时的市盈率，说明股价已至低价区，趋势图上已形成重要的反转形态，并且向上突破颈线时。

（4）在多头市场中期的回档后期，股价向上突破整理形态，并加速上升远离整理形态时。

（5）股价向上突破下跌的趋势线，收盘价超过市价的3%以上时。

（6）连续三根甚至四根大阴线，紧跟着高幅度的一天反转时。

【例4】一般来讲，股价上涨转为下跌期间都是股票（　　）时机，股价下跌转为上涨期间都是股票（　　）时机。

A. 买进；卖出　　B. 卖出；买进　　C. 卖出；卖出　　D. 买进；买进

【答案】B

【解析】买卖证券产品时机选择的一般原则：股价上涨转为下跌期间都是股票卖出时机；股价下跌转为上涨期间都是股票买进时机。

【考点二】证券产品进场时机选择的要求【☆☆】

1. 进场时机的选择应结合证券市场环境
2. 以理财的角度进行资产配置
3. 流动性强的投资产品可考虑随时进场
4. 进场时机选择应当在构建投资组合的基础之上
5. 选择进场时机需要积极的投资思维跟进
6. 进场时机的选择应当制定合理的退出目标

【考点三】证券产品买进时机选择的策略【☆☆】

（1）辨别买进时机：良好的买进时机就是股价全部下跌时。“低买”做到后，总会有“高卖”之时。当整个股市暴跌之后，个别股价也会遭受波及。一旦暴跌过后，无论买什么股类都会获利。

（2）选股不如选时：低价买进，高价卖出，是股票投资的基本方针。在股市熊市时买进，牛市时卖出，便是适当的时机。但人们的行为往往可能会有羊群效应。

（3）谷底买进战略：股价跌落谷底，而不容易回升时买进，这是股票投资的良机。股票在“股市萧条时买进”的原则，是不会变的。

（4）高价买进战略：高价买进的战略若要成功，须具备三个条件：

①具有良好展望的股类；

②行情看涨；

③选择公司业绩良好的股类。

（5）其他买进策略要点

①重大利多因素正在酝酿时买进；

②不确切的传言造成非理性下跌时买进；

③总体经济环境因素逐渐趋向有利的时候或政府正在拟定重大的激励措施时买进。

【例5】以高价买进的战略若要成功，必须具备的条件不包括（　　）。

A. 必须是明星股

B. 必须是具备良好展望的股类

C. 必须是行情看涨时

D. 选择公司业绩良好的股类

【答案】A

【解析】高价买进的战略若要成功须具备三个条件：①具有良好的展望股类；②行情看涨；③选择公司业绩良好的股类。

【考点四】证券产品卖出时机选择的策略【☆☆】

1. 卖出策略要点

①股票价格走势达到高峰，再也无力继续攀上时，应卖出股票。

②重大不利因素正在酝酿时应卖出股票。

③从高价跌落10%时应卖出股票。

2. 设置止盈止损点并严格控制

依据股票种类的不同，买进时最好先制定一个令自己满意的卖价目标。此价格以不使自已利益受损为原则，当股市行情到了自己预期的目标时，应及时抛出。

【本节学习提示】

考查重点：

①买卖证券产品时机的一般原则【低吸高抛原则】；

②证券产品时机选择的要求【买入与卖出时机】。

第三节　行业轮动

【考点一】行业轮动的特征【☆】

1. 概念

行业轮动是一种市场短期趋势的表现形式。在一个完整的经济周期中，有些是先行行业，有些是跟随行业。可以根据行业轮动现象，主动利用市场趋势获利，其本质是利用不同投资品种强势时间的错位对行业品种进行切换以达到投资收益最大化的目的。

2. 特征

（1）行业轮动必须建立在对具体的体制、制度以及发展阶段的分析基础之上，并且关注经济的周期变化。不同制度的国家、不同的经济体系、不同的发展阶段，轮动策略不同。

（2）行业轮动与经济周期和货币周期紧密联系，相互作用和影响。

（3）行业轮动必须注意经济体系的特征和经济变量的相互作用方式。

【考点二】行业轮动的驱动因素【☆】

1. 国家政策因素

国家政策因素与股市行业轮动具有关联影响。中国股票市场的供需矛盾、结构矛盾以及市场参与者的不成熟等原因，使政府加强了对股票市场的监管和调控，政策干预及调控成为市场波动的一个主要影响因素，中国股市一直有所谓的“政策市”之称，呈现出一种特殊的游戏规则。

股市政策较大程度地影响了中国股市的行业轮动，股市运行受短期性政策事件的影响极大。虽然近年来政事件对股市的冲击作用正在逐步弱化，股市政策调控逐渐趋于成熟，但国家宏观经济政策对股市的影响仍然是股市波动当之无愧的第一影响因素。

2. 公司自身运行状况因素

上市公司运营情况是投资者最为关注的方面之一。

随着近年来价值投资理念的深入人心，绩优行业的行情还会进一步看涨，在股市运行过程中上扬的走势将更加明显。事实上这一检验结果与我国股市的实际运行状况也是非常吻合的。

但在中国股市运行的实际情况中，业绩不良的公司通过并购重组往往在一段时期内会出现较大的上涨行情。

3. 科技进步与行业成长周期因素

科技革命是影响所有行业及其上市公司命运的最重要因素，各个行业在科技革命中的归属、地位和代表性最终决定了一个行业在股市运行中的收益率和地位。

在不同的科技水平下，不同的行业处于其行业成长周期的不同阶段，起着领涨与领跌的不同作用，反映到股市波动上来，就形成了行业板块间的交错轮动。

4. 投资者理念变化

近年来，国际市场上以企业基本面为基础的“价值投资理念”，在中国股市上日益为投资者所认同和接受。从2002年年底开始，中国股市开始了新一轮的价格调整，投资者更为重视对绩优板块的投资，理性的价值投资成为市场的主导力量。反映到行业轮动上来，就表现为蓝筹股、绩优股行业明显的上升趋势。

价值投资侧重于长期投资。价值投资就是寻找以等于或低于其内在价值的价格标价的证券。内在价值一般需要通过基本面分析，进行财务指标的定量分析得出其内在价值。

【考点三】行业轮动的主要策略及配置【☆】

1. 基本概念

轮动投资策略：通过对特定代理变量的观测适时投资强势投资品种，从而获取超额收益。

轮动投资策略包括：

（1）主动轮动：通过代理变量的预示作用，选择未来表现强势的行业进行投资。（M2行业轮动策略属于此类）

（2）被动轮动：在轮动趋势确立后进行相关行业的投资。（市场情绪轮动策略属于此类）

2. 主动轮动策略【M2行业轮动策略】

M2行业轮动策略：基于M2（广义货币供应量，流通于银行体系之外的现金加上企业存款、居民储蓄存款以及其他存款，它包括了一切可能成为现实购买力的货币形式）这一代理变量观测货币政策周期进行周期性行业和非周期性行业的轮动策略。

（1）数据与轮动策略的建立

①信息的同步性：考虑到M2的披露时间及信息的传导时间，所有投资时段都滞后了一个月的时间。

②组合的构建策略：在货币政策处于扩张时等权配置周期性行业，紧缩时等权配置非周期性行业。

（2）M2行业轮动策略的优点

①理念容易理解，且符合自上而下的投资理念，适合机构投资者进行行业配置。

②将行业划分为周期性和非周期性进行投资，这种分类标准与实际投资中对行业属性的认识也非常接近，减少了对行业基本面和公司信息的依赖。

③在紧缩时，由于选择投资于非周期性行业能够避免较大的不确定性，使整个组合

的风险大大降低，抗风险能力得到增强。

④依据货币供应增速 M2 进行轮动，使策略具有较强的可操作性。

3. 被动轮动策略【市场情绪的行业轮动策略】

（1）概念

被动轮动是在轮动趋势确立后进行相关行业的投资，主要用代理变量来刻画轮动趋势。

（2）策略模型

基于市场情绪设计行业轮动投资策略主要考虑两点：

①哪些行业处于上扬趋势，即哪些行业从市场情绪来看变得可投资；

②这些可投资的行业中哪些行业更具备比较优势，即哪些行业具有比业绩基准更强的上扬趋势。

【考点四】不同行业轮动的关联性和介入时点的选择【☆】

1. 行业轮动的关联性

（1）强势行业的关联性

我国证券市场行业表现的相关性较强，而理想的行业投资就是选择均能超越指数的多个行业进行组合投资，这就需要研究强势行业的关联性，也即当一个行业具有超越指数的能力时哪些行业同时也具备超越指数的能力。

另外值得注意的是行业强势时段的弱关联，弱关联意味着应避免同时配置，例如能源与信息、金融与信息、电信与公用间强势时段的关联最弱，同时配置很可能导致两个行业强弱互抵，从而难以战胜指数。

（2）个股强势轮动的关联性

个股强势轮动的关联强度用股票 A 超越指数的当月股票 B 也超越指数的概率来表示，个股的强势以两种方式表示：一是当月超越沪深 300 指数，二是当月超越沪深 300 指数 2% 以上。

经过研究发现，个股强势轮动的关联强度相比行业有所增强。

2. 行业轮动介入时点的选择

行业轮动的时机是最难掌握的，需要对经济周期和市场周期进行前瞻性判断。

（1）四种周期

四种周期包括：政策周期；市场周期（估值周期）；经济周期；盈利周期。

在市场的不同阶段，这四种周期的演变速度和先后次序是不同的。熊末牛初，股市见底时这四种周期见底的先后次序是：

①政策周期领先于市场周期。在货币政策和财政政策放松后，市场往往在资金面和政策面的推动下进行重新估值。

②市场周期领先于经济周期。美国历史上几乎每次经济衰退，股市都先于经济走出谷底（2001 年的衰退除外）。

③经济周期领先于盈利周期，即宏观基本面领先于微观基本面。过去 70 年，美国的经济衰退从未长于 16 个月，但是盈利下降经常持续 2 ~3 年甚至更长。

④熊末牛初，判断市场走势，资金面和政策面是领先指标，基本面是滞后指标。

⑤熊市见底时，微观基本面往往很不理想，不能以此作为低仓的依据。如果一定要等到基本面改善时才加仓，往往已经晚了。

（2）三种杠杆

①财务杠杆：对利率的弹性。

②运营杠杆：对经济的弹性。

③估值杠杆：对剩余流动性的弹性。

（3）四个阶段

第一阶段：熊市见底时，经济仍然低迷，但是货币政策宽松，利率不断降低，常常是财务杠杆高的企业先见底。此时，某些高负债的竞争对手已经或者正在出局（破产或者被收购），剩余企业的市场份额和定价权都得到提高。

第二阶段：经济开始复苏，利率稳定在低位，此时的板块轮动常常是运营杠杆高的行业领涨，因为这类企业只需销售收入的小幅反弹就能带来利润的大幅提升，基本面的改善比较显著。

第三阶段：经济繁荣，利润快速增长，但是股票价格涨幅更大，估值扩张替代基本面改善成为推动股价的主动力，此时估值杠杆高，有想象空间的股票往往能够领涨。

第四阶段：熊市转换时，不要太在意盈利增长的确定性，而应该关注股票对各种正在改善的外部因素的弹性。所谓的改善，并不一定是指正增长，可以是下降的速度放慢，或者下降的速度好于预期。

（4）介入时点选择

①牛市和熊市是四个周期和三个杠杆的博弈和互动。

②有周期性就表明有可预测性。只有认识了四种周期的先后顺序和相互间的作用，才能在牛熊更替中作出有前瞻性和预见性的判断。

③有杠杆，股价的波动幅度就常常会出人意料的剧烈。只有认识了杠杆的力量，才能认识到股价的波动和基本面的波动是不成正比的。

④投资周期型股票，一定要在炮火声中买进，在烟花声中卖出。例如，在消费者信心低迷时，通常是买入可选消费品股票的好时机。

⑤当股市经过大跌达到合理的估值水平之后，开始在资金面和政策面的推动下上涨，这时不应过度担心基本面。熊市见底时，基本面总是很不理想，呈现出所谓的黎明前的黑暗。

⑥单纯的行业轮动的时机选择是比较困难的，必须结合估值和品质综合考量。

估值：因为好公司贵了就不是好股票。估值就是价格相对于价值是便宜了，还是贵了，估值决定了股票能够上涨的空间。

品质：因为坏公司再便宜也不是好股票。

【本节学习提示】

考查重点：

①行业轮动的主要策略及配置【主动轮动策略、被动轮动策略】；

②不同行业轮动的关联性和介入时点的选择【四种周期、三种杠杆、四个阶段】。

同步真题练习

1. 股票按股东享有权利的不同，可以分为（　　）。

Ⅰ. 记名股票

Ⅱ. 优先股

Ⅲ. 不记名股票

Ⅳ. 普通股

A. Ⅰ、Ⅲ　　B. Ⅱ、Ⅳ　　C. Ⅰ、Ⅳ　　D. Ⅲ、Ⅳ

2. 股票的收益来源主要有（　　）。

Ⅰ. 红利

Ⅱ. 股息

Ⅲ. 债息

Ⅳ. 资本利得

A. Ⅰ、Ⅱ、Ⅲ　　B. Ⅰ、Ⅲ、Ⅳ　　C. Ⅰ、Ⅱ、Ⅳ　　D. Ⅱ、Ⅲ、Ⅳ

3. 一般来讲，政府债券与公司债券相比（　　）。

A. 公司债券风险大，收益低　　B. 公司债券风险小，收益高

C. 政府债券风险大，收益高　　D. 政府债券风险小，收益稳定

4. 下列各项属于投资适当性要求的是（　　）。

A. 特定的投资者购买恰当的产品　　B. 适合的投资者购买低风险的产品

C. 适合的投资者购买恰当的产品　　D. 特定的投资者购买低风险的产品

5. 金融期货是指交易双方在集中的交易场所，通过（　　）的方式进行的标准化金融期货合约的交易。

A. 公开竞价　　B. 买方向卖方支付一定费用

C. 集合竞价　　D. 协商价格

6. 下列关于证券产品买进时机选择的策略，说法不正确的是（　　）。

A. 重大利多因素正在酝酿时买进

B. 等到股价跌落谷底，而不容易回升时买进

C. 不确切的传言造成非理性下跌时买进

D. 总体经济环境因素不利的时候，可以买进

7. 关于债券发行主体，下列论述不正确的是（　　）。

A. 政府债券的发行主体是政府

B. 公司债券的发行主体是股份公司

C. 凭证式债券的发行主体是非股份制企业

D. 金融债券的发行主体是银行或非银行金融机构

8. 政府债券的最初功能是（　　）。

A. 弥补财政赤字　　B. 筹措建设资金

C. 便于调控宏观经济　　D. 便于金融调控

9. 下列不属于证券产品选择的目标的是（　　）。

A. 取得收益　　B. 提高风险　　C. 本金保障　　D. 资本增值

10. （　　）是指金融衍生工具的价值与基础产品或基础变量紧密联系、规则变动。

A. 不确定性　　B. 跨期性　　C. 杠杆性　　D. 联动性

11. 债券产品的主要供给方是（　　）。

A. 公司（企业）　　B. 政府与政府机构

C. 投资者　　D. 金融机构

12. 金融远期合约主要包括（　　）。

Ⅰ. 远期利率协议

Ⅱ. 远期外汇合约

Ⅲ. 远期股票合约

Ⅳ. 货币互换

A. Ⅰ、Ⅱ、Ⅲ　　B. Ⅰ、Ⅱ、Ⅳ　　C. Ⅰ、Ⅲ、Ⅳ　　D. Ⅱ、Ⅲ、Ⅳ

13. M2 行业轮动策略的优点有（　　）。

Ⅰ. 理念容易理解，且符合自上而下的投资理念，适合机构投资者进行行业配置

Ⅱ. 少了对行业基本面和公司信息的依赖

Ⅲ. 抗风险能力得到增强

Ⅳ. 依据货币供应增速 M2 进行轮动，使策略具有较强的可操作性

A. Ⅰ、Ⅱ、Ⅲ、Ⅳ　　B. Ⅱ、Ⅲ、Ⅳ

C. Ⅰ、Ⅱ、Ⅲ　　D. Ⅲ、Ⅳ

14. 证券产品进场时机选择的要求包括（　　）。

Ⅰ. 进场时机的选择应结合证券市场环境

Ⅱ. 进场时机选择应当在构建投资组合的基础之上

Ⅲ. 选择进场时机需要积极的投资思维跟进

Ⅳ. 进场时机的选择应当制定合理的退出目标

A. Ⅰ、Ⅲ、Ⅳ　　B. Ⅱ、Ⅲ、Ⅳ　　C. Ⅰ、Ⅱ、Ⅲ、Ⅳ　D. Ⅲ、Ⅳ

答案与解析

1. 【答案】B

【解析】

按股东享有权利的不同，股票可以分为普通股票和优先股票。

按是否记载股东姓名，股票可以分为记名股票和无记名股票。

2. 【答案】C

【解析】股票的收益性是指股票可以为持有人带来收益的特性。股票的收益来源可分成两类：

（1）来自股份公司。认购股票后，持有者即对发行公司享有经济权益，其实现形式是公司派发的股息、红利，数量多少取决于股份公司的经营状况和盈利水平。

（2）来自股票流通。股票持有者可以持股票到依法设立的证券交易所进行交易，当股票的市场价格高于买入价格时，卖出股票就可以赚取差价收益，即资本利得。

3. 【答案】D

【解析】政府债券是政府发行的债券，由政府承担还本付息的责任，是国家信用的体现。政府债券的付息由政府保证，其信用度最高，风险最小，对于投资者来说，投资政府债券的收益是比较稳定的。

4. 【答案】C

【解析】适当性是指金融中介机构所提供的金融产品或服务与客户的财务状况、投资目标、风险承受水平、财务需求、知识和经验之间的契合程度。即投资适当性的要求是“适合的投资者购买恰当的产品”。

5. 【答案】A

【解析】金融期货是指交易双方在集中的交易场所，以公开竞价方式进行的标准化金融期货合约的交易。

6. 【答案】D

【解析】D 项，应在总体经济环境因素逐渐趋向有利的时候，尤其是经济衰退到极点，而复苏有望时，或政府正在拟定重大的激励措施时买进。

7.【答案】C

【解析】C 项，凭证式债券即凭证式国债，是政府债券的一种，其发行主体是政府。

8.【答案】A

【解析】从功能上看，政府债券最初仅是政府弥补赤字的手段，但在现代商品经济条件下，政府债券已成为政府筹集资金、扩大公共开支的重要手段，并且随着金融市场的发展，逐渐具备了金融商品和信用工具的职能，成为国家实施宏观经济政策、进行宏观调控的工具。

9.【答案】B

【解析】证券产品选择的目标有：

①取得收益，投资者将剩余资金灵活的运用；

②降低风险，证券投资的灵活性和多样性可以降低投资的风险；

③本金保障，投资者通过投资保存资本或者资金的购买力；

④资本增值，投资者通过投资工具，以期本金能迅速增长，使财富得以累积。

10.【答案】D

【解析】联动性是指金融衍生工具的价值与基础产品或基础变量紧密联系、规则变动。

11.【答案】B

【解析】证券市场的供给主体是公司（企业）、政府与政府机构以及金融机构，公司（企业）通过向市场发行股票、公司（企业）债券和权证等产品进行融资。政府与政府机构包括中央政府、地方政府以及中央政府直属机构，其为债券产品的主要供给方。

12.【答案】A

【解析】金融远期合约主要包括远期利率协议、远期外汇合约和远期股票合约，故Ⅰ、Ⅱ、Ⅲ项正确。

13.【答案】A

【解析】M2 行业轮动策略的优点包括：

（1）理念容易理解，且符合自上而下的投资理念，适合机构投资者进行行业配置。

（2）将行业划分为周期性和非周期性进行投资，这种分类标准与实际投资中对行业属性的认识也非常接近，减少了对行业基本面和公司信息的依赖。

（3）在紧缩时，由于选择投资于非周期性行业能够避免较大的不确定性，使整个组合的风险大大降低，抗风险能力得到增强。

（4）依据货币供应增速 M2 进行轮动，使策略具有较强的可操作性。

14.【答案】C

【解析】证券产品进场时机选择的要求：

①进场时机的选择应结合证券市场环境；
②以理财的角度进行资产配置；
③流动性强的投资产品可考虑随时进场；
④进场时机选择应当在构建投资组合的基础之上；
⑤选择进场时机需要积极的投资思维跟进；
⑥进场时机的选择应当制定合理的退出目标。

本章总结

- 第六章 品种选择
  - 第一节 产品选择
    - 证券产品选择的目标
    - 证券产品选择的基本原则
    - 证券产品选择的步骤
    - 现金类、债券类、股票类、衍生产品类证券产品的组成及基本特征
    - 产品与客户适配的相关要求
  - 第二节 时机选择
    - 买卖证券产品时机的一般原则
    - 证券产品进场时机选择的要求
    - 证券产品买进时机选择的策略
    - 证券产品卖出时机选择的策略
  - 第三节 行业轮动
    - 行业轮动的特征
    - 行业轮动的驱动因素
    - 行业轮动的主要策略及配置
    - 不同行业轮动的关联性和介入时点的选择

第七章　投资组合

【考情早知道】

本章在证券投资顾问考试中，属于非重点章节，主要介绍股票投资组合、债券投资组合、衍生工具，考纲要求比较简单，分值占比在3%左右。

【本章知识概览】

小节	考点	备考指数
第一节 投资组合概述	投资组合管理的目标	☆☆
	投资组合管理的步骤	☆☆
	投资组合管理的基本策略	☆
	积极型管理、被动型管理的假设前提、基本原理及适用范围	☆☆☆
第二节 股票投资组合	股票投资风格分类体系	☆☆
	股票投资风格绩效评价的指标体系和计算方法	☆☆☆
	积极型股票投资策略操作方法	☆☆☆
	简单型消极投资策略	☆
	指数型消极投资策略的市值法和分层法	☆☆☆
	加强指数法	☆☆
第三节 债券投资组合	水平分析、债券互换、骑乘收益率曲线等积极型债券组合管理策略	☆☆☆
	指数策略、免疫策略等消极型债券组合管理策略	☆☆☆
第四节 衍生工具	实施对冲策略的主要步骤	☆☆
	风险敞口分析和对冲比率确定的主要内容	☆☆☆
	主要条款比较法、比率分析法和回归分析法等常见的对冲策略有效性评价方法	☆☆☆
	实施套利策略的主要步骤	☆☆
	期现套利、跨期套利、跨商品套利和跨市场套利等套利方法	☆☆

【考点详解】

第一节　投资组合概述

【考点一】投资组合管理的目标【☆☆】

1. 投资组合管理的概念

投资管理人按照资产选择理论与投资组合理论对资产进行多元化管理，将投资资金分配给若干不同的证券资产，形成合理的资产组合，以实现分散风险、提高效率的投资目的。

2. 投资组合管理的目标

按照投资者的需求，选择各种各样的证券和其他资产组成投资组合，然后管理这些投资组合，以实现投资的目标。投资者需求往往是根据风险来定义的，而投资组合管理者的任务则是在承担一定风险的条件下，使投资回报率实现最大化。

3. 投资组合管理的基本策略

（1）被动管理方法

（2）主动管理方法

【考点二】投资组合管理的方法与步骤【☆☆】

（一）投资组合管理的方法

1. 被动管理方法

（1）假设前提

证券市场是有效市场，凡是能够影响证券价格的信息均已在当前证券价格中得到反映。

（2）基本原理

证券价格的未来变化是无法估计的，以致任何企图预测市场行情或挖掘定价错误的证券，并借此频繁调整持有证券的行为无助于提高期望收益，只会浪费大量的经纪佣金和精力。投资者坚持“买入并长期持有”的投资策略。但这并不意味着他们无视投资风险而随便选择某些证券进行长期投资。正是由于承认存在投资风险并认为组合投资能够有效降低公司的特定风险，所以他们通常购买分散化程度较高的投资组合，如市场指数基金或类似的证券组合。

（3）适用范围

长期稳定持有模拟市场指数的证券组合以获得市场平均收益的管理方法。

2. 主动管理方法

（1）假设前提及基本原理

市场不总是有效的，加工和分析某些信息可以预测市场行情趋势和发现定价过高或过低的证券，进而对买卖证券的时机和种类作出选择，以实现尽可能高的收益。

（2）适用范围

经常预测市场行情或寻找定价错误的证券，并借此频繁调整证券组合以获得尽可能高的收益的管理方法。

（二）投资组合管理的步骤

1. 确定证券投资政策

证券投资政策是投资者为实现投资目标应遵循的基本方针和基本准则，包括确定投资目标、投资规模和投资对象三方面的内容以及应采取的投资策略和措施。

（1）投资目标：投资者在承担一定风险的前提下，期望获得的投资收益率。

（2）投资规模：用于组合投资的资金规模。

（3）投资对象：投资组合管理人根据投资目标准备投资的证券品种。

确定证券投资政策是证券组合管理的第一步，它反映了证券组合管理者的投资风格，并最终在投资组合包含的金融资产类型特征上得到反映。

2. 进行证券投资分析

证券投资分析是指对投资组合管理第一步所确定的金融资产类型中个别证券或证券组合的具体特征进行考察分析。目的包括：

（1）明确这些证券的价格形成机制和影响证券价格波动的诸因素及其作用机制；

（2）发现那些价格偏离价值的证券。

3. 构建证券投资组合

确定具体的证券种类和投资比例。构建投资组合时应注意：

（1）个别证券选择：预测个别证券的价格走势及其波动状况；

（2）投资时机选择：选择合适的证券投资时机；

（3）多元化：在一定的现实条件下，构建一个在一定收益条件下风险最小的投资组合。

4. 投资组合的修正

随着时间的推移，投资组合可能不再是最优的组合，作为对这种变化的反映，投资者有必要对现有的投资组合作调整，以确定一个新的投资组合。由于重构投资组合需要支付成本，投资者应在权衡调整组合带来的收益和支付的成本后做出选择。

5. 投资组合业绩评估

业绩评估是投资组合管理的最后一个阶段，是投资组合管理过程中的一种反馈与控制机制。由于投资者在获取投资收益的同时必须承担相应的风险，获取较高的收益可能是建立在承担较高的风险基础之上。因此，对投资组合的业绩进行评估要不仅能比较投资收益，而是应该衡量投资收益和所承担的风险情况。

【本节学习提示】

考查重点：

①积极型管理的假设前提、基本原理及适用范围；

②被动型管理的假设前提、基本原理及适用范围。

第二节　股票投资组合

【考点一】股票投资风格分类体系【☆☆】

分类标准	类型	内容
公司规模	小型资本股票	流动性较低，回报率更高
	大型资本股票	流动性较高，回报率较低
	混合型资本股票	流动性、回报率均介于小型资本股票与大型资本股票之间
股票价格行为	增长类股票	同类股票内部的相关系数均为正且较大，不同类型的股票之间相关性不高
	周期类股票	
	稳定类股票	
	能源类股票	
公司成长性	增长类股票	增长速度超过经济发展速度的股票
	非增长类股票	随经济发展同步增长的股票

【考点二】股票投资风格绩效评价的指标体系和计算方法【☆☆】

（一）股票投资风格指数

股票投资风格指数是对股票投资风格进行业绩评价的指数。人们引入了风格指数的概念作为评价投资管理人业绩的标准。

以公司成长性为标准设计的风格指数为例：如按照市盈率和市净率指标将股票分为增长类和非增长类之后，就可以按照一定的权重构建指数，反映各自的回报情况。

（二）股票风格管理

1. 积极的股票风格管理

通过对不同类型股票的收益状况作出的预测和判断，主动改变投资组合中增长类、周期类、稳定类和能源类股票的权重。

2. 消极的股票风格管理

（1）投资风格不随市场发生任何变化；

（2）节省交易成本、研究成本、人力成本；

（3）避免了不同风格股票收益之间相互抵消的问题。

【例 1】股票投资风格分类体系的标准不包括（　　）。

A. 公司规模　　B. 股票价格行为　　C. 公司成长性　　D. 股票的风险特征

【答案】D

【解析】股票投资风格分类体系，是指按照不同标准将股票划分为不同的集合，具有相同特征的股票集合共同构成一个系统的分类体系。不同风格股票的划分具有不同的方法：

①按公司规模划分的股票投资风格通常包括小型资本股票、大型资本股票和混合型资本股票三种类型；

②按股票价格行为所表现出来的行业特征，可以将股票分为增长类、周期类、稳定类和能源类等类型；

③按照公司成长性可以将股票分为增长类股票和非增长类股票。

【例 2】股票投资风格指数是对股票投资风格进行（　　）的指数。

A. 风险评价　　B. 业绩评价　　C. 资产评价　　D. 负债评价

【答案】B

【解析】股票投资风格指数是对股票投资风格进行业绩评价的指数，引入了风格指数的概念作为评价投资管理人业绩的标准。

【考点三】积极型股票投资策略操作方法【☆☆☆】

（一）以技术分析为基础的投资策略

以技术分析为基础的投资策略是在否定弱式有效市场的前提下，以历史交易数据为基础，预测单只股票或市场总体未来变化趋势的一种投资策略。

包括：

1. 道氏理论

（1）市场价格指数可以解释和反映市场的大部分行为；

（2）市场波动具有三种趋势：主要趋势、次要趋势和短暂趋势；

（3）交易量在确定趋势中具有重要作用，趋势反转点是做出判断的一个重要参考指标；

（4）收盘价是最重要的价格。

2. 超买超卖型指标

（1）简单过滤器规则：以某一时点的股价作为参考基准，预先设定一个股价上涨或下跌的百分比作为买入和卖出股票的标准。

（2）移动平均法：以一段时期内的股票价格移动平均值为参考基础，考查股票价格与该平均价之间的差额，在股票价格超过平均价的某一百分比时买入该股票，在股票价格低于平均价的一定百分比时卖出该股票。

3. 价量关系指标

逆时针曲线理论的八大循环：价稳量增、价量齐升、价涨量稳、价涨量缩、价稳量缩、价跌量缩、价格快速下跌而量小、价稳量增。

（二）以基本分析为基础的投资策略

基本分析是在否定半强式有效市场的前提下，以公司基本面状况为基础进行的分析。

目前国际应用较多的基本分析方法主要有：

1. 低市盈率

选择“双低”股票【低市盈率、低市净率】作为自己的目标投资对象是目前机构投资者普遍运用的投资策略。选择市盈率和市净率较低股票的理论基础在于，这两类股票的股价有较高实际收益的支持。即：这类股票价格被高估的可能性较小，被低估的可能性则较大。选取这两个指标有利于投资经理筛选价值被低估或风险较小的股票。从目前世界市场的股价表现来看，在美国曾一度出现的股市泡沫使人们对高市盈率和高市净率的股票缺乏投资信心。因此，低市盈率指标受到普遍欢迎正是在股市过热之后，投资理念向价值回归的一种表现。

2. 股利贴现模型【Dividend Discount Model，DDM】

将未来各期支付的股利（通常还包括未来某时股票的预期售价）通过选取一定的贴现率折合为现值的方法，考察即期资产价格与预期未来现金流量折现后的现值之间的差异，即净现值（Net Present Value，NPV），据此判断股票是否被错误定价。

（1）净现值 >0：股票价值被低估，应买入；

（2）净现值 <0：股票价格被高估，应卖出。

按照对未来股利支付的不同假定，股利贴现模型可演化为固定增长模型、三阶段股利贴现模型或随机股利贴现模型等具体表现形式。可以从内部收益率的角度来判断买入或卖出。内部收益率就是在净现值等于0时的折现率，它反映了股票投资的内在收益情况。

（1）内部收益率高于资本的必要收益率，则买入；

（2）内部收益率低于资本的必要收益率，则卖出。

（三）市场异常策略

1. 小公司效应

以市场资本总额衡量的小型资本股票，其投资组合收益通常优于股票市场的整体表现，多数情况下，小公司的投资回报要优于大公司。

2. 低市盈率效应

由低市盈率股票组成的投资组合的表现要优于由高市盈率股票组成的投资组合的表

现，其特点表现在：

（1）这类股票的市场价格更接近于价值，或者出现价值被低估的情况；

（2）这类股票往往是市场投资者关注较少的股票，或者不是短期内的热点。

3. 日历效应

市场走势通常会表现出一些特定的规律，一些有经验的投资经理会选择股价走势通常较好的时期，作为买入时点，而在股价走势较弱的月份选择卖出。

4. 遵循内部人的交易活动

内部人通常可以利用其特殊地位提前于投资者获得公司尚未公布的信息，或者掌握比普通投资者更多的信息，并以此获得超额回报。

（四）各投资策略的比较和主流变换

比较依据	技术分析	基本分析
对市场有效性的判定不同	以否定弱式有效市场为前提，认为投资者可以通过对以往价格进行分析而获得超额利润	以否定半强式有效市场为前提，认为公开资料没有完全包括有关公司价值的信息、有关宏观经济形势和政策方面的信息，可获得超额利润
分析基础不同	以市场上历史的交易数据（股价和成交量）为研究基础，认为市场上的一切行为都反映在价格变动中	以宏观经济、行业和公司的基本经济数据为研究基础，通过对公司业绩的判断确定其投资价值
使用的分析工具不同	以市场历史交易数据的统计结果为基础，通过曲线图的方式描述股票价格运动的规律	以宏观经济指标、行业基本数据和公司财务指标等数据为基础进行综合分析

目前，以基本分析为主，辅以技术分析成为投资策略的主流。

以基本分析作为判断公司投资价值的基础，以技术分析观察股价市场走势判断买卖时机。

【考点四】简单型消极投资策略【☆】

项目	内容
定义	一般是在确定了恰当的股票投资组合之后，在3～5年的持有期内不再发生积极的股票买入或卖出行为，而进出场时机也不是投资者关注的重点。
优点	交易成本和管理费用最小化。
缺点	放弃从市场环境变化中获利的可能。
适用性	适用于资本市场环境和投资者偏好变化不大，或者改变投资组合的成本大于收益的情况。

【考点五】指数型消极投资策略的市值法和分层法【☆☆☆】

指数型消极投资策略：通过复制一个与市场结构相同的指数组合，从而排除非系统性风险的干扰而获得与市场相同或相近的投资回报。

核心思想：相信市场是有效的，即所有积极的股票投资策略取得的收益都不会超过市场的投资收益。

1. 市值法

选择指数成分股中市值最大的部分股票，按照其在股价指数所占比例购买，将剩余资金平均分配在剩下的成分股中。

2. 分层法

将指数的成分股按照某个因素分类，然后按照各类股票在股价指数中的比例构造投资组合，至于各类中的具体股票可以随机或按照其他原则选取。

【考点六】加强指数法【☆☆】

1. 定义：基金管理人将指数化管理方式与积极型股票投资策略相结合，在盯住选定的股票指数的基础上做适当的主动性调整的股票投资策略。

2. 核心思想：将指数化投资管理与积极型股票投资策略相结合。

3. 加强指数法与积极型股票投资策略的区别：主要在于风险控制程度不同。

①加强指数法：在复制组合的基础上加强风险控制，其目的不在于积极寻求投资收益的最大化，因此通常不会引起投资组合特征与基准指数之间的实质性背离。

②积极型股票投资策略：对投资组合与基准指数的拟合程度要求不高，因此，经常会出现与基准指数的特征产生实质性偏离的情况。

【例 3】加强指数法与积极型股票投资策略之间的显著区别在于（　　）。

A. 投资管理方式不同　　B. 风险控制程度不同

C. 收益率不同　　D. 交易成本和管理费用不同

【答案】B

【解析】虽然加强指数法的核心思想是将指数化投资管理与积极型股票投资策略相结合，但是加强指数法与积极型股票投资策略之间仍然存在着显著的区别，即风险控制程度不同。

【例 4】指数型股票投资策略的基本理念是（　　）。

A. 证券的价格波动很大，而其内在价值稳定且可测量，短期内证券市场价格会经常偏离其内在价值，但市场存在自我纠偏的机制，长期来看市场价格与其内在价值趋同

B. 在市场中筛选出预期利润或收入具有高增长潜力的成长型上市公司，且公司当前股价能够反映公司的成长性，从而在未来具有较大的上升空间

C. 通过购买一部分或全部的某指数所包含的股票，来构建指数基金的投资组合，目的是使这个投资组合的变动趋势与该指数相一致，以取得与指数大致相同的收益率

D. 证券的价格可通过对过往价格走势进行分析，从而在此基础上，对未来的股价进行预测

【答案】C

【解析】指数型消极投资策略是指通过复制一个与市场结构相同的指数组合，构建指数基金的投资组合，从而排除非系统性风险的干扰，获得与市场相同或相近的投资回报。

【本节学习提示】

考查重点：

①股票投资风格绩效评价的指标体系和计算方法；

②积极型股票投资策略操作方法；

③指数型消极投资策略的市值法和分层法。

第三节　债券投资组合

【考点一】水平分析、债券互换、骑乘收益率曲线等积极型债券组合管理策略【☆☆☆】

（一）水平分析

水平分析是一种基于对未来利率预期的债券组合管理策略，其主要的形式为利率预期策略。在这种策略下，债券投资者基于其对未来利率水平的预期来调整债券资产组合，以使其保持对利率变动的敏感性。

1. 如果预期利率上升，就应当缩短债券组合的久期

2. 如果预期利率下降，则应当增加债券组合的久期

（二）债券互换

1. 概念

债券互换是同时买入和卖出具有相近特性的两个以上债券品种，从而获取收益级差的行为。

不同债券品种在利息、违约风险、期限（久期）、流动性、税收特性、可回购条款等方面的差别，决定了债券互换的可行性和潜在获利可能。

在进行积极债券组合管理时使用债券互换有多种目的，但其主要目的是通过债券互换提高组合的收益率。

一般而言，只有在存在较高的收益级差和较短的过渡期时，债券投资者才会进行互换操作。

2. 应用方法

(1) 替代互换：在债券出现暂时的市场定价偏差时，将一种债券替换成另一种完全可替代的债券，以期获取超额收益。替代互换是在同一种类债券之中的两个债券之间进行的。

债券替代互换的风险主要来自以下方面：

①纠正市场定价偏差的过渡期比预期的更长。

②价格走向与预期相反。

③全部利率反向变化。

(2) 市场间价差互换：不同市场之间债券的互换。投资者进行这种互换操作的动机，是由于投资者认为不同市场间债券的利差偏离了正常水平并以某种趋势继续运行。

市场间利差互换有两种操作思路：

①买入一种收益相对较高的债券，卖出当前持有的债券。操作依据是预期市场间的债券利差会缩小，新购买的债券价格相比于原先持有的债券具有更快的上升速度。

②买入一种收益相对较低的债券而卖出当前持有的债券。操作依据是市场间的债券利差会延续原来的趋势继续扩大，这样新购买的债券的价格会继续上升，其到期收益率还将下降，通过债券互换就能够实现更高的资本增值。看似矛盾的操作，其实是因为对市场的判断不同导致的策略差异。

进行市场间利差互换时，投资者会面临的风险包括过渡期会延长、新买入债券的价格及到期收益率走势和预期的趋势不同等。

相比于替代互换，市场间利差互换的风险更大一些。

(3) 税差激发互换：税收对债券投资收益具有明显影响。其影响的主要途径有：

①债券收入现金流本身的税收特性不同（如国债与企业债券的投资收益适用于不同的税率）；

②现金流的形式（如资本增值和利息收入作为不同形式的现金流要承担不同的税负）；

③现金流的时间特征（相同税率条件下，越晚支付税收越好）。

税差激发互换的目的：通过债券互换来减少年度的应付税款，从而提高债券投资者的税后收益率。

(三) 骑乘收益率曲线（Riding the yield curve）

1. 概念

利用收益率曲线在部分年期段快速下降的特点，买入年期即将退化的债券品种，等待其收益率出现快速下滑时，产生较好的市场价差回报。使用者主要是那些目的着眼于债券的流动性的投资者。他们主要是购进短期固定收入债券并持有这类债券，到期后进行再投资。

2. 常用的收益率曲线策略

（1）子弹式策略：使投资组合中债券的到期期限集中于收益曲线的一点。

（2）两极策略：将组合中债券的到期期限集中于两极。

（3）梯式策略：将组合中债券到期期限进行均匀分布。

3. 应用法则

当收益率曲线有正的斜率，并且预计收益率曲线不变时，长期债券的收益率较短期债券的收益率更高。这样，骑乘收益率曲线的投资者可购买比要求期限更长的债券，然后在债券到期前售出，从而获得超额投资收益。

4. 应用条件

采用骑乘收益率曲线的方式必须满足两个条件：

（1）收益率曲线向上倾斜，即长期债券的收益率较短期债券高。

（2）投资者确信收益率曲线将继续保持上升的态势，而不会发生变化。

在这两个条件具备时，骑乘收益率曲线的投资者则会购买比要求的期限稍长的债券，然后在债券到期前售出，从而获得一定的资本收益。

【注意】

（1）如果收益率曲线发生变化，骑乘收益率则可能会对投资者的投资收益率发生不利的影响。

（2）骑乘收益率曲线兼有购入债券和售出债券这两种交易行为，而原来的“一次到期策略”只有购入债券这一种交易行为。因此，骑乘收益率曲线的交易成本也会较高。

【例5】下列（　　）不是常用的收益率曲线策略。

A. 水平策略　　B. 梯式策略　　C. 子弹式策略　　D. 两极策略

【答案】A

【解析】常用的收益率曲线策略包括子弹式策略、两极策略和梯式策略三种。子弹式策略是使投资组合中债券的到期期限集中于收益曲线的一点；两极策略则将组合中债券的到期期限集中于两极；梯式策略则是将组合中债券到期期限进行均匀分布。

【考点二】指数策略、免疫策略等消极型债券组合管理策略【☆☆☆】

（一）指数化投资策略

1. 指数化的目标和动机

（1）目标：使债券投资组合达到与某个特定指数相同的收益。

（2）动机：①经验证据表明积极型的债券投资组合的业绩并不好；

②所收取的管理费用更低；

③有助于基金发起人增强对基金经理的控制力。

2. 指数的选择

投资者可以根据自身的投资范围等条件选择相应的指数作为参照物。

3. 指数化的方法

方法	基本内容	适用情况
分层抽样法	将指数的特征排列组合后分为若干个部分，在构成该指数的所有债券中能代表每一个部分的债券，以不同特征债券在指数中的比例为权重建立组合	证券数目较小
优化法	用数学规划的方法，在满足分层抽样法要达到的目标的同时，还要满足一些其他的条件，并使其中的一个目标实现最优化，如在限定修正期限与曲度的同时使到期收益最大化	债券数目较大
方差最小化法	债券组合收益与指数收益之间的偏差称为追随误差，为指数中每一种债券估计一个价格函数，然后利用大量的历史数据估计追随误差的方差，并求得追随误差方差最小化的债券组合	债券数目较大，且要求采用大量的历史数据

4. 指数化的衡量标准

跟踪误差是衡量资产管理人管理绩效的指标。

指数构造中所包含的债券数量越少，由交易费用所产生的跟踪误差就越小，但由于投资组合与指数之间的不匹配所造成的跟踪误差就越大；反之，可以降低跟踪误差。

5. 指数化的局限性

（1）该指数的业绩并不一定代表投资者的目标业绩，与该指数相配比也并不意味着资产管理人能够满足投资者的收益率需求目标。

（2）资产管理人在构造指数化组合时，将面临其他的困难：

①构造投资组合时的执行价格可能高于指数发布者所采用的债券价格，导致投资组合业绩劣于债券指数业绩；

②公司债券或抵押支持债券可能包含大量的不可流通或流动性较低的投资对象，其市场指数可能无法复制或者复制成本很高；

③总收益率依赖于对息票利息再投资利率的预期。

6. 加强的指数化

通过一些积极的但是低风险的投资策略提高指数化组合的总收益。指数规定的收益目标变为最小收益目标，而不再是最终收益目标。

（二）免疫策略

免疫策略（Immunization Strategy）：构造这样一种投资组合，以至于任何由利率变化引起的资本损失（或利得）能被再投资的回报（或损失）所弥补。

如果市场利率下降，将导致债券价格上升，但同时再投资收益率下降；而当市场利率上升时，债券价格将下降，但再投资收益率上升。而免疫策略使得利率的任何变动，皆不影响原有债券投资产生价值变动，即：债券的价格波动风险与再投资风险的替代关系，使投资人在特定投资时间内获得固定的报酬。

免疫策略是债券组合管理者不积极寻求交易的可能性而企图战胜市场的一种消极策略。

基本假设：债券市场是半强型有效的市场，债券的现时价格能准确地反映所有能公开获得的信息。免疫策略能够保护债券组合避免遭受利率风险变动造成的损失。

管理者通过选择麦考利久期等于其负债（现金流出）的到期期限的债券组合，利用价格风险和再投资风险相互抵消的特点，可以保证一定时期后获得固定的现金流。

1. 满足单一负债要求的投资组合免疫策略组合应满足的条件：

（1）债券投资组合的久期等于负债的久期；

（2）投资组合的现金流量现值与未来负债的现值相等。

在以上两个条件与其他方面的需求确定的情况下，求得规避风险最小化的债券组合。零息债券的规避风险为零，是债券组合的理想产品。

2. 多重负债下的组合免疫策略组合应满足的条件：

（1）债券组合的久期与负债的久期相等；

（2）组合内各种债券的久期的分布必须比负债的久期分布更广；

（3）债券组合的现金流现值必须与负债的现值相等。

在上述三个条件满足的情况下，用数学规划的方法求得规避风险最小化的债券组合。

3. 多重负债下的现金流匹配策略

（1）含义：现金流匹配策略是按偿还期限从长到短的顺序，挑选一系列的债券，使现金流与各个时期现金流的需求相等，是一种完全免疫策略。

（2）优点：没有任何免疫期限的现值，不承担任何市场利率风险。

（3）缺点：成本往往较高。

面对各种债券投资组合管理策略选择哪一种策略，投资者需要根据市场的实际情况与自身需求来确定：

①经过对市场的有效性进行研究，如果投资者认为市场效率较强时，可采取指数化的投资策略；

②当投资者对未来的现金流量有着特殊的需求时，可采用免疫和现金流匹配策略；

③当投资者认为市场效率较低，而自身对未来现金流没有特殊的需求时，可采取积极的投资策略。

【例 6】 消极的债券组合管理策略不包括（　　）。

Ⅰ. 指数策略

Ⅱ. 债券互换

Ⅲ. 满足单一负债要求的投资组合免疫策略

Ⅳ. 应急免疫

A. Ⅰ、Ⅱ　　B. Ⅱ、Ⅳ　　C. Ⅱ、Ⅲ　　D. Ⅲ、Ⅳ

【答案】B

【解析】在债券投资组合管理过程中，通常使用两种消极管理策略：①指数策略，目的是使所管理的资产组合尽量接近于某个债券市场指数的表现；②免疫策略，包括满足单一负债要求的投资组合免疫策略、多重负债下的组合免疫策略和多重负债下的现金流匹配策略。

Ⅱ、Ⅳ两项属于积极债券组合管理策略。

【本节学习提示】

考查重点：

①水平分析、债券互换、骑乘收益率曲线等积极型债券组合管理策略；

②指数策略、免疫策略等消极型债券组合管理策略。

第四节　衍生工具

【考点一】实施对冲策略的主要步骤【☆☆】

（一）概念

1. 对冲策略：同时在股指期货市场和股票市场上进行数量相当、方向相反的交易，通过两个市场的盈亏相抵，来锁定既得利润（或成本），规避股票市场的系统性风险。

2. 套期保值：在现货市场买进或卖出某种金融工具的同时，做一笔与现货交易品种、数量、期限相当但方向相反的期货交易，以期在未来某一时间通过期货合约的对冲，以一个市场的盈利来弥补另一个市场的亏损，从而规避现货价格变动带来的风险，实现保值的目的。

一般而言，进行套期保值操作要遵循下述基本原则：

（1）买卖方向对应的原则；

（2）品种相同原则；

（3）数量相等原则；

（4）月份相同或相近原则。

3. 最传统的对冲策略是套利策略，其本质是金融产品定价的“一价原理”的运用，即当同一产品的不同表现形式之间的定价出现差异时，买入相对低估的品种、卖出相对高估的品种以取得中间的价差收益。

（二）实施对冲策略的主要步骤

1. 风险敞口分析；

2. 市场分析；

3. 对冲工具的选择；

4. 对冲比率的确定。

【考点二】风险敞口分析和对冲比率确定的主要内容【☆☆☆】

（一）风险敞口分析

1. 定义：风险敞口是指暴露在外未加保护的，会对企业经营产生消极影响的风险。

风险的不确定性包括：发生时间的不确定性和影响程度的不确定性。

2. 企业风险敞口的类型：

（1）单向敞口：企业的原材料或产品中，只有一方面临较大的价格变动风险，而另一方的价格较为确定。

可以根据是原材料价格风险较大还是产品价格风险较大分为：

①上游敞口下游闭口（原材料价格风险较大，产品价格比较稳定）

②上游闭口下游敞口（原材料价格比较稳定，产品价格波动较大）

（2）双向敞口：原材料和产品都面临较大的价格波动风险。

3. 企业风险敞口的识别

企业类型	所属风险敞口类型	对冲方式
生产型	上游闭口、下游敞口型	卖出对冲
贸易型	双向敞口型	针对不同的时间窗口采取不同的对冲方式；往往既需要买入对冲也需要卖出对冲。
加工型	双向敞口型	
消费型	上游敞口、下游闭口型	买入对冲

【不同风险类型的不同对冲方式】

大型企业风险敞口类型：应采取“先拆分，再整合”的方式，分别梳理每个业务部分的风险点以后，再联合起来看某些风险点是否可以相互覆盖。从风险管理的角度讲，全产业链的模式本身也是大型企业管理风险的一种方法。

4. 风险敞口的度量

（1）VaR 法

（2）敏感性分析法

（3）情景分析法

（4）压力测试

（5）波动率分析法

（二）对冲比率

1. 概念

对冲比率常用 Delta 值来表示，它是一种可以显示相关资产价格变动时对期权价格影响的变动率。

2. 计算

对冲比率 = 持有期货合约的头寸大小/资产风险暴露数量

在期货的标的资产完全等同于风险资产的前提下，传统对冲理论中，对冲比率等于1。

在绝大多数情况下，恰当的对冲比率并非等于1。

3. 对冲比率确定

（1）认购期权的 Delta 值【0 < Delta < 1】：股价上升时，认购期权的价格也会上升。

（2）认沽期权的 Delta 值【 -1 < Delta < 0】：股价上升时，认沽期权的价格即会下降。

（3）等价认购期权的 Delta 值≈0.5，而等价认沽期权的 Delta 值≈ -0.5。

【注意】当股价出现大幅变动时，不应使用 Delta 值来预测期权价格的变动。

【考点三】常见的对冲策略有效性评价方法【☆☆☆】

（一）主要条款比较法

1. 主要内容

通过比较对冲工具和被对冲项目的主要条款，以确定对冲是否有效。

对冲工具和被对冲项目的“主要条款”包括：名义金额或本金、到期期限、内含变量、定价日期、商品数量、货币单位等。

企业在以利率互换对利率风险进行套期时，可以采用主要条款比较法。

2. 优点：评估方式直接明了，操作简便，主要观察对冲的“四项基本原则”【品种相同、数量相等、方向相反、时间相近】是否符合。

3. 缺点：以定性分析为主，定量检测不够，忽略了基差风险的存在。

（二）比率分析法

1. 主要内容：通过比较被对冲风险引起的对冲工具和被对冲项目公允价值或现金流量变动比率，以确定对冲是否有效。如果上述比率在 80% ~125% 的范围内，可以认定对冲是高度有效的。

2. 优点：计算方式简单明了，考虑了基差的变化。

3. 缺点：缺乏对冲操作过程的监测和实时的效果评估，仅考虑了对冲期初和期末的盈亏变化。

（三）回归分析法

1. 概念：分析对冲工具和被对冲项目价值变动之间是否具有高度相关性，判断对冲是否有效。

2. 说明：自变量可反映出被对冲项目公允价值变动或预计未来现金流量现值变动，因变量可反映出对冲工具公允价值变动。常用的评价指标是回归方程的 R2 统计量。

【例7】一个人在现货市场买入了10000桶原油，同时在期货市场卖出8000桶原油期货合约进行套期保值，则对冲比率是（　　）。

A. 1.25　　B. 1　　C. 0.5　　D. 0.8

【答案】D

【解析】对冲比率 = 持有期货合约的头寸大小/资产风险暴露数量 = 8000/10000 = 0.8

【考点四】实施套利策略的主要步骤【☆☆】

1. 机会识别；
2. 历史确认；
3. 概率分布及相关性确认；
4. 置信区间及状态确认；
5. 基本面因素分析；
6. 基金持仓验证；
7. 补救措施。

【考点五】套利方法【☆☆】

（一）期现套利

（1）概念：根据指数现货与指数期货之间价差的波动进行套利。

（2）理论依据：持有成本理论。当期货价格与现货价格的价差高于持仓成本时，就会有人买进现货，卖出期货，最终会促进价差重新回归到正常区间水平。

（3）操作技巧：

①正向期现套利：当期货价格大于现货价格时，称为正向市场。当期货价格对现货价格的升水大于持有成本时，套利者可以在买入（持有）现货的同时卖出同等数量的期货，等待期现价差收敛时平掉套利头寸或通过交割结束套利。

②反向期现套利：当期货价格小于现货价格时，称为反向市场。反向套利是构建现货空头和期货多头的套利行为（在期现套利中就是做空基差）。

（4）期现套利的常见风险包括：

①进行投机操作。一些企业直接进入期货市场操作，刚开始时，都是以套期保值和套利为目的，但操作一段时间后，觉得投机也不错，于是开始转变成投机操作，结果因经验不足等原因造成亏损。

②卖出数量超出实际现货数量。一部分现货企业在进行套期保值和套利操作时，超出了自己预计对冲的现货数量，超出的部分就成为投机交易，结果因价格大幅上涨，自己没有足够的现货可供交割，造成了较大损失。

③对期货交易的保证金制度了解不够。当行情出现较大波动时，因为无力追加保证金而被迫“砍仓”，从而出现亏损。

(二) 跨期套利

1. 概念

跨期套利又称为市场内价差套利，是指在同一个交易所内针对同一品种但不同交割月份的期货合约之间进行套利。

2. 分类

跨期套利按操作方向的不同可分为：

(1) 牛市套利（多头套利）：投资者看多近期股市，认为较近交割期的股指期货合约的涨幅将大于较远交割期合约。牛市套利认为近期股指期货的价格应高于当前近期股指期货的交易价格，当前近期股指期货的价格被低估。因此，做牛市套利的投资者会买入近期股指期货，卖出远期股指期货。

(2) 熊市套利（空头套利）：熊市套利者看空股市，认为近期合约的跌幅将大于远期合约。近期股指期货合约当前的交易价格被高估，做熊市套利的投资者将卖出近期股指期货，并同时买入远期股指期货。

(三) 跨商品套利

1. 概念

又称跨产品套利，是指利用两种不同但却相互关联的商品之间的期货合约价格差异进行套利，即买进（卖出）某一交割月份某一商品的期货合约，而同时卖出（买入）另一种相同交割月份、另一关联商品的期货合约。

2. 应具备的条件

(1) 两种商品之间具有关联性与相互替代性。

(2) 交易受同一因素制约。

(3) 买进或卖出的期货合约通常应在相同的交割月份。

3. 分类

(1) 相关商品间的套利：对于某些存在较强相关关系的商品期货价格之间，可利用它们之间的价差进行套利。

(2) 原料与成品间的套利：利用原材料和它的制成品之间的价格关系进行套利。

(四) 跨市场套利

1. 概念

在某个市场买入（或卖出）某一交割月份某种商品合约的同时，在另一个市场卖出（或买入）同种商品相应的合约，以期利用两个市场的价差变动来获利。

2. 跨市套利有三个前提

(1) 期货交割标的物的品质相同或相近。

（2）期货品种在两个期货市场的价格走势具有很强的相关性。

（3）进出口政策宽松，商品可以在两国自由流通。

【例8】以下构成跨期套利的是（　　）。

A. 买入A交易所6月铜期货合约，同时卖出B交易所6月铜期货合约

B. 买入A交易所6月铜期货合约，同时买入A交易所9月铜期货合约

C. 买入A交易所6月铜期货合约，同时卖出A交易所9月铜期货合约

D. 买入A交易所9月铜期货合约，同时买入B交易所9月铜期货合约

【答案】C

【解析】跨期套利是指在统一市场（即同一交易所）同时买入、卖出同种商品、不同交割月份的期货合约。

【本节学习提示】

考查重点：

①风险敞口分析和对冲比率确定的主要内容；

②主要条款比较法、比率分析法和回归分析法等常见的对冲策略有效性评价方法；

③期现套利、跨期套利、跨商品套利和跨市场套利等套利方法。

同步真题练习

1. 将指数化管理方式与积极型股票投资策略相结合的股票投资策略称为（　　）。

A. 混合指数法　　B. 积极指数法　　C. 股票指数法　　D. 加强指数法

2. 下列关于期权价格的说法，正确的是（　　）。

A. 期权协定价格与标的市场价格间的差距的大小对期权价格不影响

B. 其他条件不变，期权协定价格与标的市场价格的差距越大，期权价格越高

C. 其他条件不变，期权剩余的有效时间越长，期权价格越低

D. 其他条件不变，期权剩余的有效时间越短，期权价格越低

3. 以技术分析为基础的投资策略与以基本分析为基础的投资策略的区别不包括（　　）。

A. 使用的分析工具不同　　B. 对市场有效性的判定不同

C. 分析基础不同　　D. 使用者不同

4. 下列属于消极型股票投资策略的是（　　）。

A. 以技术分析为基础的投资策略　　B. 以基本分析为基础的投资策略

C. 市场异常策略　　D. 指数型投资策略

5. 下列关于收益率曲线特点的描述，错误的是（　　）。

A. 短期收益率一般比长期收益率更富有变化性

B. 收益率曲线一般向上倾斜

C. 当利率整体水平较高时，收益率曲线会呈现向下倾斜的形状

D. 短期债券倾向于比长期的有相同质量的债券提供更高的收益率

6. 如果期权价格超出现货价格的程度远远低于持仓费，套利者适合选择（　　）的方式进行期现套利。

A. 卖出现货，同时卖出相关期权合约

B. 买入现货，同时买入相关期权合约

C. 卖出现货，同时买入相关期权合约

D. 买入现货，同时卖出相关期权合约

7. 交易者根据对同一外汇期货合约在不同交易所的价格走势的预测，在一个交易所买入一种外汇期货合约，同时在另一个交易所卖出同种外汇期货合约而进行套利属于（　　）交易。

A. 期现套利　　B. 跨期套利　　C. 跨市场套利　　D. 跨币种套利

8. （　　）是指原材料和产品都面临较大的价格波动风险。

A. 单向敞口　　B. 双向敞口

C. 上游敞口下游闭口　　D. 上游闭口下游敞口

9. 在期货的标的资产完全等同于风险资产的前提下，传统对冲理论中，对冲比率为（　　）。

A. 0.5　　B. 1　　C. 2　　D. 3

10. （　　）在复制组合的基础上加强风险控制，其目的不在于积极寻求投资收益的最大化，因此通常不会引起投资组合特征与基准指数之间的实质性背离。

A. 积极型股票投资策略　　B. 指数法

C. 加强指数法　　D. 加强的积极型股票投资策略

11. 构建股票投资组合的目的是（　　）。

A. 降低系统性风险　　B. 增加非系统性收益

C. 增加系统性收益　　D. 降低非系统性风险

12. 债券投资管理中的免疫法，主要运用了（　　）。

A. 流动性偏好理论　　B. 久期的特性

C. 理论期限结构的特性　　D. 套利原理

13. 证券组合管理过程中进行证券投资分析的主要目的是（　　）。

Ⅰ. 确定具体证券的投资额度

Ⅱ. 确定投资目标

Ⅲ. 明确这些证券的价格形成机制和影响证券价格波动的诸因素及其作用机制

Ⅳ. 发现那些价格偏离价值的证券

A. Ⅱ、Ⅲ　　B. Ⅰ、Ⅱ、Ⅳ　　C. Ⅰ、Ⅲ　　D. Ⅲ、Ⅳ

14. 投资者进行债券投资时，可以根据市场的实际情况与自身需求来选择不同的债券投资组合管理策略，(　　)。

Ⅰ. 当投资者认为市场效率较强时，可采取指数化的投资策略

Ⅱ. 当投资者认为市场效率较强，而自身对未来现金流有特殊需求时，可采取积极的投资策略

Ⅲ. 当投资者对未来的现金流量有着特殊的需求时，可采取免疫和现金流配比策略

Ⅳ. 当投资者观察到市场存在较高的收益级差和较短的过渡期时，可采用债券互换策略

A. Ⅱ、Ⅲ、Ⅳ　　B. Ⅰ、Ⅲ　　C. Ⅰ、Ⅲ、Ⅳ　　D. Ⅲ、Ⅳ

15. 主要条款比较法是通过比较对冲工具和被对冲项目的主要条款，以确定对冲是否有效的方法。它的缺点有（　　）。

Ⅰ. 评估方式不够简明

Ⅱ. 操作复杂

Ⅲ. 评估以定性分析为主，定量检测不够

Ⅳ. 忽略基差风险的存在

A. Ⅰ、Ⅱ、Ⅲ　　B. Ⅰ、Ⅱ　　C. Ⅰ、Ⅳ　　D. Ⅲ、Ⅳ

16. 多重负债下的组合免疫策略组合应满足的条件有（　　）。

Ⅰ. 债券组合的久期与负债的久期相等

Ⅱ. 组合内各种债券的久期的分布必须比负债的久期分布更广

Ⅲ. 债券组合的现金流现值必须与负债的现值相等

Ⅳ. 债券组合的现金流现值必须与负债的现值不相等

A. Ⅰ、Ⅱ、Ⅳ　　B. Ⅰ、Ⅱ、Ⅲ　　C. Ⅰ、Ⅲ　　D. Ⅱ、Ⅳ

17. 指数化的方法包括（　　）。

Ⅰ. 分层抽样法

Ⅱ. 最小二乘法

Ⅲ. 优化法

Ⅳ. 方差最小化法

A. Ⅱ、Ⅲ　　B. Ⅰ、Ⅱ、Ⅳ　　C. Ⅰ、Ⅱ、Ⅲ、Ⅳ　　D. Ⅰ、Ⅲ、Ⅳ

18. 证券组合管理的几个基本步骤，按先后顺序应该为（　　）。

Ⅰ. 确定证券投资政策

Ⅱ. 构建证券投资组合

Ⅲ. 进行证券投资分析

Ⅳ. 投资组合的修正

A. Ⅱ、Ⅰ、Ⅲ、Ⅳ　　B. Ⅰ、Ⅲ、Ⅱ、Ⅳ

C. Ⅲ、Ⅱ、Ⅰ、Ⅳ　　D. Ⅰ、Ⅱ、Ⅳ、Ⅲ

答案与解析

1. 【答案】D

【解析】加强指数法的重点是在复制组合的基础上加强风险控制，其目的不在于积极寻求投资收益的最大化，因此通常不会引起投资组合特征与基准指数之间的实质性背离。加强指数法的核心思想是将指数化投资管理与积极型股票投资策略相结合。

2. 【答案】D

【解析】A、B 两项，协定价格与市场价格是影响期权价格最主要的因素。这两种价格的关系不仅决定了期权有无内在价值及内在价值的大小，而且还决定了有无时间价值和时间价值的大小。一般而言，协定价格与市场价格间的差距越大，时间价值越小；反之，则时间价值越大。

C、D 两项，在其他条件不变的情况下，期权期间越长，期权价格越高；反之，期权价格越低。

3. 【答案】D

【解析】以技术分析为基础的投资策略与以基本分析为基础的投资策略的区别：①对市场有效性的判定不同；②分析基础不同；③使用的分析工具不同。

4. 【答案】D

【解析】消极股票投资策略分为简单型消极投资策略和指数型消极投资策略。

5. 【答案】D

【解析】收益率曲线一般具备以下特点：

①短期收益率一般比长期收益率更富有变化性；

②收益率曲线一般向上倾斜；

③当利率整体水平较高时，收益率曲线会呈现向下倾斜（甚至是倒转）的形状。

6. 【答案】C

【解析】期现套利是通过利用期货市场和现货市场的不合理价差进行反向交易而获利的交易。如果价差远远低于持仓费，套利者则可以通过卖出现货，同时买入相关期权合约，待合约到期时，用交割获得的现货来补充之前所卖出的现货。价差的亏损小于所节约的持仓费，因而产生盈利。

7. 【答案】C

【解析】外汇期货套利形式与商品期货套利形式大致相同，可分为期现套利、跨期套利、跨市场套利和跨币种套利等类型。

外汇期货跨市场套利是指交易者根据对同一外汇期货合约在不同交易所的价格走势的预测，在一个交易所买入一种外汇期货合约，同时在另一个交易所卖出同种外汇期货合约，从而进行套利交易。

8. 【答案】B

【解析】双向敞口是指原材料和产品都面临较大的价格波动风险。

9. 【答案】B

【解析】传统对冲理论中，对冲比率等于1，但其前提是期货的标的资产要完全等同于风险资产。

10. 【答案】C

【解析】加强指数法的重点是在复制组合的基础上加强风险控制，其目的不在于积极寻求投资收益的最大化，因此通常不会引起投资组合特征与基准指数之间的实质性背离。

11. 【答案】D

【解析】构建投资组合可以降低非系统风险，不能降低系统风险。

12. 【答案】B

【解析】久期和凸度对债券价格波动的风险管理具有重要意义，债券基金经理可以通过合理运用这两种工具实现资产组合现金流匹配和资产负债有效管理。如果债券基金经理能够较好地确定持有期，那么就能够找到所有的久期等于持有期的债券，并选择凸性最高的债券。这类策略称为免疫策略。

13. 【答案】D

【解析】进行证券投资分析的一个目的是明确这些证券的价格形成机制和影响证券价格波动的诸因素及其作用机制，另一个目的是发现那些价格偏离价值的证券。

Ⅰ项是“构建证券投资组合”的内容；Ⅱ项是“确定证券投资政策”的内容。

14. 【答案】C

【解析】投资者需要根据市场的实际情况与自身需求来确定各种债券投资组合管理策略：

①经过对市场的有效性进行研究，如果投资者认为市场效率较强时，可采取指数化的投资策略；

②当投资者对未来的现金流量有着特殊的需求时，可采用免疫和现金流匹配策略；

③当投资者认为市场效率较低，而自身对未来现金流没有特殊的需求时，可采取积极的投资策略。

Ⅳ项，一般而言，只有在存在较高的收益级差和较短的过渡期时，债券投资者才会进行互换操作。收益级差越大，过渡期越短，投资者从债券互换中获得的收益率就越高。

15. 【答案】D

【解析】主要条款比较法的优点是评估方式直接明了，操作简便，主要观察对冲的“四项基本原则”是否符合，但缺点是评估以定性分析为主，定量检测不够，同时忽略基差风险的存在。

16. 【答案】B

【解析】多重负债下的组合免疫策略组合应满足以下条件：

1）债券组合的久期与负债的久期相等；

2）组合内各种债券的久期的分布必须比负债的久期分布更广；

3）债券组合的现金流现值必须与负债的现值相等。

在上述三个条件满足的情况下，用数学规划的方法求得规避风险最小化的债券组合。

17. 【答案】D

【解析】指数化的方法包括：①分层抽样法；②优化法；③方差最小化法。

18. 【答案】B

【解析】投资组合管理的步骤：

确定证券投资政策→进行证券投资分析→构建证券投资组合→投资组合的修正→投资组合业绩评估

本章总结

- 第七章 投资组合
  - 第一节 投资组合概述
    - 投资组合管理的目标
    - 投资组合管理的步骤
    - 投资组合管理的基本策略
    - 积极型管理、被动型管理的假设前提、基本原理及适用范围
  - 第二节 股票投资组合
    - 股票投资风格分类体系
    - 股票投资风格绩效评价的指标体系和计算方法
    - 积极型股票投资策略操作方法
    - 简单型消极投资策略
    - 指数型消极投资策略的市值法和分层法
  - 第三节 债券投资组合
    - 水平分析、债券互换、骑乘收益率曲线等积极型债券组合管理策略
    - 指数策略、免疫策略等消极型债券组合管理策略
  - 第四节 衍生工具
    - 实施对冲策略的主要步骤
    - 风险敞口分析和对冲策略确定的主要内容
    - 主要条款比较法、比率分析法和回归分析法等常见的对冲策略有效性评价方法
    - 套利策略的主要步骤
    - 套利方法

第八章　理财规划

【考情早知道】

本章在证券投资顾问考试中，属于次重点章节，主要介绍现金与消费和债务管理、保险规划、税收规划、人生事件规划、投资规划，涉及的领域广泛，需要理论与实际相结合分析，分值占比在15%左右。

【本章知识概览】

小节	考点	备考指数
第一节 现金、消费和债务管理	现金、消费和债务管理的目标	☆☆
	现金预算编制的内容和程序	☆☆
	现金预算控制的方法	☆
	现金预算与实际的差异分析	☆
	应急资金管理的内容	☆
	即期消费和远期消费的内容	☆☆
	消费支出预期的内容	☆☆
	其他消费的内容	☆
	有效债务管理的目标	☆☆
	银行借贷品种及还款方式的选择及需要考虑的因素	☆☆
	个人信贷能力的决定因素	☆
	债务管理应注意的事项	☆
	家庭财务预算的综合分析	☆☆☆
第二节 保险规划	保险基本原理和我国主要的保险品种	☆
	保险规划的目标	☆☆
	制定保险规划的原则	☆☆☆
	保险规划的主要步骤	☆☆☆
	保险规划的风险类型	☆☆

续表

小节	考点	备考指数
第三节 税收规划	我国的税收体系和主要税种	☆
	税收规划的目标	☆☆
	税收规划的原则	☆☆
	税收规划的基本内容	☆☆
	税收规划的主要步骤	☆☆
第四节 人生事件规划	教育规划的分类、内容和制定方法	☆☆☆
	退休规划的误区和步骤	☆☆☆
	遗产规划工具和策略的选择	☆☆
第五节 投资规划	投资规划目标	☆☆
	投资规划的基本内容	☆☆
	投资规划的步骤	☆☆☆

【考点详解】

第一节　现金、消费和债务管理

【考点一】现金、消费和债务管理的目标【☆☆】

（一）现金、消费和债务管理

1. 现金管理

现金管理的目标表现为必要的资产流动性。

进行现金管理的目的：

（1）满足日常的、周期性支出的需求；

（2）满足应急资金的需求；

（3）满足财富积累与投资获利的需求；

（4）满足未来消费的需求。

2. 消费管理

消费管理是指在一定社会经济条件下，管理主体为了达到某种既定的目标，依据一定的原则，运用一定的管理手段，对消费行为、消费过程、消费结果进行预测、计划、引导、控制、协调的活动过程。

消费管理的目标表现为合理的消费支出。

进行消费管理的目的是矫正消费中的不合理行为，制止不合理消费现象，合理有序地引导和安排好生活消费，维持家庭合理消费结构。

3. 债务管理

债务管理中首先要计算可负担的额度，然后拟订偿债计划，按计划还清负债。

负债是用来平衡现在与未来享受的工具。

债务管理的目标表现为适度的债务负担。

债务管理的目标：选择最佳的信贷品种和还款方式，使其在有限的收入条件下，既能按期还本付息，又可以用最低的贷款成本实现效用最大化。

【考点二】现金预算编制的内容和程序【☆☆】

（一）现金管理的内容

现金管理的内容是对现金和流动资产的日常管理。

合理的现金预算是实现个人理财规划的基础，现金预算是帮助客户达到短期财务目标的需要。

用一定的时间去评估现有的财务状况、支出模式及目标，会得到一项比较实际的预算。

现金预算必须符合个人的生活方式、家庭状况、价值观。

（二）现金预算的编制程序

（1）设定长期理财规划目标；

（2）预测年度收入；

（3）算出年度支出预算目标（年度支出预算 = 年度收入 - 年储蓄目标）；

（4）对预算进行控制与差异分析。

【考点三】现金预算控制的方法【☆】

认知需要是储蓄的动力，其后将由开源或节流产生储蓄。通过合理的工作安排增加家庭收入，将消费支出较高的部分作为节约支出的重点控制项目。

认知需要 = 储蓄动机 + 开源节流的努力方向

为了控制费用与投资储蓄，应建议客户开立三种类型的账户：

（1）定期投资账户：达到强迫储蓄的功能。

（2）扣款账户：若有贷款本息要缴，则在贷款行开一个扣款账户，方便随时掌握贷款的本息交付状况。

（3）信用卡账户：弥补临时性资金不足，减少低收益资金的比例。

【考点四】现金预算与实际的差异分析【☆】

现金预算与实际的差异分析包括：

（1）总额差异的重要性大于细目差异；

（2）要定出追踪的差异金额或比率门槛；

（3）依据预算的分类个别分析；

（4）刚开始做预算若差异很大，应每月选择一个重点项目改善；

（5）若实在无法降低支出，需设法增加收入。

【考点五】应急资金管理的内容【☆☆☆】

现金管理规划：进行家庭或者个人日常的、日复一日的现金及现金等价物的管理。

现金规划的核心是建立应急基金，保障个人和家庭生活质量和状态的持续性稳定。

在正常的收入与支出范围内，每月或多或少会存在结余资金，但是当收入突然中断、减少或支出突然大幅增加时，若无可以动用的紧急准备金，可能会陷入财务困境。

紧急备用金可以应对失业或其带来的工作收入中断，紧急医疗或意外所导致的超支费用。

（一）以现有资产状况来衡量紧急预备金的应变能力

失业保障月数＝存款、可变现资产或净资产/月固定支出

意外或灾害承受能力＝（可变现资产＋保险理赔金－现有负债）/基本费用

（1）可变现资产包括现金、股票、基金、活期存款、定期存款等，不包括汽车、古董字画、房地产等变现性较差的资产。

（2）除生活费开销外，固定支出还包括房贷本息支出、分期付款支出等已知负债的固定现金支出。

（3）若失业保障月数的指标越高，表示即使失业也暂时不会影响生活，可审慎地寻找下一个适合的工作。

最低标准的失业保障月数是3个月，能维持6个月的失业保障较为妥当。

（二）紧急预备金的储存形式

（1）流动性高的活期存款、短期定期存款或货币市场基金；

（2）利用贷款额度。

【例1】下列关于现金预算的控制，说法正确的是（　　）。

A. 认知需要等于消费动机加上储蓄动机

B. 认知需要等于消费动机加上开源节流的努力方向

C. 认知需要等于投资动机加上开源节流的努力方向

D. 认知需要等于储蓄动机加上开源节流的努力方向

【答案】D

【解析】认知需要是储蓄的动力，其后将由开源或节流产生储蓄。认知需要的计算公式为：认知需要＝储蓄动机＋开源节流的努力方向。

【例2】（　　）的核心是建立应急基金，保障个人和家庭生活质量和状态的稳定性。

A. 保险规划　　B. 现金规划　　C. 投资规划　　D. 税收规划

【答案】B

【解析】现金管理规划是指进行家庭或者个人日常的、日复一日的现金及现金等价物的管理。现金规划的核心是建立应急基金，保障个人和家庭生活质量和状态的持续性稳定，是针对家庭财务流动性的管理。

【考点六】即期消费和远期消费的内容【☆☆】

1. 即期消费：消费者为获得某一方面生活的满足对商品的当前消费行为。
2. 远期消费：在较长时间才需要实现的消费，一般指时间在3年以上的消费。

【考点七】消费支出预期和其他消费的内容【☆☆】

（1）消费支出预期：在安排人生大事的时候要在财务上有充分的准备。比如：消费支出的增加可能是因为结婚成家、子女教育及保险支出等。

（2）其他消费：

①孩子的消费：孩子消费问题是国内不合理消费最多的地方。

②住房、汽车等大额消费：这两项消费容易出现超出消费能力的提前消费或过度追求高消费，由此带来财务上的危害。

③保险消费：保险的支出水平应当和自身的收入水平相适应。

【考点八】债务管理【☆】

（一）银行借贷品种

1. 个人消费性贷款产品

包括房屋贷款、汽车贷款、信用贷款、理财产品质押贷款、存单质押贷款、国债质押贷款、外汇留学贷款等。

2. 个人投资性贷款产品

包括商业用房贷款、商业用车贷款、投资经营贷款、住房净值贷款、机械设备贷款、青年创业贷款等。

（二）有效债务管理的考虑因素

1. 家庭贷款需求
2. 家庭现有经济实力
3. 预期收支情况
4. 还款能力
5. 合理选择贷款种类和担保方式
6. 选择贷款期限与首期用款及还贷方式
7. 信贷策划特殊情况的处理（例如还款期内银行利率调整对还款额的影响，住房公

积金贷款的选择，提前还贷）

【考点九】影响个人信贷能力的因素【☆】

（一）决定因素

1. 客户收入能力

2. 客户资产价值

（二）影响因素

（1）年龄：年龄较小或较大，其还款能力均不佳，通常，借款人的年龄在25～55岁之间，较为容易获得贷款。

（2）收入情况：收入越高，还贷能力越强。

（3）身体状况：身体状况越好，越容易获得贷款。

（4）职业性质：职业工作稳定，职业收入也稳定，还款能力越强。

（5）负债：借款人若每月收入较高，负债也较高，则还款能力相对较弱，通常，新旧贷款每月的还款额不超过个人月收入的50%。

（6）工作时间：通常，工作时间较长的人士，收入较高，工作较稳定，还款能力相对较高。

【考点十】债务管理应注意的事项【☆】

（1）债务总量与资产总量的合理比例，比如总负债一般不要超过净资产。

（2）债务期限与家庭收入的合理关系，比如还贷款的期限不要越过退休的年龄。

（3）债务支出与家庭收入的合理比例，一般来说合理比例是0.4，还要考虑家庭结余比例、收入变动趋势、利率走势等因素。

（4）短期债务和长期债务的合理比例：没有一定之规，要充分考虑债务的时间特性和客户生命周期以及家庭财务资源的时间特性相匹配。

（5）债务重组：当债务问题出现危机的时候，债务重组是实现财务状况改善的重要方式。

【考点十一】家庭财务预算的综合分析【☆☆☆】

（一）家庭收支状况的分析

1. 收支盈余情况分析

总收入减去总支出后的结余如果为负，则家庭当年的收支出现入不敷出的情况；反之，则反映出当年家庭收支出现盈余。

2. 财务自由度的分析

财务自由度＝理财收入/生活支出

财务自由度越接近1或大于1，财务自由度就越高，表明理财收入已基本能够覆盖生活支出。

3. 收入支出结构分析

（1）收入结构分析

理财收入的占比越大，则家庭对工作收入的依赖越低；工作收入的占比越大，则家庭对工作收入的依赖性就越大。

（2）生活支出结构分析

在收入支出表中可以较直观地看到生活支出中各类支出子项目的占比情况。

（3）结余能力分析

①通过对生活结余占比和理财结余占比的比较看出家庭盈余的主要来源；

②通过客户对结余的支配情况的分析，观察到客户结余管理效率的高低；

③自由结余占比越大，客户的结余使用效率越低；

④出现总储蓄为正，自由结余为负的情况，则说明家庭显然已出现流动性问题，可以适当调整已支配结余的额度，或者通过调整生活支出，来达到收支平衡。

（4）应急能力分析

通过资产负债表中的流动性资产额度除以家庭月支出【收入支出表中的总支出额度除以12】得到家庭紧急预备金月数，以此来衡量家庭的应急能力。

通常要求客户建立紧急预备金账户，并保持较高的流动性；紧急预备金额度通常为家庭月支出的3~6倍为宜。

（二）家庭债务管理状况的分析

1. 资产负债率分析

资产负债率=总负债÷总资产【比率超过50%对普通家庭而言即属于偏高】

2. 融资比率分析

融资比率=投资性负债÷投资性资产【体现客户家庭的理财积极程度】

比较常见的杠杆投资行为：普通家庭—投资房产；激进投资者—融资融券。

3. 负债结构分析

（1）消费负债比率=消费性负债÷总负债【体现客户家庭的消费性负债占比】

（2）投资性负债比率=投资性负债÷总负债【体现客户家庭投资性负债的占比】

（3）自用性负债比率=自用性负债÷总负债【体现客户家庭自用性负债的占比】

4. 偿债能力分析

（1）平均负债利率=统计年度利息支出÷总负债【体现家庭各类负债的平均利率】

如果平均负债利率高于基准贷款利率的20%以上，提醒客户关注自己的财务负担，可根据实际情况，在负债管理计划中提出债务重组的建议。

（2）债务负担率=统计年度本息支出÷税后工作收入【体现到期需支付的债务本息

与同期收入的比值】

如果该比率超过 40%，对生活品质可能会产生影响。

【例 3】在消费管理中，应注意理财从（　　）开始。

A. 保险　　B. 储蓄　　C. 教育规划　　D. 投资

【答案】B

【解析】在消费管理中要注意以下几个方面：①即期消费和远期消费；②消费支出的预期；③孩子的消费；④住房、汽车等大额消费；⑤保险消费。其中，即期消费和远期消费中，要注意保持一个合理的结余比例和投资比例，积累一定的资产不仅是平衡即期消费和未来消费的问题，也是个人理财、实现钱生钱的起点，即理财从储蓄开始。

【例 4】下列关于债务管理的说法，错误的是（　　）。

A. 负债比率体现了总体负债情况，也反映出综合偿债能力，应尽力避免出现总负债大于总资产的情况

B. 偿债本息支出作为家庭支出中最重要的刚性支出之一，是家庭必须优先满足的

C. 对于家庭每年盈余的运用，应结合投资标的风险，以及其他家庭财务状况，利用财务杠杆进行投资

D. 平均负债利率体现了债务的平均利率，超过合理区间就需要关注偿债能力以及考虑债务重组的可能性

【答案】C

【解析】C 项，对于家庭每年盈余的运用，在预期投资收益低于负债利率的情况下，应优先考虑提前还贷；在预期投资收益高于负债利率的情况下，则可结合投资标的风险，以及其他家庭财务状况（负债比率，债务负担率等），利用财务杠杆进行投资。财务杠杆往往是把“双刃剑”，海外部分发达国家往往对投资相关支出予以税前抵扣的优惠政策，导致融资利率相对较低，而国内并无此类税务政策。因此不能因为客户没有负债，就觉得客户应该采用财务杠杆进行投资。

【本节学习提示】

考查重点：

①现金、消费和债务管理的目标；

②现金预算编制的内容和程序；

③即期消费和远期消费的内容；

④消费支出预期的内容；

⑤有效债务管理的目标；

⑥银行借贷品种及还款方式的选择及需要考虑的因素；

⑦家庭财务预算的综合分析。

第二节　保险规划

【考点一】保险基本原理和我国主要的保险品种【☆☆】

（一）保险的概念

保险是指投保人根据合同约定，向保险人支付保险费，保险人对于合同约定的可能发生的事故因其发生所造成的财产损失承担赔偿保险金责任，或者当被保险人死亡、伤残、疾病或者达到合同约定的年龄、期限等条件时承担给付保险金责任的商业保险行为。

（二）保险基本原理

（1）大数法则：当有规律性重复一件事的次数越多，所得的预估发生率就会越接近真实的发生率。

（2）风险分散原则：不要把鸡蛋放在同一个篮子里。风险分散原则需要同质的参保对象间具有较好的独立性，不会出现大量参保对象同时发生事故的情况。

（3）风险选择原则：保险人在承保时，对投保人所投保的风险种类、风险程度和保险金额等要有充分和准确的认识，并作出承保或拒保或者有条件承保的选择。

保险人对风险的选择表现在两个方面：

（1）尽量选择同质风险的标的承保；

（2）淘汰那些超出可保风险条件或范围的保险标的。

（三）保险的分类

1. 根据保险的标的不同

（1）财产保险

财产保险是指投保人根据合同约定，向保险人交付保险费，保险人按保险合同的约定对所承保的财产及其有关利益因自然灾害或意外事故造成的损失承担赔偿责任的保险。财产保险业务包括：财产损失保险、责任保险、信用保险等保险业务。

（2）人身保险

人身保险是以人的寿命和身体为保险标的的保险。

当人们遭受不幸事故或因疾病、年老以致丧失工作能力、伤残、死亡或年老退休时，根据保险合同的约定，保险人对被保险人或受益人给付保险金或年金，以解决其因病、残、老、死所造成的经济困难。人身保险业务包括人寿保险、健康保险、意外伤害保险等保险业务。

2. 根据承保方式的不同

（1）个人保险

为了满足个人和家庭的人身和财产保险保障的需要，以个人作为承保对象的保险。

（2）团体保险

团体保险一般用于人身保险，它是用一份总的保险合同，向一个团体中的众多成员提供人身保险保障的保险。

在团体保险中，投保人是团体组织，被保险人是团体中的在职人员（已退休、退职的人员不属于团体的被保险人）。团体保险不是一个具体的险种，而是一种承保方式。团体保险包括团体人寿保险、团体年金保险、团体人身意外伤害保险、团体健康保险等。

3. 根据实施形式的不同

（1）强制保险

强制保险又称法定保险，它是国家通过法律或行政手段强制实施的保险。强制保险的保险关系虽然也是产生于投保人与保险人之间的合同行为，但是合同的订立受制于国家或政府的法律规定。

（2）自愿保险

自愿保险是在自愿原则下，投保人与保险人双方在平等的基础上，通过订立保险合同而建立的保险关系。投保人根据自身需要可以自主决定是否投保、向谁投保、中途是否退保等，也可以自由选择保险金额、保障范围、保障程度和保险期限等，保险人也可以根据情况自愿决定是否承保、怎样承保。

4. 根据业务承保方式的不同

（1）原保险

原保险是指保险人对被保险人因保险事故所致的损失承担直接的、原始的赔偿责任的保险。

（2）再保险

再保险是指原保险人以其所承保的风险，再向其他保险人进行投保，与之共担风险的保险。

5. 根据是否盈利

（1）商业保险

商业保险是指通过订立保险合同运营，以营利为目的的保险形式，由专门的保险企业经营。

（2）社会保险

社会保险是指收取保险费，形成社会保险基金，用来对其中因年老、疾病、生育、伤残、死亡和失业而导致丧失劳动能力或失去工作机会的成员提供基本生活保障的一种社会保障制度。（社会保险不以营利为目的）

（四）我国主要的保险品种

（1）人寿保险：以被保险人的寿命为保险标的、以被保险人的生存或死亡为保险事故的一种保险。人寿保险包括普通型人寿保险、年金保险、新型人寿保险。

（2）人身意外伤害保险：被保险人因遭受意外伤害，而导致残疾或死亡时，保险公司按照合同约定的残疾给付比例支付残疾保险金或者按规定的保险金额支付身故保险金的一种人身保险产品。包括：

①按保险风险可分为：普通意外伤害保险和特定意外伤害保险。

②按保险期限可分为：一年期意外伤害保险、极短期意外伤害保险和多年期意外伤害保险。

③健康保险：以被保险人的身体为保险标的，对被保险人因疾病或意外事故所致伤害时发生的直接费用和间接损失进行补偿的一种人身保险。包括：疾病保险、医疗保险、收入保障保险、长期护理保险。

④财产保险

广义的财产保险：以财产及其有关的经济利益和损害赔偿责任为保险标的的保险。

狭义的财产保险：以物质财产为保险标的的保险。

包括：财产损失保险、责任保险、信用保险。

⑤团体保险：以团体为保险对象，以集体名义投保并由保险人签发一份总的保险合同，保险人按合同规定向其团体中的成员提供保障的保险。团体保险不是一个具体的险种，而是一种承保方式。包括：团体人寿保险、团体意外伤害保险、团体健康保险。

【例5】下列不属于健康保险的是（　　）。

A. 意外伤害保险　　B. 疾病保险

C. 收入保障保险　　D. 长期护理保险

【答案】A

【解析】健康保险是以被保险人的身体为保险标的，对被保险人因疾病或意外事故所致伤害时发生的直接费用和间接损失进行补偿的人身保险，主要包括：①疾病保险；②医疗保险；③收入保障保险；④长期护理保险。

【考点二】保险规划的目标【☆☆】

1. 风险保障

风险保障是家庭配置保险的基本目的。

家庭风险保障项目可分为阶段项目和长期项目。

（1）阶段项目：贷款还款、子女教育金、遗属生活；

（2）长期项目：养老、应急基金、丧葬费用。

阶段性保障项目应该为客户配置定期寿险，以应对阶段性的风险保障需求；长期保障项目应该为客户配置终身寿险，以应对家庭长期的风险保障需求。

2. 储蓄投资

很多保险产品都具有风险保障和储蓄投资的双重功能，如分红型保险、万能型保险、投资联结型保险。

3. 财产安排

当保险给付风险未发生时，保单的现金价值和分红属于投保人；当保险给付风险发生时，保险给付属于被保险人或受益人。财富保障可以通过设置不同的被保险人和受益人达到财产安排的目的，例如资产的传承和婚内财产，都可以通过人寿保险合同合理安排。

4. 遗产规划

人寿保险是遗产规划的有效工具。

【考点三】制定保险规划的原则【☆☆☆】

（1）转移风险：投保是为了转移风险，在发生保险事故时可以获得经济补偿。从这一原则出发，必须分析：①家庭的主要风险是什么；②怎样合理地将风险通过保险规划进行转移。

（2）量力而行：客户设计保险规划时要根据客户的经济实力量力而行。

（3）分析客户保险需要。

【例6】张三是下岗工人，儿子正在上大学，且上有父母需要赡养，收入来源是妻子的工资收入1500元。他今年购买了财产保险，由于保险金额较高，且期限较长，其需支付的保险费高达每月1200元。老张的保险规划主要违背了（　　）。

A. 转移风险原则　　B. 量力而行原则　　C. 适应性原则　　D. 合理避税原则

【答案】B

【解析】考查保险规划的量力而行原则。制定保险规划需根据客户的经济实力量力而行。

【考点四】保险规划的主要步骤【☆☆】

1. 确定保险标的【首要任务】

保险标的是指作为保险对象的财产及其有关利益，或者人的寿命和身体。

投保人可以以其本人、与本人有密切关系的人、他们所拥有的财产以及他们可能依法承担的民事责任作为保险标的。

各国保险法律都规定，只有对保险标的有可保利益才能为其投保，否则，这种投保行为是无效的。可保利益应该符合三个要求：

①必须是法律认可的利益：若投保人投保的利益的取得或者保留不合法甚至违法，则这种利益不能成为可保利益。

②必须是客观存在的利益：若投保人投保的利益不确定，或者仅仅只是一种预期，就不能成为一种可保利益。

③必须是可以衡量的利益：这样才能确定保险标的大小，并以此来确定保险金额。

对于财产保险而言，财产所有人、经营管理人、抵押权人、承担经济责任的保管人都具有可保利益。

对于人寿保险而言，投保人对自己以及与自己具有血缘关系的家人或者亲人，或者具有其他密切关系的人都具有可保利益（通常要看投保人与被保险人之间是否存在合法的经济利益关系）。

2. 选定保险产品

从业人员要帮助客户准确判断保险标的具体情况（保险标的所面临的风险的种类、各类风险发生的概率、风险发生后可能造成损失的大小，以及自身的经济承受能力），进行综合的判断与分析，帮客户选择对其合适的保险产品，较好地回避各种风险。

在确定购买保险产品时，还应该注意合理搭配险种。如果投保人准备购买多项保险，那么就应当尽量以综合的方式投保，因为这样可以避免各个单独保单之间可能出现的重复，从而节省保险费，得到较大的费率优惠。

3. 确定保险金额

保险金额是当保险标的发生保险事故时，保险公司所赔付的最高金额。通常，保险金额的确定应该以财产的实际价值和人身的评估价值为依据。

财产的价值计算：

(1) 对一般财产（如家用电器、自行车等）：财产保险的保险金额由投保人根据可保财产的实际价值自行确定，也可以按照重置价值即重新购买同样财产所需的价值确定。

(2) 对特殊财产（如古董、珍藏等）：财产保险的保险金额由专家评估。

(3) 人的价值：理论上，个人的价值是无法估量的。但是，仅从保险的角度，可以根据诸如性别、年龄、配偶的年龄、月收入、月消费、需抚养子女的年龄、需赡养父母的年龄、银行存款或其他投资项目、银行的年利率、通货膨胀率、贷款等，计算虚拟的“人的价值”。在保险行业，对“人的价值”常用的评估方法包括生命价值法、财务需求法、资产保存法等。

4. 明确保险期限

保险期限涉及投保人预期缴纳保险费的多少与频率，与客户未来的预期收入关系密切。

财产保险、意外伤害保险、健康保险等保险品种，多为中短期（半年或一年）保险合同，在保险期满之后可以选择续保或停止投保。人寿保险保险期限一般较长。

在为客户制定保险规划时，应该将长短期险种结合起来综合考虑。

【例 7】制定保险规划的首要任务，是（　　）。

A. 确定保险标的　　　　B. 接受保险方案

C. 明确保险期限　　　　　　　D. 选定保险产品

【答案】A

【解析】制定保险规划的主要步骤依次为：确定保险标的→选定保险产品→确定保险金额→明确保险期限，因此制定保险规划的首要任务是确定保险标的。

【考点五】保险规划的风险类型【☆☆】

1. 未充分保险的风险

这一风险既可能体现在对财产的保险上，也可能出现在对人身的保险上。

产生的原因包括：对财产进行的保险是不足额保险，或者是在对人身进行保险时保险金额太小或保险期限太短。

2. 过分保险的风险

这一风险可能发生在财产保险和人身保险上。

产生的原因：对财产的超额保险或重复保险。

由于保险公司在赔偿时，是根据实际损失来支付保险赔偿金，这种超额保险或者重复保险并没有起到真正的保障作用，反而浪费保费。

这一风险还可能发生在制订保险产品组合计划时。因为各个保险公司所提供的不同保险产品虽然主要保险合同不一样但是可能存在某些保险内容的重叠。

3. 不必要保险的风险

有些风险可以通过自保险或者说风险保留来解决，人们自己承担风险这种处理办法反而更为方便和简单，还可以节省费用，取得资金运用收益。

对于应该自己保留的风险进行保险，是不必要的，也会增加机会成本，造成资金的浪费。

【例8】下列保险规划中，存在过分保险的风险的是（　　）。

Ⅰ. 某人为自己价值100万元的家庭财产，向某财产保险公司投保保险金额为200万元的家庭财产险

Ⅱ. 某人的爱车价值20万元，分别向两家保险公司投保了保险金额为20万元的机动车辆保险

Ⅲ. 某人为从不坐飞机的父母购巨额航空意外险

Ⅳ. 某人为不到5岁的儿子购买年保费为300元的少儿综合保险

A. Ⅱ、Ⅲ　　　B. Ⅰ、Ⅱ　　　C. Ⅱ、Ⅳ　　　D. Ⅰ、Ⅳ

【答案】B

【解析】Ⅰ、Ⅱ两项，投保人以同一保险标的、同一可保利益同时向两个或两个以上的保险人投保同一危险，保险金额总和超过保险标的的保险价值，存在过分保险。

Ⅲ项为不必要保险的风险；Ⅳ项为合理的保险规划。

【本节学习提示】

考查重点：

①保险规划的目标；

②制定保险规划的原则；

③保险规划的主要步骤；

④保险规划的风险类型。

第三节　税收规划

【考点一】我国的税收体系和主要税种【☆】

（一）我国的税收体系

类别	内容
货物和劳务税类	包括增值税、消费税和关税。这些税种通常在生产、流通或者服务环节中，按照纳税人取得的销售收入或营业收入征收。
所得税类	包括企业所得税和个人所得税。这些税种按照生产、经营者取得的利润或个人取得的收入征收。
资源税类	包括资源税和城镇土地使用税。这些税种对从事资源开发或者使用城镇土地者征收。
特定目的税类	包括城市维护建设税、耕地占用税、固定资产投资方向调节税和土地增值税。这些税种是为了达到特定的目的，对特定对象进行调节而设置的。
财产税类	包括房产税和车船税。
行为税类	包括车辆购置税、印花税、契税。这些税种是对特定的行为征收的。
农业税类	包括农业税（含农业特产税）和牧业税。这些税种是对取得农业收入或者牧业收入的企业、单位和个人征收的。

（二）主要税种

划分依据	种类	特点
课税对象的性质	所得税	对纳税人的所得或利润课征税收的总称，包括个人所得税、公司所得税、社会保障税等。
	财产税	对财产的数量、价值或转让课征税收的总称，包括一般财产税、个别财产税、遗产税、赠予税、土地税、房地产税等。
	货物和劳务税	对货物和劳务的流转额课征税收的总称，包括增值税、关税及消费税等。

续表

划分依据	种类	特点
计税依据	价内税	计税依据包含该税款，或以含税价格作为计税依据的税种。价内税形式较为隐蔽，不易为人察觉，给人感觉税收负担较小。我国现行的消费税是价内税。
	价外税	计税依据不包含该税款，或以不含税价格作为计税依据的税种。与价内税让消费者难以将税款从商品价格中区分开来相比，商品价格与税款分离的价外税形式让消费者更容易感受到税收的存在。 我国现行的增值税就是典型的价外税。
税收负担能否转嫁	直接税	纳税人不能或难以将税收负担转嫁给他人负担的税种，如对所得和财产课征的所得税和财产税等。
	间接税	纳税人能够将税收负担全部或部分转嫁他人负担的税种，一般以商品或劳务的流转额为课税对象。如对商品课征的增值税、消费税等。
税收管理和受益权限	中央税	由中央政府征收，税收收入归中央政府支配的税种，如我国现行税制中的关税、消费税等。
	地方税	由地方政府征收，税收收入归地方政府支配的税制，如我国现行税中的房产税等。
	中央与地方共享税	属于中央政府和地方政府共同享有，按一定比例分成。

【考点二】税收规划的目标【☆☆】

（一）税收规划的概念

在遵循税收法律、法规的情况下，个人、企业为实现自身价值最大化或股东权益最大化，在法律许可的范围内，自行或委托代理人，通过对经营、投资、理财等事项的安排和策划，以充分利用税法所提供的包括减免在内的一切优惠，对多种纳税方案进行优化选择的一种财务管理活动。

（二）税务规划的目标

在遵循税收法律、法规的情况下，充分利用税法所提供的包括减免在内的一切优惠，对多种纳税方案进行优化选择，以实现个人、企业自身价值最大化或股东权益最大化。具体包括：

（1）减轻税收负担；【最高目标】

（2）实现涉税零风险；

（3）获取资金时间价值；

（4）维护企业自身的合法权益；

（5）提高自身经济利益。

【考点三】税收规划的原则【☆☆】

1. 合法性原则

合法性原则是税收规划最基本的原则，这是由税法的税收法定原则所决定的，也是税收规划与偷税漏税乃至避税行为区别开来的根本所在。

合法性原则意味着它是在尊重法律，不违反法律法规和不恶意钻法律漏洞的前提下进行的。

2. 目的性原则

目的性原则是税收规划最根本的原则，是由税法基本原则中的税收公平原则所决定的。

税收规划的目的就是节税，从业人员在制订税收规划时应该有很强的为客户减轻税负、取得节税收益的动机，从而降低税收成本以达到总体效益的最大化，在合法性原则下这是完全合理的，也是客户最本质的目的。

税收公平原则要求税收负担在客户之间进行公平分配，以客户拥有的财富数量来衡量其纳税能力从而进行征税；客户通过税收规划，或合理调整应纳税财产的比例以降低税负，或延缓纳税以获得资金的时间价值，符合了税收的公平原则，也从而能够更有效地盘活资金，获得更高的投资收益。

3. 规划性原则

规划性原则是税收规划最有特色的原则，这是由作为税收基本原则的社会政策原则所引发的。

税收规划通过事先的计划、设计和安排，在进行筹资、投资等活动前，把这些行为所承担的相应税负作为影响最终财务成果的重要因素来考虑，通过趋利避害来选取最有利的方式。

4. 综合性原则

综合性原则是指进行税收规划时，必须综合考虑规划以使客户整体税负水平降低。

在进行税收规划时不能只以税负轻重作为选择纳税的唯一标准，应该着眼于实现客户的综合利益目标；在进行一种税的税务规划时，需考虑与之有关的其他税种的税负效应，进行整体规划，综合衡量，防止前轻后重。

【例9】税收规划最有特色的原则是（　　），该原则是由作为税收基本原则的社会政策原则所引发的。

A. 合法性原则　　B. 综合性原则　　C. 规划性原则　　D. 目的性原则

【答案】C

【解析】规划性原则是税收规划最有特色的原则，这是由作为税收基本原则的社会政策原则所引发的。

【考点四】税收规划的基本内容【☆☆】

（一）分类

种类	定义	特征
避税规划	纳税人在不触犯税法的前提下，对经济活动的筹资、投资、经营等活动作出巧妙的安排，这种安排手段处在合法与非法之间的灰色地带，达到规避或减轻税负的目的	1）非违法性（逃税是违法的、节税是合法的、避税处在两者之间）。 2）策划性。 3）权利性：实质是纳税人在履行应尽法律义务的前提下，运用税法赋予的权利，保护既得利益的手段。 4）规范性：避税者的行为较规范，往往是依据税法的漏洞展开的。
节税规划	理财计划采用合法手段，利用税收优惠和税收惩罚等倾斜调控政策，为客户获取税收利益的规划	1）合法性：逃税则是违法的，而节税是合法的。 2）政策导向性：纳税人通过节税筹划最大限度地利用优惠政策享受其利益。 3）策划性。
转稼规划	理财计划采用纯经济的手段，利用价格杠杆，将税负转给消费者或转给供应商或自我消转的规划	1）纯经济行为。 2）以价格为主要手段、不影响财政收入。 3）促进企业改善管理、改进技术。

【税负转嫁与逃税、避税和节税的区别】

（1）转嫁不影响税收收入，它只是导致归宿不同；而逃税、避税、节税直接导致税收收入的减少。

（2）转嫁筹划主要依靠价格变动来实现；而逃税、避税、节税的实现途径则是多种多样的。

（3）转嫁筹划不存在法律上的问题，更没有法律责任；而逃税、避税、节税都不同程度地存在法律麻烦和法律责任问题。

（4）商品的供求弹性，直接影响税负转嫁的程度和方向；而逃税、避税及节税则不受其影响。

（二）主要方法

1. 利用优惠政策

纳税人凭借国家税法规定的优惠政策进行税务规划的方法，主要包括：

（1）直接利用筹划法

国家支持与鼓励纳税人利用税收优惠政策进行筹划，纳税人可光明正大地利用优惠政策为自己企业的生产经营活动服务。

（2）地点流动筹划法

从国际大环境来看，跨国纳税人可利用各国税收政策存在的税率差异、税基差异、征税对象差异、纳税人差异、税收征管差异和税收优惠差异等，进行国际间的税务规划。

从国内税收环境来看，纳税人可选择在优惠地区注册，或将现时不太景气的生产转移到优惠地区，以享受税收优惠政策。

（3）创造条件筹划法

无法享受优惠待遇的纳税人自己想办法创造条件使其符合税收优惠规定或者通过挂靠在某些能享受优惠待遇的企业或产业、行业，使自己符合优惠条件，从而享受优惠待遇。

（4）税制可利用的优惠因素

利用免税、减税、税率差异、分劈技术、税收扣除、税收抵免、退税筹划等。

2. 利用纳税期递延

在合法、合理的情况下，使纳税人延期缴纳税收而节税的税务规划方法。纳税人延期缴纳本期税收并不能减少纳税人纳税绝对总额，但相当于得到一笔无息贷款。

主要途径：采取有利的会计处理方法，对暂时性差异进行处理。

方法：递延项目最多化、递延期最长化。

理财师注意事项：合规合法、了解客户的基本情况和需求、税务规划方案的跟踪执行。

【例 10】某理财计划采用纯经济的手段，利用价格杠杆，将税负转给消费者或转给供应商或自我消转的税收规划，且其具备纯经济行为、以价格为主要手段、不影响财政收入、促进企业改善管理和改进技术的主要特点。这句话描述的是税收规划基本内容中的哪一类（　　）。

A. 避税规划　　B. 节税规划　　C. 转嫁规划　　D. 综合规划

【答案】C

【解析】税收规划的主要内容包括：避税规划、节税规划和转嫁规划。理财计划采用纯经济的手段，利用价格杠杆，将税负转给消费者或转给供应商或自我消转的规划，属于税收规划内容中的转嫁规划。

【考点五】税收规划的主要步骤【☆☆】

（一）了解客户的基本情况和要求

（1）婚姻状况：客户的婚姻状况会影响某些税种的扣除。

（2）子女及其他赡养人员：赡养子女及赡养其他人员，在很多国家和地区可以享有一定的扣除、抵免或免税，会对客户的应纳税额产生影响。

（3）财务情况：包括客户的收入情况、支出情况及财产情况（客户财产包括动产和不动产）。

（4）投资意向：包括客户的投资方向和投资额。

(5) 对风险的态度：节税与风险并存，节税越多，风险越大，两者的权衡取决于客户对风险的态度等多种因素。

(6) 纳税历史情况：客户以前所纳税的税种、纳税金额及减免税的情况。

(7) 要求增加短期所得还是长期资本增值。

客户对财务利益的要求大致有三种：

①要求最大限度地节约每年税收成本，增加每年客户可支配的税后利润；

②要求若干年后因为采用了较优的纳税方案，而达到所有者权益的最大的增值；

③既要求增加短期税后利润，也要求长期资本增值；

(8) 投资要求：根据客户要求进行税收规划，提出投资建议或提出修改客户要求的建议。

(二) 控制税收规划方案的执行

(1) 当反馈的信息表明客户没有按设计方案的意见执行税收规划时，税收规划人应给予提示，指出其可能产生的后果。

(2) 当反馈的信息表明从业人员设计的税收规划有误时，从业人员应及时修订其设计的税收规划。

(3) 当客户经济情况中出现新的变化时，从业人员应介入判断是否改变税收规划。

【例11】 在控制税收规划方案的执行过程中，做法错误的是（　　）。

A. 当反馈的信息表明客户没有按设计方案的意见执行税收规划时，税收规划人应给予提示，指出其可能产生的后果

B. 当反馈的信息表明从业人员设计的税收规划有误时，从业人员应及时修订其设计的税收规划

C. 当客户经济情况中出现新的变化时，从业人员应改变税收规划

D. 在特殊情况下，客户因为纳税与征收机关发生法律纠纷时，从业人员按法律规定或业务委托及时介入，帮助客户度过纠纷过程

【答案】 C

【解析】 C项，当客户经济情况中出现新的变化时，从业人员应介入判断是否改变税收规划。

【本节学习提示】

考查重点：

①税收规划的目标；

②税收规划的原则；

③税收规划的基本内容；

④税收规划的主要步骤。

第四节　人生事件规划

【考点一】教育规划【☆☆☆】

（一）内容

教育投资规划：针对家庭成员的教育目标制定的财务规划，包括：明确教育需求、计算教育成本、选择理财产品和储蓄、投资方案等内容。

（二）分类

（1）个人教育规划：针对自身的职业晋升和个人发展而进行专业和技术方面的继续教育，如专业证书的相关培训学习。

（2）子女教育规划：子女教育规划是家庭教育理财规划的核心，通常由以下两部分组成：

①基本教育：一般包括基础教育与高等教育的学费等常规费用。

②素质教育：包括兴趣技能培训班、课外辅导班等校外课堂的费用。

（三）教育规划的重要性

1. 教育程度对职业生涯和人生发展的影响

（1）职场对学历与知识水平的要求越来越高；

（2）受教育程度会直接影响收入水平；

（3）成年人对继续教育的需求不断增加；

2. 教育成本的不断升高：教育费用受通胀率影响，但高于通胀率

3. 中国家庭对子女教育的重视

（四）制定方法

1. 确定教育目标

（1）确定对子女学历的基本要求，包括大学类型、受教育程度、是否出国留学深造等；

（2）确定子女的读书地点与专业；

（3）确定子女的兴趣与天赋。

2. 计算教育资金需求

根据客户需求，估算当前子女教育的费用以及从当前时点到子女接受高等教育时的学费增长率，测算出届时子女上学需要的教育资金要求。

3. 计算教育资金缺口

根据客户已有子女教育金储蓄、投资情况和教育目标，计算出实现客户子女教育规划目标的资金需求的缺口有多大。

4. 制作教育投资规划方案、选择合适的投资工具、产品组合

5. 教育投资规划的跟踪与执行

定期检测教育投资规划的执行情况，并根据经济、金融环境和客户自身情况的变化

等及时调整教育投资规划。

总体来看，鉴于教育投资规划一般期限较长，在前期可以采取较为积极的投资策略，后期由于距离使用教育金的时间越来越近，应采取稳健保守的投资策略。

【例 12】 为客户制定的教育规划包括个人教育投资规划和（　　）两种。

A. 本人教育规划　B. 近期教育规划　C. 长远教育规划　D. 子女教育规划

【答案】 D

【解析】 教育规划包括子女教育规划和客户自身教育规划两种情况。其中，子女教育规划的主要内容包括对教育费用需求的定量分析，通过储蓄和投资积累教育专项资金，金融产品的选择和资产配置等内容。

【考点二】退休规划【☆☆☆】

（一）概念

退休规划是为了保证个人在将来有一个自立、尊严、高品质的退休生活，而从现在开始积极实施的理财方案。

（二）内容

1. 利用社会保障的计划
2. 购买商业性人寿保险公司的年金产品的计划
3. 企业与个人的退休金计划

（三）客户在退休规划中的误区

1. 计划开始太迟
2. 对收入和费用的估计太过乐观
3. 投资过于保守

（四）退休规划的步骤

第一步：计算资金需求和退休收入

预期寿命：当地居民平均寿命基础上增加 5 ~ 10 岁，越保守越应该延长预期寿命。

参照当前消费水平；警惕长寿风险。

退休收入构成：社会养老金、家庭存款、企业年金、商业保险、其他收入等。

养老金替代率：衡量劳动者退休前后养老保障水平差异的基本标准，计算公式：某年度新退休人员的养老金领取水平 ÷ 同年在职职工的工资收入水平。

养老金替代率 > 70%：可维持退休前的生活水平。

养老金替代率达到 60% ~ 70%：可维持基本生活水平。

养老金替代率 < 50%：生活水平会较之前有大幅下降。

第二步：计算退休规划的资金缺口

资金缺口（自筹的退休资金）：退休后需要花费的资金（资金需求）和可收入的资

金间的差额。

大缺口＝退休养老金的需求的折现－退休后收入（既定养老金）的折现＝PV 退休需求－PV 退休后既定养老金。

小缺口（养老金赤字）＝养老金总需求－养老金总供给。

退休养老规划的核心：解决养老金赤字。

第三步：制定退休规划

退休养老金的投资风格：稳健为主。

常用工具：股票、银行理财产品、债券、基金、贵金属、商业养老保险、信托、房产等。

银行存款：流动性好、利率低、“蓄水池”功能，不适宜养老金。

银行理财产品：收益率高于存款，安全性较好，养老金可适当参与。

基金：股票型、债券型、货币市场基金等选择多；年纪增大，基金选择偏向中低风险。

股票：风险较大、优质蓝筹股相对适合。

蓝筹股：业绩优良、成交活跃、红利优厚、风险适中。

商业养老保险：品种较多、缴费高，风险收益水平较低，流动性一般，退保成本较高，投保年龄不宜过大。

个人税收递延型商业养老保险：缴纳的保险费允许税前列支，养老金积累阶段免税，领取养老金时缴纳个税。

养老目标基金的特点：

①在发展初期主要采用基金中基金形式运作，通过在大类资产和基金经理两个层面分散风险，力求稳健。

②采用成熟的资产配置策略，合理控制投资组合波动风险，力争获得长期收益。

③设置封闭期或投资者最短持有期限，避免短期频繁申购赎回对基金投资策略及业绩产生影响。

④鼓励基金管理人设置优惠的费率，让利于民，支持投资者进行长期养老投资。

房产投资：

传统模式：“购房养老”“租房养老”；

新型模式：“反向按揭”；

【住房“投资 100”原则】风险投资品种占全部可投资资产的比例为（100－年龄)%。

【例 13】退休养老规划中，退休养老收入的来源不包括（　　）。

A. 社会养老保险　B. 企业年金　C. 个人储蓄投资　D. 工资收入

【答案】D

【解析】退休养老收入一般分为三大来源：社会养老保险、企业年金和个人储蓄投资。

【考点三】遗产规划【☆☆☆】

（一）概念

基于委托人意愿，通过运用相关工具、方法和安排，有效降低债务、税务、财产所有权变更等因素带来的财富损失，以财富保值为目标实施财产分配。

（二）要点

(1) 财富传承规划对象：既包括客户的资产和负债，又包括企业经营管理、家族精神文化等。

(2) 财富传承规划受益人：特定受益人（家庭中重要的成员）或继承人。

(3) 财富传承的工具：遗嘱【最常见】、家族信托、保险、保险金信托等。

（三）财富传承规划需求及现状

1. 个人财富逐步积累

2. 富裕人群步入中老年

3. 遗产分配纠纷频发

4. 财富分配范围广、形式多

（四）财富传承规划功能

1. 避免遗产继承纠纷

2. 维持家庭成员生活质量

3. 降低财富损失风险

4. 降低税收风险

（五）财富传承相关工具选择

1. 财富传承规划工具

(1) 遗嘱

(2) 人寿保险

(3) 慈善基金会

(4) 联名账户

(5) 赠予

(6) 家族信托

2. 财富传承规划原则

(1) 及早着手

(2) 充分沟通

(3) 专业分工

(4) 及时提醒

(5) 定期检视

【本节学习提示】

考查重点：

①教育规划的分类、内容和制定方法；

②退休规划的误区和步骤；

③遗产规划工具和策略的选择。

第五节 投资规划

【考点一】投资规划的概念与目标【☆☆】

（一）投资规划的概念

在了解、分析客户需求和情况的基础上，制订资产配置和投资组合方案，实现其投资目标的过程。

（二）投资规划的目标

投资规划的重点在于客户需求或理财目标的实现，帮助客户实现资产保值增值。

投资规划具有双重意义：

（1）投资规划本身是一种理财规划；

（2）投资规划是实现其他理财规划目标的手段。

【考点二】投资规划的基本内容【☆☆】

（一）投资的分类

1. 实物投资：直接投资，指对有形资产的投资

2. 金融投资：间接投资，指对各种金融合约的投资

（二）投资与投资规划

资产配置的过程是投资规划的关键和核心内容。

相同点：两者都关系到投资工具的选择和组合。

不同点：投资或资产配置的目的是收益与风险的平衡，投资规划的重点在于客户需求或理财目标的实现。

（三）资产配置与投资组合

资产配置：将投资资金在不同资产之间配置，以实现投资目的的过程。

投资组合：投资者所持资产组成的集合。

投资组合包含在资产配置的方案中；资产配置又包含在投资规划的决策中。

（四）投资规划的注意事项

1. 确定投资目标和可投资财富的数量，根据风险偏好确定采取稳健型或激进型的策略

2. 分析投资对象，包括基本分析和技术分析
3. 构建投资组合，涉及确定具体的投资资产和财富在各种资产上的投资比例
4. 管理投资组合，包括评价投资组合的业绩和根据环境的变化对投资组合进行修正

【考点三】投资规划的步骤【☆☆】

投资规划是综合理财规划最为关键的一部分。
在客户需求有限的情况下：单一的投资规划书制作很受客户欢迎。
投资规划的核心：资产配置的流程和方法。
投资规划方案制定的步骤：
1. 了解客户的财务状况和理财需求
2. 明确客户的理财目标，预期投资收益和风险偏好
3. 收集、整理和分析客户目前资金投资分布和收益状况，包括存在的问题
4. 根据其理财目标、预期收益和风险属性，制订新的资产配置组合
5. 投资规划方案的执行，包括原有资产分布的调整和后续跟踪评估

【本节学习提示】
考查重点：
①投资规划目标；
②投资规划的基本内容；
③投资规划的步骤。

同步真题练习

1. 下列关于预算与实际的差异分析，说法正确的是（　　）。
A. 总额差异的重要性低于细目差异
B. 若差异很大，则需要各个项目同时进行改善
C. 不能调整收入
D. 依据预算的分类个别分析
2. 下列选项中，不属于人身保险的是（　　）。
A. 责任保险　　B. 健康保险　　C. 意外伤害保险　　D. 人寿保险
3. 下列关于税务规划的表述，有误的是（　　）。
A. 税务规划目的是充分利用税法提供的优惠与待遇差别，以减轻税负，达到整体税后利润、收入最大化

B. 理财师的工作重心是财务资源综合规划服务

C. 能够实现客户的各项财务目标、财务自由

D. 是税务会计师的工作

4. 下列关于保险市场在个人理财中的运用，说法错误的是（　　）。

A. 保险的投资风险低，且能保障家庭幸福，帮助人们解决疾病、意外事故所致的紧急开支等

B. 很多保险产品能为客户带来稳定的保险金收入

C. 个人保险已经成为个人理财的一个重要组成部分

D. 目前具有储蓄投资功能的保险产品受到越来越多个人客户的青睐

5. 投资规划中，进行资产配置的目标是（　　）。

A. 风险最小化　　B. 收益最大化

C. 风险和收益的平衡　　D. 效用最大化

6. 从业人员在制定投资规划时，首先要考虑的是（　　）。

A. 投资工具的风险较低　　B. 投资工具是否适合客户的财务目标

C. 投资工具的收益较高　　D. 投资工具的流动性较好

7. 张先生每月的生活支出为5000元，每月还贷支出为2000元，则张先生的紧急预备金最少应该达到（　　）元。

A. 15000　　B. 40000　　C. 7000　　D. 21000

8. 赵某是一位自由职业者，以出售本人的美术作品为主要收入来源，收入的变化幅度很大，证券投资顾问在预测其年度收入的时候，需要考虑（　　）。

Ⅰ. 客户过去一段时间的年平均收入

Ⅱ. 客户的收入最低时的情况

Ⅲ. 客户的收入最高时的情况

Ⅳ. 客户对于未来收入的期望

A. Ⅰ、Ⅲ、Ⅳ　　B. Ⅱ、Ⅲ　　C. Ⅰ、Ⅱ、Ⅲ　　D. Ⅰ、Ⅱ、Ⅳ

9. 下列有关规划保险风险的说法，正确的是（　　）。

Ⅰ. 规划保险的风险可能来自投保客户所提供的资料不准确、不完全，或者对来自保险产品的了解不够充分

Ⅱ. 规划保险的风险主要包括未充分保险的风险、过分保险的风险和不足额保险的风险

Ⅲ. 过分保险的风险可能发生在财产保险和人身保险上

Ⅳ. 投保的财产保险不是足额保险，结果造成损失发生时所获得的赔偿金不足，这说明保险规划存在未充分保险的风险

A. Ⅰ、Ⅲ、Ⅳ　　B. Ⅰ、Ⅲ　　C. Ⅲ、Ⅳ　　D. Ⅰ、Ⅱ、Ⅲ

10. 在现金、消费和债务管理中，家庭有效债务管理需要考虑的因素包括（　　）。

Ⅰ. 还款能力

Ⅱ. 家庭现有经济实力

Ⅲ. 合理选择贷款种类及担保方式

Ⅳ. 家庭贷款需求

A. Ⅰ、Ⅲ　　B. Ⅱ、Ⅲ、Ⅳ　　C. Ⅲ、Ⅳ　　D. Ⅰ、Ⅱ、Ⅲ、Ⅳ

11. 在现金、消费和债务管理中，家庭紧急预备金的储存形式包括（　　）。

Ⅰ. 短期定期存款

Ⅱ. 活期存款

Ⅲ. 货币市场基金

Ⅳ. 利用贷款额度

A. Ⅰ、Ⅱ、Ⅲ　　B. Ⅰ、Ⅱ、Ⅳ　　C. Ⅱ、Ⅲ、Ⅳ　　D. Ⅰ、Ⅱ、Ⅲ、Ⅳ

12. 个人税收规划应遵循的原则主要有（　　）。

Ⅰ. 合法性原则

Ⅱ. 节税性原则

Ⅲ. 规划性原则

Ⅳ. 综合性原则

A. Ⅰ、Ⅲ　　B. Ⅰ、Ⅲ、Ⅳ　　C. Ⅰ、Ⅲ、Ⅳ　　D. Ⅰ、Ⅱ、Ⅲ、Ⅳ

答案与解析

1. **【答案】** D

【解析】

A 项，总额差异的重要性大于细目差异。

B 项，刚开始做预算时若差异很大，应每月选择一个重点项目改善，而不是各个项目同时进行改善。

C 项，如果实在无法降低支出就要增加收入，收入是可以调整的。

2. **【答案】** A

【解析】 人身保险是以人的寿命和身体作为保险标的的保险。人身保险包括人寿保险、意外伤害保险和健康保险。A 项属于财产保险。

3. **【答案】** D

【解析】 在理财行业得到蓬勃发展后，理财师的工作重心逐渐由早期的“投资顾问”服务转向包括“财务分析、财务规划”在内的财务资源综合规划服务，必要时理财师应该和会计师或专业税务顾问一道完成相关规划工作。

4. **【答案】** D

【解析】 D 项，目前集健康保障、养老、教育、意外伤害保障、财富传承、储蓄投资等功能于一身的保险产品、组合及规划受到越来越多个人客户的青睐。

5. 【答案】C

【解析】资产配置是指依据所要达到的理财目标，按资产的风险最低与报酬最佳的原则，将资金有效地分配在不同类型的资产上，构建达到增强投资组合报酬与控制风险的资产投资组合。

6. 【答案】B

【解析】从业人员在制定投资规划时，首先要考虑的是某种投资工具是否适合客户的财务目标。

7. 【答案】D

【解析】紧急备用金可以应对失业或可能导致的工作收入中断，应对紧急医疗或意外所导致的超支费用。紧急预备金可以用两种方式来储备：①流动性高的活期存款、短期定期存款或货币市场基金；②利用贷款额度。

失业保障月数 = 存款、可变现资产或净资产/月固定支出。

最低标准的失业保障月数是三个月。

本题中紧急预备金 = 7000 × 3 = 21000（元）。

8. 【答案】C

【解析】预测年度收入时，收入稳定的国家机关工作人员或在大企业工作的工薪阶层，可以较准确地预估年度收入；收入淡旺季差异大的市场销售人员或自由职业者，就要以过去的平均收入为基准，做最好与最坏状况下的分析。

9. 【答案】A

【解析】规划保险的风险主要包括：①未充分保险的风险，该风险既可能体现在对财产的保险上，也可能出现在对人身的保险上。如对财产进行的保险是不足额保险，或者在对人身进行保险时保险金额太小或保险期限太短；②过分保险的风险，该风险可能发生在财产保险、人身保险或制订保险产品组合计划时。例如，对财产的超额保险或重复保险，保险过度或者重叠等；③不必要保险的风险，有些风险若通过自保险或风险保留来解决，这样不仅方便、简单，还节省费用，能够取得资金运用收益；若进行保险，会增加机会成本，造成资金的浪费。

10. 【答案】D

【解析】除Ⅰ、Ⅱ、Ⅲ、Ⅳ四项外，在现金消费和债务管理中，还需要考虑的因素包括：

①选择贷款期限与首期用款及还贷方式；

②信贷策划特殊情况的处理；

③预期收支情况。

11. 【答案】D

【解析】紧急备用金可以应对失业或可能导致的工作收入中断和紧急医疗或意外所

导致的超支费用。紧急预备金可以用两种方式来储备：①流动性高的活期存款、短期定期存款或货币市场基金；②利用贷款额度。

12. 【答案】B

【解析】从业人员在为客户进行税收规划时，应该遵循一定的原则，主要包括：①合法性原则；②目的性原则；③规划性原则；④综合性原则。

本章总结

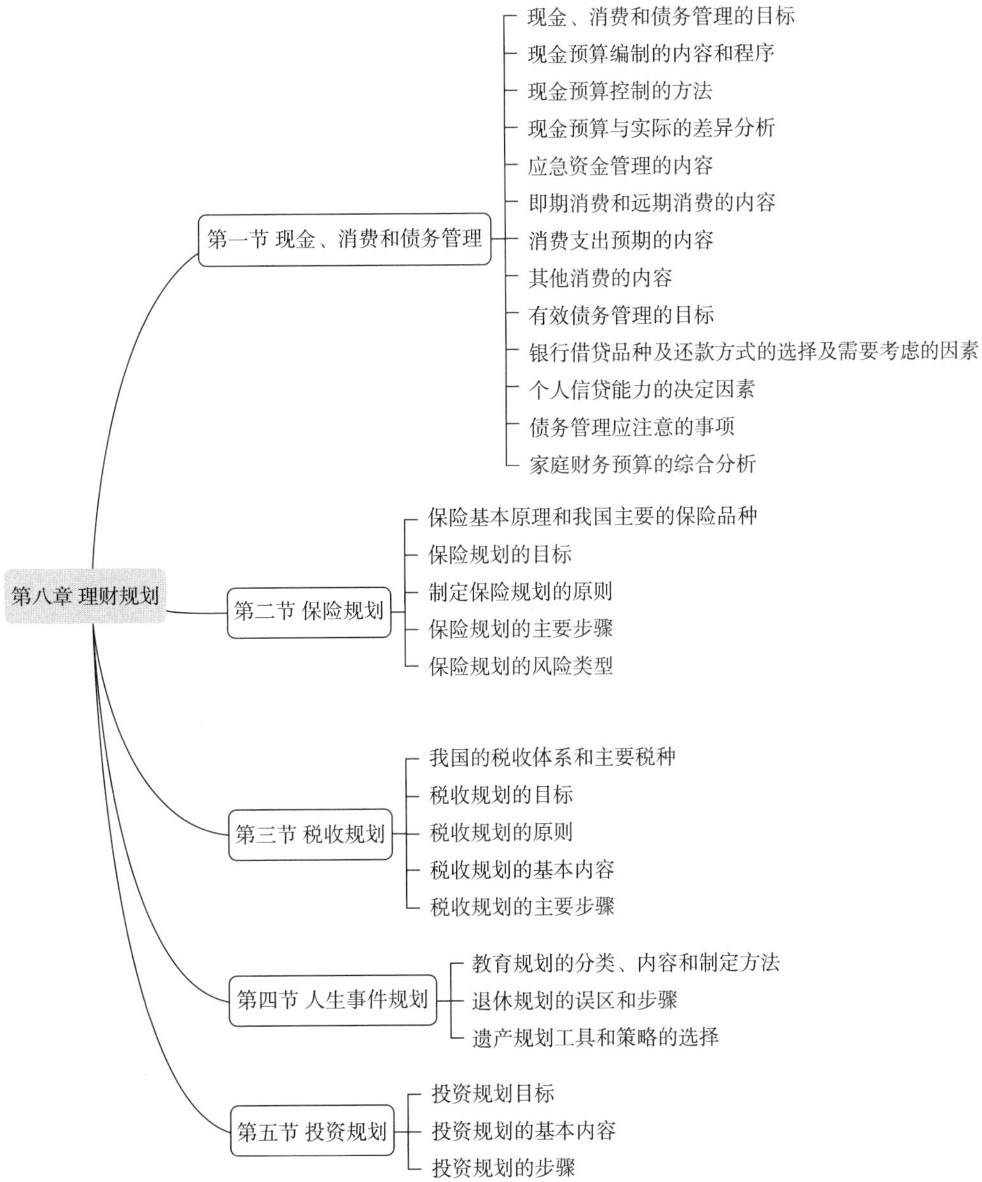